saggistica

Jostein Gaarder
V. Hellern - H. Notaker

Il libro delle religioni

Traduzione di
Alice Tonzig

TEA

TEA - Tascabili degli Editori Associati S.p.A., Milano
Gruppo editoriale Mauri Spagnol
www.tealibri.it

Prima pubblicazione in Italia,
presso Neri Pozza Editore, 1999

Titolo originale
Religionsboka

Prima edizione Saggistica TEA gennaio 2005
Quinta ristampa Saggistica TEA aprile 2011

INDICE

IL LIBRO DELLE RELIGIONI

INTRODUZIONE

È NECESSARIO UN PROPRIO MODO DI CONCEPIRE IL MONDO E LA VITA?

Immagina di essere arrivato in volo nella nostra galassia, la Via Lattea. Per migliaia di anni hai vagato tra stelle e sistemi solari. Di tanto in tanto hai girato attorno a un pianeta, senza vedere alcun segno di vita.

Proprio nel momento in cui ti prepari ad abbandonare la Via Lattea, ti accorgi di un pianeta sprizzante vita nel mezzo di una delle tante spirali di questa galassia. In quell'attimo ti svegli. L'intero viaggio è stato un sogno. Ma tu sai che quel pianeta che scoprivi in sogno è quello su cui abiti tu.

Sei forse molto giovane. Con ogni probabilità hai una lunga vita davanti a te. Ma tu sai che la vita non dura in eterno. Come sceglierai di riempire la tua esistenza durante il tuo unico e solo viaggio sul pianeta Terra? Quali domande ti poni, e quali risposte ti dai?

A colazione sei ancora sotto l'effetto del tuo strano sogno. Ti rendi conto di quale incredibile opportunità offre il fatto di vivere sulla Terra. Poi apri il giornale del mattino. Forse, nel bel mezzo della tua meraviglia e della tua gioia di vivere, sei colpito da pensieri tristi. Pensi a quanto leggi sulla deforestazione, sull'inquinamento e sul buco dell'ozono, sulle armi nucleari, sulle scorie radioattive e sull'AIDS. In quale misura ti senti responsabile *in prima persona* del futuro di questo raro pianeta?

Molte delle domande più comuni che ti attraversano la mente mentre vai a scuola o al lavoro emergono dalle profondità più nascoste dentro di te. Amore e sesso, il rapporto con la famiglia e con gli amici, i voti degli esami e lo studio personale, tutto è in relazione al tuo modo di vedere o vivere la vita.

Sulla via di casa magari chiacchieri di una partita di calcio, del tuo prossimo viaggio estivo o della fine della scuola che si avvicina. Ma anche questo ha a che fare con il tuo modo di vedere il mondo. Come scegli di usare il tuo tempo libero? Ti iscrivi ad una organizzazione politica? Ti trovi un lavoro, così da avere un po' più di soldi in tasca?

Prima, però, c'è una montagna di compiti da fare. Ma perché devi farli? Cosa farai dopo aver finito la scuola?

La sera ti ritrovi con gli amici. Uno di loro si è appena fatto fare l'oroscopo. Ha una fede incrollabile nell'astrologia. Come può essere così sicuro? Un'altra racconta che stava pensando ad una vecchia amica, e proprio in quel preciso istante quella le ha telefonato. È stata telepatia? Le cosiddette percezioni extrasensoriali sono fantasia o realtà? La conversazione si sposta su argomenti che riguardano la vita e la morte. C'è vita dopo la morte?

Allora tu racconti il tuo sogno. Stavi facendo un lungo viaggio nello spazio. Stanco di ghiaccio e pietra e calore rovente stavi per lasciare la Via Lattea. Ma proprio in quel momento hai notato in lontananza un pianeta bianco e blu e proprio su quel pianeta ti sei risvegliato.

«Cosa significa questo sogno?» chiedi. I sogni possono raccontarci qualcosa di noi stessi?

Chi sono io? Da dove vengo? Dove vado?

L'uomo comincia a fare domande molto presto: un bambino di tre anni può chiedere cose a cui gli adulti non sono in grado di rispondere, un bambino di cinque può starsene a meditare sugli stessi quesiti che si pone un vecchio.

La necessità di orientarsi nell'esistenza è un'esigenza fondamentale dell'umanità. Non abbiamo bisogno soltanto di mangiare e bere, di calore, di comprensione e di intimità fisica: abbiamo bisogno di trovare la risposta al perché viviamo.

Ci chiediamo:
* Chi sono io?
* Com'è nato il mondo?
* Quali forze guidano il cammino della storia?
* Esiste un Dio?
* Cosa ci accade quando moriamo?

Chiamiamo queste domande *esistenziali*, perché riguardano la nostra intera esistenza. Molte sono così generali che le ritroviamo in tutte le culture. Anche se non sempre sono formulate con la stessa chiarezza, sono alla base di tutte le religioni. Non esiste popolo o tribù a memoria d'uomo che non abbia avuto una religione di qualche tipo.

Di tempo in tempo nel corso della storia vi sono stati uomini che hanno posto le domande esistenziali su basi puramente umane, o non-religiose. Ma è solo di recente che gruppi di persone relativamente numerosi hanno cessato di appartenere ad una religione riconosciuta. Ciò non significa necessariamente che abbiano perso interesse per le importanti domande esistenziali.

Vivere è scegliere, è stato detto. Molti operano le loro scelte nella vita senza preoccuparsi di come queste stiano in relazione l'una con l'altra, o se vi sia coerenza nel loro modo di rapportarsi alla vita. Altri sentono il bisogno di rendere il proprio atteggiamento più integro e costante.

Tutti abbiamo un nostro modo di vedere il mondo. Quanta conoscenza abbiamo del nostro particolare modo di vederlo? Ma la questione è anche quella di capire quanto esso sia frutto di una nostra scelta e in quale misura esso corrisponda al nostro io.

Faccia a faccia con la morte

Ecco due storie di vita che esemplificano come la realtà quotidiana possa intrecciarsi con le profonde domande esistenziali. La prima si svolge durante la seconda guerra mondiale, l'altra nel Centroamerica dei giorni nostri.

Kim Malthe Bruun aveva diciassette anni quando scoppiò la Seconda guerra mondiale, ed egli fu testimone della distruzione di importanti valori umani ad opera degli stranieri che avevano occupato la sua terra. Nel 1941 si imbarcò come marinaio, ma nell'autunno del '44 sbarcò in Danimarca ed entrò a far parte del movimento clandestino della Resistenza. Alcuni mesi più tardi fu arrestato dai tedeschi, e nell'aprile del '45 fu condannato a morte e fucilato.

Allora furono molti i giovani che abbracciarono la causa della lotta contro la dittatura nazista. E se si verificassero oggi eventi analoghi tu e i tuoi amici vi comportereste come Kim. In quel caso come pensi che accoglieresti la notizia della tua condanna a morte? Che cosa scriveresti se i secondini ti dessero un pezzo di carta e una matita per mandare un'ultima lettera ai tuoi cari?

Noi sappiamo quello che scrisse Kim. Nella sua lettera alla madre tra l'altro si legge:

> Oggi assieme a Jørgen, Niels e Ludvig sono stato giudicato da un tribunale militare. Siamo stati condannati a morte. So che tu sei una donna forte, e riuscirai a sopportarlo, ma voglio che tu capisca. Io sono solo una piccola cosa, e come persona sarò presto dimenticato, ma l'idea, la vita, l'ispirazione che mi hanno animato continueranno a vivere. Le ritroverai dappertutto: negli alberi a primavera, nella gente che incontrerai, in un piccolo sorriso affettuoso.

Nel marzo del 1983 Marianella Garcia Villas fu assassinata dalla milizia nella repubblica centroamericana di El Salvador. Per anni aveva infuriato una guerra civile tra le forze governative e i guerriglieri, durante la quale una fazione dell'esercito assieme a movimenti estremisti aveva rapito e ucciso migliaia di persone. Marianella, giovane avvocato, aveva creato un Comitato per la Difesa dei Diritti Umani con il compito di investigare sui casi di sparizione e di tortura. Così nel 1980 finì sul "libro nero" dei terroristi. Sapeva che la sua vita era in pericolo.

Come avresti reagito tu ad una simile minaccia? Marianella rispose continuando la sua battaglia. All'inizio del 1983 si recò in missione in una zona di conflitto per conto del Comitato per la Difesa dei Diritti Umani. Non ritornò più. Ma in una sua lettera del 1980 possiamo leggere ciò che guidava il suo impegno e la sua azione:

È per la vita che combatto, per ciò che è reale e utile. Non desidero morire, ma ho visto la morte all'opera e le sono vissuta così vicino che ora la considero un fatto naturale. Tutti prima o poi dobbiamo morire, ma non accadrà mai troppo presto per chi vuole vivere intensamente. Ogni minuto che passa ha un significato, una profondità maggiore di qualunque altra cosa, anche se può sembrare banale e ordinario. Ogni soffio di vento, ogni canto di grilli e volo di colombe è poesia.

Io so che coloro che combattono per la giustizia avranno sempre dalla loro parte la ragione e l'aiuto di Dio, per questo vinceranno e faranno trionfare la verità.

Meglio essere ricchi di spirito che ricchi di beni terreni.

La gioia di vivere

Marianella e Kim hanno lottato per le idee e i valori in cui credevano: sono arrivati perfino a sacrificare la vita per ciò che ritenevano giusto. Ma una filosofia di vita non si manifesta solo in occasione delle guerre o di altre situazioni drammatiche; non è legata esclusivamente ai gesti eroici e ai grandi ideali. La nostra visione del mondo si manifsta anche nelle piccole cose, nel rapporto con la famiglia e gli amici, nel lavoro e nel tempo libero. È inscindibile dall'amore per la vita stessa. Il volo delle colombe è poesia, scrive Marianella nella sua lettera. E mentre Kim seduto in cella aspetta la morte, parla di alberi a primavera e di un sorriso affettuoso.

Ciò che quei due combattenti per la libertà avevano in comune era proprio l'esperienza della vita come qualcosa di infinitamente prezioso. Le lettere di Kim e Marianella risplendono di valori fondamentali che noi, nella vita di tutti i giorni, forse diamo per scontati.

C'è proprio bisogno di ritrovarci faccia a faccia con la morte per sperimentare la vita? Dobbiamo vedere le nostre idee e i nostri ideali minacciati o calpestati prima di svegliarci?

«Chi non vive l'attimo presente, non vive affatto. E tu cosa fai?» scrive il poeta danese Piet Hein. Un concetto simile è espresso anche in un aforisma dello scrittore e pittore finlandese Henrik Tikkanen: «La vita comincia nel momento in cui scopriamo di essere vivi».

CONOSCERE LE RELIGIONI

Che cos'è la religione? È la cerimonia del battesimo in una piccola chiesa cristiana; è l'adorazione in un tempio buddhista; sono gli ebrei con i rotoli della Torah di fronte al Muro del Pianto a Gerusalemme; sono i pellegrini che si raccolgono di fronte alla Ka'ba alla Mecca.

Ci possiamo chiedere: questi riti hanno qualcosa in comune? Coloro che vi partecipano condividono sentimenti simili? E perché lo fanno? Che cosa significa per loro? Quanto sono influenzati i loro comportamenti dalla società in cui vivono?

Queste sono le domande a cui la scienza delle religioni tenta di dare una risposta. Lo studioso si pone in una prospettiva esterna a tutte le religioni e le osserva dal di fuori, ricerca somiglianze e differenze e tenta di descrivere ciò che vede. La descrizione non sarà mai del tutto soddisfacente rispetto a quello che un fedele sente nei confronti della propria religione. Accade lo stesso per la musica: un critico può spiegare come è costruito un brano musicale e in quale chiave e con quali strumenti, ma non può ricreare l'esperienza data dall'esecuzione di quella musica. Per non parlare del cibo! Un esperto di nutrizione può spiegare che un certo alimento consiste in un insieme di composti organici e che, raffreddato e a contatto con gli organi del gusto darà una sensazione di dolce; ma la conoscenza che ne avremo non sarà mai pari a quella ottenuta mangiando un gelato vero.

Ciò non significa che uno studioso di religione non possa

essere anche un vero credente. Il punto è che quando si svolge una ricerca, non si deve lasciare che la fede e i sentimenti personali influenzino l'oggetto del nostro studio. È solo questa la prospettiva che permette allo studioso di religione di offrire, su questa materia, informazioni preziose sia per il singolo individuo sia per la società intera.

Perché studiare le religioni?

Una rapida occhiata alla realtà che ci circonda ci fa capire l'importanza del ruolo che la religione ha ancor oggi nella vita sociale e politica. I conflitti etnici sono spesso inaspriti da controversie religiose: nell'Irlanda del Nord non è ancora ricomposta la frattura fra cattolici e protestanti; nei Balcani i cristiani si oppongono ai musulmani; in India i musulmani combattono gli induisti; nello Sri Lanka si avversano buddhisti e induisti; negli Stati Uniti e in Giappone sette religiose estremiste sono spesso responsabili di azioni terroristiche. Ma, nello stesso tempo, i praticanti delle più diverse religioni svolgono azioni di aiuto umanitario ai poveri e agli ammalati del terzo mondo. Sarebbe difficile capire la politica internazionale senza una buona conoscenza delle diverse religioni.

Una profonda conoscenza delle religioni è inoltre fondamentale in un mondo in cui sempre più frequentemente si incontrano culture diverse. Molti di noi si recano all'estero ed entrano in contatto con società caratterizzate da valori e modi di vita differenti, mentre immigranti e rifugiati arrivano nel nostro paese e sono costretti a fare i conti con un sistema sociale (e religioso) a loro estraneo.

Infine, lo studio delle religioni può essere importante per lo sviluppo personale dell'individuo: le religioni del mondo danno una risposta alle domande che l'uomo da sempre si è posto.

Tolleranza

Per tolleranza, concetto chiave nello studio delle differenti religioni, si intende il rispetto per una visione del mondo diversa dalla propria. Ciò non significa necessariamente che differenze e contraddizioni debbano scomparire, oppure che non abbia importanza ciò in cui si crede o se si crede in qualcosa. Un atteggiamento tollerante è compatibile con un fermo convincimento e con il tentativo di convertire altri, ma non può associarsi allo scherno delle idee altrui o a costrizioni e minacce. La tolleranza non limita il diritto di fare propaganda, ma esige che questa si svolga nel rispetto delle opinioni altrui.

La storia ci offre numerosi esempi di intolleranza e *fanatismo* (dal latino *fanaticus*, che significa "posseduto da uno spirito maligno"). Fedeli di religioni diverse hanno lottato l'uno contro l'altro, e in nome della religione vere e proprie guerre sono state combattute. Gli uomini sono stati perseguitati a causa delle proprie convinzioni: ai tempi dell'Impero romano i cristiani erano imprigionati e giustiziati, nel Medioevo e in epoche successive la Chiesa faceva bruciare sul rogo gli eretici, e oggi in molti paesi musulmani è ancora proibito praticare religioni diverse dall'Islam.

Spesso la mancanza di tolleranza è la diretta conseguenza di una conoscenza insufficiente. Chi considera una religione dal di fuori vede solo le sue manifestazioni esterne e non ciò che queste significano per l'individuo. Il rispetto per le convinzioni, la visione del mondo e la vita religiosa degli altri è un presupposto necessario per la convivenza umana. Ciò non vuol dire che tutto sia da considerare indifferentemente giusto, ma che ciascuno ha il diritto di essere rispettato per le proprie idee quando queste non sono in contrasto con i diritti umani fondamentali.

Come sono nate le religioni?

Nel corso della storia sono esistite molte forme di religioni. Diversi sono stati i tentativi per spiegare perché siano nate le religioni. Una delle spiegazioni è che inizialmente l'uomo vedeva la natura intorno a sé come "animata": animali, piante, fiumi, montagne, sole, luna e stelle contenevano spiriti che era importante ingraziarsi. L'antropologo Edward Burnett Tylor (1832-1917) chiamò tutto ciò "animismo". Influenzato dalla teoria dell'evoluzione di Darwin, sosteneva che a pari passo con l'evoluzione culturale e tecnologica si era verificata anche un'evoluzione religiosa, dapprima verso il politeismo (la credenza in molti dèi), poi verso il monoteismo (la fede in un unico dio). In conclusione, Tylor riteneva che le popolazioni tribali non fossero progredite dall'età della pietra, e che quindi praticassero la stessa forma di animismo. Questa teoria evoluzionistica è ora abbandonata, e si è d'accordo sul fatto che il termine "animismo" non descrive in modo soddisfacente la religione delle popolazioni tribali.

Alcuni studiosi considerano la religione come il prodotto di fattori sociali e psicologici. Questa spiegazione è nota come modello riduzionista, poiché riduce la religione a un elemento delle relazioni sociali o della vita spirituale dell'uomo. Karl Marx sosteneva per esempio che la religione, così come l'arte, la filosofia, le idee e la morale, non è altro che una sovrastruttura costruita sulla base del sistema economico. Il progresso della storia è regolato dal modo in cui viene organizzata la produzione e da chi ne possiede i mezzi, le fabbriche e i macchinari; la religione rispecchierebbe solo questi rapporti fondamentali.

Nella scienza delle religioni oggi domina il concetto di religione come elemento indipendente nell'esistenza umana, legato a fattori sociali e psicologici, ma allo stesso tempo dotato di una sua propria struttura. I settori più importanti di questa scienza sono la sociologia delle religioni, la psicologia delle religioni, la filosofia delle religioni e la fenomenologia delle religioni.

Definire la religione

Molti hanno provato a definire il concetto di religione, a trovare una formula che si adatti a tutti i tipi di fede e di culto, una sorta di minimo comune denominatore. Questo tentativo comporta già un rischio di per sé, poiché ne consegue che le varie religioni sono comparabili tra loro, e non tutti i credenti sono disposti ad accettare un simile presupposto. Essi infatti possono affermare, per esempio, che la loro religione si distingue da tutte le altre perché è l'unica vera, mentre le altre sono illusorie o, nel migliore dei casi, incomplete. Vi sono anche studiosi che sostengono che l'unico modo costruttivo di studiare le religioni è di considerarle una per una, singolarmente, nel loro contesto storico e culturale. Da più di cento anni gli studiosi di religione si sforzano di individuare gli elementi comuni a tutte le religioni. Il problema è che interpretano le somiglianze in modi diversi: alcuni le considerano il risultato di contatti e influenze tra gruppi di popolazioni, cioè le idee e le forme di culto si sarebbero trasmesse allo stesso modo di altri fenomeni culturali, come la conoscenza della ruota e dell'aratro. Altri cercano, attraverso confronti, di scoprire ciò che contraddistingue il concetto di religione in sé. È a questo punto che entrano in gioco le definizioni. Cominciamo con alcune delle più famose:

«La religione è un sentimento o una sensazione di assoluta dipendenza».

Friederich Schleiermacher (1768-1834)

«Con il termine religione si indica il rapporto tra l'uomo e il potere sovrumano a cui egli crede e da cui si sente dipendente. Questo rapporto si esprime con particolari sentimenti (fiducia, timore), concetti (fede) e azioni (culto, etica)».

C.P. Tiele (1830-1902)

«La religione è l'atteggiamento di un individuo o di un gruppo nei confronti della o delle potenze che in ultima istanza decidono delle sorti del genere umano».

James Pratt (1875-1944)

«La religione è un convincimento nell'esistenza di poteri trascendentali personali o impersonali, e si esprime per mezzo di intuito, pensiero, sentimento, volontà e azione».

Helmuth von Glasenapp (1891-1963)

Il sacro

All'inizio del nostro secolo, fu l'arcivescovo svedese e studioso di religione Nathan Söderblom (1866-1931) il primo a formulare una definizione di religione in cui il punto di partenza sono i sentimenti dell'uomo: «Religioso o pio è colui per il quale qualcosa è sacro».

L'idea del *sacro* è divenuta un concetto chiave per gli studiosi del ventesimo secolo che intendono descrivere la natura della religione e le sue qualità distintive. Tale concetto fu introdotto con il libro di psicologia della religione *Il sacro*[1], che lo studioso Rudolf Otto pubblicò nel 1917. Egli chiama il sacro *das ganz Andere*, ciò che è assolutamente diverso da tutto il resto e perciò non si può descrivere con concetti usuali. Si tratta di una particolare dimensione nell'essere, che Otto descrive come *mysterium tremendum et fascinosum*, un potere cioè che da un lato incute timore e dall'altro possiede una forza di attrazione a cui è difficile resistere.

Rudolf Otto è stato criticato e avversato, ma le sue idee sono state anche plagiate e sviluppate. Uno di coloro che hanno raccolto e approfondito il suo pensiero è lo studioso rumeno Mircea Eliade. Nel suo libro *Il sacro e il profano*[2] del 1957, Eliade elogia Otto affermando che il successo di quest'ultimo come studioso di religione è dovuto alla nuova prospettiva da lui adottata: l'analisi di diverse forme di "esperienza religiosa" nelle singole persone al posto dello studio dei concetti come "Dio" e "religione". Eliade comincia con una definizione molto semplice affermando che il sacro è l'opposto del profano, e rimandando all'etimologia di queste parole: sacro indica qualcosa che è stato separato e consacrato, mentre profano è ciò che sta al di fuori della sacralità.

Eliade afferma che l'uomo riconosce il sacro in quanto questo si mostra (o si manifesta) in modo del tutto diverso dal profano, e lo chiama *ierofania*, una parola greca che significa

[1] Ed. it.: *Il sacro. L'irrazionale nella idea del divino e la sua relazione al razionale*, Milano 1989.

[2] Ed. it.: Torino, 1973.

letteralmente «qualcosa di sacro si sta rivelando a noi». E il sacro si può manifestare indifferentemente in una pietra o in un albero o nel Corano o in Gesù Cristo. Chi venera una pietra non la venera in quanto tale, continua Eliade; venera una pietra perché essa è una ierofania, perché cioè rimanda a qualcosa che è ben più di una semplice pietra: "il sacro".

Invece di applicare una definizione rigida e universale, in questo libro studieremo le religioni da quattro punti di vista:

* Concezioni
* Cerimonie e riti (culti)
* Comunità e organizzazione religiosa
* Esperienza religiosa

CONCEZIONI

La religione ha sempre avuto un aspetto intellettuale. Il credente possiede un'idea ben precisa del divino, di come sono nati il mondo e gli uomini, del senso della vita. Tutto ciò costituisce il contenuto concettuale della religione, che si esprime attraverso cerimonie religiose (riti), attraverso l'arte e, in primo luogo, attraverso la lingua. Le espressioni linguistiche possono avere la forma di testi sacri, professioni di fede, dottrine e miti.

Il mito

Il mito è un racconto che spesso si accompagna a un rito: accade di frequente che nel rito si ripeta la sequenza di azioni raccontate nel mito.

Un mito ha un significato più profondo rispetto a una leggenda o a una favola, in quanto vuole spiegare qualcosa, è una *risposta metaforica* alle domande fondamentali: da dove veniamo e dove andiamo? Perché viviamo e perché moriamo? Come sono nati gli uomini e il mondo? Quali forze governano il suo sviluppo?

I miti raccontano spesso di qualcosa che è accaduto nella notte dei tempi, quando il mondo era appena agli inizi. La maggior parte delle religioni ha, per esempio, dei *miti della creazione* per spiegare come sono nati gli uomini e il mondo, il cui intento primario non è quello di uniformare su circostanze storiche, ma di offrire all'uomo una spiegazione completa dell'esistenza.

Le concezioni religiose, espresse tra l'altro anche attraverso il mito, possono essere divise per sommi capi in tre gruppi: concezione di uno o più dèi, del mondo e dell'uomo.

Concezione di Dio

Monoteismo

Il credo prevalente in quasi tutte le grandi religioni è il monoteismo, cioè la fede in unico Dio, che spesso si è sviluppato come reazione al culto di più potenze divine (politeismo). Ad esempio, l'Islam ha avuto origine da un rinnovamento o riforma della religione nomade araba di quel tempo, caratterizzata dalla fede in numerosi dèi tribali.

Monolatria

La monolatria è un tipo di fede che si può collocare tra il monoteismo e il politeismo. Comporta l'adorazione di un solo dio, senza negare per questo l'esistenza di altri dèi: si sceglie cioè un dio tra gli altri, come i vichinghi sceglievano Tor oppure Odino come il dio in cui avevano fiducia assoluta. Questo è un esempio di come la distinzione teorica passi in secondo piano: ciò che importa qui non è tanto l'esistenza o meno di un dio, ma se questo dio venga effettivamente adorato. Troviamo oggi esempi di monolatria nell'Induismo.

Politeismo

Nelle religioni con fede in numerosi dèi è normale che questi abbiano funzioni distinte, o specifici ambiti d'azione: vi possono essere dèi della pesca e del raccolto, dell'amore e della guerra. Il mondo degli dèi è spesso organizzato allo stesso modo di quello degli uomini, secondo un modello di famiglia o di stato.

Alcuni studiosi di religione sostengono che il mondo degli dèi indoeuropeo (per esempio quello indiano, greco, romano) è costruito, sul modello della società del tempo, in tre classi:

* il re (che spesso è anche il sacerdote)
* i nobili (i guerrieri)
* i lavoratori (contadini e commercianti).

Accadeva spesso che si praticasse il culto del dio corrispondente alla propria posizione nella società.

Il dio supremo è spesso il dio del cielo: questo non significa che egli abiti realmente la volta celeste, ma piuttosto che si manifesta attraverso il cielo, con tutti i fenomeni ad esso collegati.

In molte religioni a fianco del dio del cielo sta una divinità femminile. La rappresentazione del Cielo e della Madre Terra si comprende facilmente in una società agricola: la Terra è fertile e dà la vita agli uomini, ma solo dopo aver ricevuto sole e pioggia dal Cielo.

Accanto alla "corte degli dèi" così come la conosciamo dalla mitologia classica e norrena, vi è una serie di spiriti e dèi minori legati ad ambienti specifici che sono responsabili della difesa da determinate malattie o protettori di determinate "categorie professionali".

Panteismo

Una concezione del divino che si differenzia sia dal monoteismo che dal politeismo è il panteismo, il cui principio fondamentale è che la potenza divina è presente in tutto, permea l'intero creato; si può anche concepire come qualcosa di impersonale, un'anima o un ordine del mondo. Il panteismo è spesso associato al *misticismo*, secondo il quale l'uomo diventa un tutt'uno con il divino.

Animismo e credenza negli spiriti

In molte culture vi è la credenza diffusa che la natura sia

popolata di *spiriti*. Chiamiamo tale concezione *animismo*, dalla parola latina *animus* che significa "spirito". Un tempo gli storici della religione credevano che l'animismo fosse l'inizio di tutte le religioni, e che in seguito si fosse sviluppato nel monoteismo passando attraverso il politeismo. Questa, però, è solo una teoria; di fatto forme di animismo sopravvivono ancor oggi presso un certo numero di popolazioni.

Anche la nostra cultura riconosce la presenza di spiriti in alcune creature connesse alle forze della natura: elfi dell'acqua, fate, spettri, sirene. Anche le anime dei morti hanno svolto e svolgono tuttora in Africa, Cina e Giappone un ruolo significativo in questo senso.

Solitamente le figure degli dèi sono più personalizzate e meglio definite degli spiriti: hanno spesso un proprio nome e caratteristiche umane. Tuttavia, in molti casi è spesso difficile tracciare un confine preciso tra dèi, spiriti e antenati: sono tutte espressioni della potenza sovrannaturale in cui ci si imbatte ovunque nel corso dell'esistenza. Questa rappresentazione di forza o potenza regolatrice del rapporto tra vita e natura si trova soprattutto nelle religioni tribali. Gli storici della religione usano di regola il termine *mana* (una parola polinesiana) per riferirsi a questa potenza, che è necessario controllare o ingraziarsi.

Concezione del mondo

Una concezione diffusa in molte religioni e culture è quella che il mondo sia stato formato, o creato, da una materia o da un essere primordiale. Secondo la mitologia nordica il mondo è stato formato con il corpo del gigante Yme ucciso dagli dèi; mentre secondo i greci, l'aspetto del mondo attuale (*cosmo*) si è originato da una massa informe (*caos*) plasmata da una forza divina.

Si può anche pensare la creazione come una sorta di nascita, analoga a quella che conosciamo per la vita dell'uomo o degli animali. Nell'antico Egitto si credeva che il mondo avesse avuto origine da un uovo, mentre la religione Shinto spiega che le isole giapponesi sono le figlie della coppia divina che ha creato il mondo.

La concezione ebraica (e cristiana) della creazione, contenuta nell'Antico Testamento, non ci parla di alcuna materia o essere primordiale, ma di una creazione dal nulla assoluto. La creazione avviene per mezzo della parola. Dio disse: «Sia luce», e luce fu.

In molte religioni si trovano anche credenze che riguardano la fine di questo mondo, ciò che nella mitologia nordica si chiama *ragnarok*. Il risultato della creazione, o dell'opera di riordinamento, è costantemente minacciato da forze malvagie che vogliono la distruzione dell'ordine del mondo, e che prima o poi avranno la meglio. Per il Cristianesimo e l'Islam la fine di questo mondo è strettamente associata al concetto del giudizio divino.

Anche nella religione indiana incontriamo la concezione di una nascita e di un annientamento del mondo; ma questo processo accade di continuo in un circolo eterno senza inizio né fine, così come nel corso della giornata si passa dalla luce alle tenebre e poi di nuovo alla luce.

Se proviamo a dare un ordine a tutte queste nozioni e rappresentazioni, possiamo distinguere tra una concezione della storia *lineare* e una *ciclica*. Quella indiana è ciclica (o circolare), mentre quella cristiana è lineare, procede come una linea retta da un punto all'altro, dalla creazione divina alla fine del mondo.

Concezione dell'uomo

Creazione dell'uomo

Secondo la maggior parte delle religioni l'uomo è creato da Dio, e quindi ha un'origine divina. In questo contesto si parla spesso dell'*anima* umana, un concetto che esprime contenuti diversi a seconda delle varie culture.

Spesso l'anima è contrapposta al corpo materiale, e in molte religioni vi è un *dualismo* tra corpo terreno e anima divina. L'anima proviene da un mondo superiore e prende dimora in un corpo; ma vi si sente come rinchiusa, imprigionata nella materia, e aspira a far ritorno alla sua origine celeste.

Quando nell'Antico Testamento leggiamo che Dio creò l'uomo dalla polvere e vi soffiò dentro *l'anima,* ci troviamo di fronte a una diversa concezione: secondo gli antichi ebrei l'uomo veniva considerato *unità* di corpo e spirito, entrambi opera di Dio e legati tra loro indissolubilmente.

Morte

Allo stesso modo in cui si interrogano sulla propria origine, gli uomini avvertono anche il bisogno di trovare una risposta all'interrogativo di ciò che li aspetta dopo la morte.

Nelle tombe vichinghe sono stati ritrovati armi, cibo e gioielli, ad indicare che la credenza in una vita dopo la morte non è una novità. Gli antichi greci credevano nell'Ade, un regno in cui i morti conducevano la triste esistenza di ombre. L'ideale guerriero del tempo dei vichinghi è rispecchiato nella rappresentazione del *Valhalla,* un luogo dove gli eroi combattono e vengono uccisi di giorno, ma risuscitano di notte. Presso alcune tribù indiane del Nordamerica vive tuttora la concezione delle "eterne praterie", regno incontrastato di tutto ciò che è libero e selvaggio.

In molte società i morti continuano a vivere come antenati a fianco dei vivi, offrendo sicurezza e protezione in cambio di sacrifici sulla propria tomba.

Quanto al quesito circa quale sia la parte dell'uomo che sopravvive alla morte, si danno svariate risposte: spesso la si chiama anima, ma in molte società tribali africane questa nozione non esiste proprio.

Nemmeno nel Cristianesimo "la vita eterna" è associata a una concezione di "anima immortale". Si parla di "resurrezione del corpo", cioè l'uomo risorge nella sua interezza, ma questo è per rafforzare il concetto che, dopo la resurrezione, l'uomo non diventa un'entità spirituale imprecisata.

Le religioni hanno spesso concezioni diverse riguardo la *salvezza*: secondo alcune l'uomo deve essere salvato da una potenza divina, secondo altre egli deve liberarsi da sé, e per farlo vengono indicate strade diverse.

Il concetto di *trasmigrazione delle anime* è particolarmente importante: gli induisti credono che l'anima sia legata a questo mondo attraverso i pensieri, le parole e le azioni dell'uomo e quando un uomo muore, l'anima passa in un altro corpo, umano o animale. In questo modo l'anima entra in un circolo ininterrotto di morti e rinascite nel quale resta fino a che non ne viene liberata.

Rapporto dell'uomo con il divino

Nell'Islam e nell'Ebraismo l'uomo compie il proprio dovere religioso sottomettendosi alla legge di Dio, nelle religioni indiane e africane obbedendo alle regole tribali stabilite dagli antenati, e nella religione cinese entrando in armonia con le forze fondamentali dell'esistenza, yin e yang.

In alcune religioni, soprattutto quelle indiane, l'obiettivo finale per l'uomo è di raggiungere l'unità con il divino. Per un greco antico un simile concetto sarebbe stato considerato blasfemo, un'offesa agli dèi: travalicare il confine tra umano e divino significava macchiarsi di *hybris*, "empietà". Un'idea simile è espressa nell'Antico Testamento, nel racconto della "caduta" dell'uomo: l'originaria armonia viene spezzata perché l'uomo cerca di diventare come Dio.

CERIMONIE E RITI

In tutte le religioni, la cerimonia gioca un ruolo importante.

Quando Dio o gli dèi vengono invocati, ringraziati o lodati, ciò avviene secondo regole prestabilite. Le cerimonie religiose, o *riti*, seguono un preciso modello, un *rituale*. Chiamiamo *culto* l'insieme delle cerimonie all'interno di una religione. La parola culto (da un termine latino che significa "coltivare", materialmente e spiritualmente) si traduce spesso con "adorazione di Dio", ma è usata nella scienza delle religioni per indicare l'insieme di tutte le forme del rito religioso.

Il culto promuove un contatto con il sacro, e quindi ciò avviene per lo più in luoghi sacri (tempi, moschee, chiese), dove si trovano spesso oggetti sacri (amuleti, feticci, alberi sacri, altari). Coloro che guidano il culto religioso possono a loro volta considerarsi persone sacre, o comunque consacrate per la propria funzione. Un ruolo importante svolgono le parole sacre che si utilizzano nei culti: preghiere, invocazioni, brani di testi sacri e non da ultimo il mito, che spesso è connesso ai riti più semplici ed essenziali.

Prima di esaminare più da vicino i diversi riti, spenderemo qualche parola sulla magia.

Religione e magia

La magia è un tentativo di *controllare* le potenze e le forze che operano in natura; poiché si trova di solito in un contesto religioso, può essere difficile tracciare un confine preciso tra religione e magia, tra preghiere e formule magiche. Una differenza evidente è che, nella religione, l'uomo si sente in totale *dipendenza* dalle potenze divine: a queste potenze si possono offrire sacrifici o rivolgere preghiere; ma ci si sottomette comunque alla loro volontà. Con i riti magici invece l'uomo cerca di *costringere* le potenze divine alla propria sottomissione, spesso per ottenere un risultato ben preciso. Il mago è convinto che la magia, se praticata secondo il rituale giusto, permetta di raggiungere sempre l'obiettivo desiderato. Se fallisce, ciò dipende soltanto da un errore compiuto nel rito o da una pratica di *contromagia* più efficace.

Alcuni considerano la magia come l'origine, o uno stadio precedente, della scienza. Il mago, come lo scienziato, ricerca una relazione tra la causa e l'effetto. Egli è, in un certo senso, costretto all'osservazione della natura e a un metodo empirico. È vero anche che i maghi hanno spesso compiuto numerose osservazioni esatte in rapporto alla natura, ed è stato dimostrato che molte delle erbe usate dagli stregoni nelle loro magie sono in realtà erbe che possono essere utilizzate con successo anche nella medicina moderna.

Preghiera

La preghiera è stata chiamata "il cuore caldo nella religiosità" e, nelle sue varie forme, è il più semplice di tutti i riti. Ci si può rivolgere a Dio in modo spontaneo, e allora la preghiera ha raramente un forma prestabilita, poiché si esprime attraverso le parole che il credente sceglie di usare (preghiera libera).

La preghiera collettiva segue spesso un modello fisso: può avere la forma di una lettura, di un canto o di un dialogo tra il celebrante e l'assemblea.

Spesso alla preghiera si associano gesti ben precisi. In molte comunità cristiane i fedeli pregano in ginocchio, alcuni congiungono le mani; i musulmani si inchinano in direzione della Mecca. Le preghiere possono essere anche associate alla danza, il cui scopo è quello di invocare la pioggia o di prepararsi alla caccia o alla guerra (danza di guerra). In occasione della danza sacra si usano maschere e travestimenti che la fanno assomigliare ad una pantomima o a una recita. Parole e gesti sono strettamente corrispondenti tra loro. In questo caso vediamo come il mito, il racconto sacro, sia connesso a determinati riti da risultare un tutto unico, un *dramma*.

Sacrificio

Il sacrificio costituisce la parte centrale del culto di molte religioni. Esso consiste di solito nell'offrire agli dèi qualcosa che l'uomo considera prezioso: frutta, cereali, animali. In alcune culture si trovano perfino casi di sacrifici umani. I sacrifici si distinguono per ciò che si offre e per ciò che si chiede. Tutti però sono caratterizzati dall'esperienza del contatto e dello spirito di comunità.

L'offerta sacrificale

L'offerta (dal latino *offerre*, "offrire o presentare") è il tipo più comune di sacrificio e forse il più antico. Si offre qualcosa agli dèi e ci si aspetta che questi diano qualcosa in cambio: il sacrificio ha uno scopo che si può esprimere con l'espressione latina *do ut des.* Anche un *sacrificio di ringraziamento* deve essere compreso in questo contesto: è un rallegrarsi per ciò che gli dèi hanno concesso, e che forse era stato invocato in precedenza.

Questo ragionamento che, a tutta prima, può far pensare a una forma di baratto, deve invece essere interpretato in modo diverso. Attraverso il dare e il ricevere doni si esprime una forma di comunanza: il donatore e il destinatario sono legati tra loro, e in una certa misura lo scopo del sacrificio è l'aspirazione a un rapporto di comunione con gli dèi.

Un'offerta usuale è quella del *primo frutto*: si offre una preda di caccia o parte del raccolto dell'anno sia come primizia per ringraziare gli dèi sia per ottenere la rinnovata protezione.

Il sacrificio è quindi necessario agli dèi come agli uomini. La potenza degli dèi cresce con i sacrifici, si indebolisce senza di essi con effetti negativi sul mondo e sugli uomini, quali l'insorgere delle malattie e la distruzione dei raccolti.

Sacrificio come offerta di cibo

Nelle offerte di cibo il motivo della comunione con gli dèi è centrale. È spesso un animale che viene sacrificato per essere in parte consumato dagli offerenti in parte bruciato in onore degli dèi. Ma si trovano anche esempi di sacrifici in cui la vittima sacrificale si identifica con il dio stesso: in questo caso mangiando ciò che si offre si partecipa della forza della divinità.

Sacrificio propiziatorio

Chi ha compiuto un crimine contro gli dèi e ha suscitato la loro ira merita una punizione. Per placarli ed evitare la punizione si può presentare loro un'offerta propiziatoria, ad esempio un animale sacrificale che rappresenta il colpevole e che espia la condanna al suo posto.

Riti di passaggio

I riti di passaggio sono legati alle tappe fondamentali della vita dell'uomo, soprattutto la *nascita*, il *passaggio dall'infanzia all'età adulta*, il *matrimonio* e la *morte*. Spesso essi contrassegnano un'iniziazione: la nascita è un'iniziazione alla vita, mentre la morte è un'iniziazione a una nuova esistenza nel regno dell'aldilà oppure alla vita eterna.

I riti di passaggio sono presenti in forme diverse in tutte le comunità, anche laddove la religione non assume particolare risalto nella vita pubblica; in particolare rivestono un ruolo importante nell'ambito delle religioni tribali praticate in comunità non alfabetizzate. In questo contesto i riti di passaggio sono chiaramente e intimamente connessi al concetto di tabù (tabù è un termine polinesiano che gli studiosi di religione hanno adottato per indicare le forze misteriose che agiscono in determinati individui in particolari situazioni).

Nascita e morte

Un bambino appena nato è vivo in senso fisico e biologico ma, in molte culture, non è membro a tutti gli effetti della famiglia e della società finché non sia stato sottoposto a una serie di riti. Può trattarsi di un rito singolo come il *battesimo*, la *circoncisione* o *l'imposizione del nome*. Ma presso le comunità tribali si tratta spesso di un lungo processo che comincia al momento del concepimento e si conclude qualche tempo dopo la nascita. Anche la madre, divenuta impura al momento del parto, deve sottoporsi ad una serie di riti di purificazione prima di essere accolta di nuovo nella comunità.

Allo stesso modo in cui il bambino non è "realmente vivo" prima dei riti legati alla nascita, così in alcune comunità il morto non è "realmente morto" fino a che non si è conclusa la cerimonia funebre. I riti sono necessari perché egli sia accettato e accolto nella comunità dei morti: colui al quale non sono tributati gli onori funebri secondo le usanze rischia di vagare senza sosta tra il regno dei vivi e quello dei morti.

Nelle comunità in cui il culto degli antenati è importante per la vita religiosa, il significato di molti riti di passaggio è chiaro. Una nascita assicura la propagazione della stirpe e la sopravvivenza del culto degli antenati. Nel matrimonio è necessario che l'unione di due famiglie diverse ottenga l'approvazione degli antenati di entrambe.

Quando con la morte la tribù perde uno dei suoi membri e si crea una situazione di crisi in cui la tribù e la vita stessa sono minacciate da forze nemiche, la celebrazione di riti appropriati assicura che la vita riprenda il suo corso normale. Allo stesso tempo i riti funebri servono ad assicurare al defunto un approdo certo nel regno dei morti, dove continuerà a vivere assieme agli antenati.

Riti di pubertà

Un periodo importante della vita è quello della pubertà, l'età di passaggio dall'infanzia all'età adulta, quando un adolescente si trasforma in un uomo, e una ragazzina in una donna. Ma il raggiungimento della maturità sessuale non sempre basta a rendere una persona membro effettivo della comunità degli adulti. La cerimonia religiosa della *cresima* può essere vista come un rito di iniziazione all'età adulta proprio delle comunità cristiane. Per questo i non-cristiani hanno adottato l'alternativa della "cresima laica".

I veri riti di pubertà sono propri soprattutto delle religioni tribali. Ne esaminiamo qui sotto quattro categorie importanti.

* La circoncisione è una pratica che riguarda sia gli uomini che le donne. Non conosciamo con sicurezza l'origine di questa pratica, ma in alcuni casi essa può collegarsi alla credenza che gli esseri umani originariamente fossero ermafroditi. C'è un rito di iniziazione che serve a sottolineare con chiarezza la differenza tra i sessi e indica agli uomini e alle donne il loro posto nella società.

Mentre la circoncisione nei maschi può costituire una prevenzione efficace delle malattie, nelle femmine essa riduce il godimento sessuale, e perciò oggi c'è una crescente protesta contro questa pratica nelle donne.

* Un aspetto importante dell'iniziazione consiste nell'insegnamento e nell'apprendimento delle tradizioni della tribù, dei doveri religiosi, delle leggi e dei diritti, delle pratiche di

caccia e pesca, delle abilità nella lotta e in vari tipi di attività pratiche. Il giovane deve imparare i racconti sacri e i riti della tradizione antica. Spesso uomini e donne hanno dei propri segreti nell'ambito religioso, che non devono rivelare all'altro sesso.

* In molte tribù i riti di iniziazione consistono invece, per i maschi, nell'affrontare dure prove di resistenza per dimostrare la propria forza fisica e il proprio coraggio, per cui essi vengono colpiti, tormentati e spaventati. In alcune tribù del Sudamerica, per esempio, giovani maschi vengono sottoposti alla "prova delle formiche" le quali, a centinaia lo assalgono e lo mordono. A volte il rito prevede vere e proprie amputazioni fisiche, come estrazioni di denti o il taglio di qualche dito.

* L'iniziazione all'età adulta è spesso vista come una nuova nascita. La simbologia nel rito va anche oltre e rappresenta l'iniziazione come una morte seguita da una rinascita: l'infanzia è finita, il bambino deve morire per poter rinascere come adulto. Presso alcune popolazioni gli adolescenti vengono addirittura deposti in speciali tombe o dipinti di bianco a somiglianza dei morti.

Anche i tormenti che i giovani devono affrontare, e in alcuni casi la stessa circoncisione, possono essere un simbolo della morte.

A sua volta la rinascita è simboleggiata in vari modi: il giovane può ricevere un nuovo nome a riprova della sua nuova identità, può apprendere una nuova lingua o, meglio, le parole segrete conosciute solo dagli iniziati; oppure può ricevere lo stesso tipo di cibo e di trattamento di quando era neonato.

In un contesto più ampio, questa simbologia della nascita e della morte ripete la storia della creazione del mondo. La morte corrisponde al caos e al disordine, mentre la nuova nascita, o creazione, indica il ritorno dell'ordine, delle proporzioni e dell'armonia.

Etica

Spesso le religioni non distinguono tra ciò che è etico e ciò che è religioso. Tradizioni tribali, regole di casta e precetti morali sono considerati pertinenti alla sfera religiosa tanto quanto sacrifici e preghiere. Tra i dieci comandamenti che Mosè diede agli ebrei vi erano divieti sia di ordine religioso («Non avrai altro Dio all'infuori di me») sia di ordine etico («Non uccidere»). Anche nei cinque pilastri musulmani non c'è alcuna distinzione tra religione ed etica: sono imposti tanto la preghiera a Dio che l'elemosina ai poveri. La concezione dell'uomo come creatura divina comporta la responsabilità, davanti a Dio, in ogni ambito di azioni: religioso, morale, sociale e politico.

Spesso è successo che predicatori religiosi innescassero un dibattito proprio sulla questione etica; i profeti nell'antico Israele si scagliavano contro i ricchi e i potenti che celebravano sacrifici ma opprimevano i poveri. Il loro atteggiamento morale, tuttavia, aveva anche una motivazione religiosa.

Nelle società in cui convivono religioni e filosofie della vita differenti è difficile collegare l'etica esclusivamente alla religione. Le normative etiche devono essere comuni, e alcune di esse, quindi, devono assumere forma di legge. I romani furono i primi a elaborare un *corpus* di leggi valide per popoli di differenti religioni, ed esso ha costituito la base del diritto degli stati moderni non religiosi. In alcuni paesi musulmani esistono due sistemi di leggi paralleli, uno costruito sul Corano e uno sul diritto romano. Molti paesi ora riconoscono nella Dichiarazione dei Diritti Umani delle Nazioni Unite i principi di una sorta di etica comune, al di là delle singole religioni e filosofie di vita.

COMUNITÀ E ORGANIZZAZIONE RELIGIOSA

Un aspetto importante in tutte le religioni è il sentimento di comunione vissuto dai fedeli. Per questo si creano forme di comunità organizzate, per esempio chiese e congregazioni, e si nominano rappresentanti o ministri del culto che guidano le attività religiose.

Presso le popolazioni tribali non vi sono qualifiche e mansioni specifiche per l'espletamento delle funzioni religiose: la tribù funge da cornice sociale, politica e religiosa, e il capo di essa coincide spesso con il sacerdote. Talvolta esistono delle società segrete di cui solo persone scelte, solitamente uomini, possono entrare a far parte.

Anche nell'antico Egitto e nella Grecia classica la religione rappresentava un semplice aspetto della cultura comune. Una situazione simile ha caratterizzato anche l'Europa del Medioevo, quando la Chiesa regnava incontrastata dominando anche la sfera politica, e ancora oggi in alcuni stati musulmani tutto il potere politico e religioso si concentra nelle mani del leader del paese (per esempio il re del Marocco).

Nel caso in cui diverse confessioni religiose debbano convivere l'una accanto all'altra, la questione dell'organizzazione si fa più complicata. Quando viene fondata una nuova religione, rompendo con le locali tradizioni del culto, si viene a creare una nuova comunità che, almeno all'inizio, è una minoranza. Così è stato per i primi seguaci di Buddha, Maometto e Gesù, e per tutti i gruppi che nel corso della storia si sono separati dalle grandi religioni e hanno creato chiese, congregazioni o sette proprie. All'interno di queste comunità minoritarie la coesione tra i membri è spesso più forte che nelle religioni di stato o di massa.

Nelle religioni di stato i membri della chiesa diventano tali solo con un rito di ingresso compiuto poco dopo la nascita; ma vi sono anche religioni nazionali i cui membri vi appartengono per nascita e che non prevedono cerimonie di questo tipo. Altre fedi infine richiedono ai loro fedeli una esplicita domanda di ammissione.

All'interno di molte religioni esistono comunità speciali regolate da severe norme di accesso. Le più comuni del Cristianesimo sono gli ordini di monaci e suore, i cui membri devono fare voto di vivere in celibato e povertà.

Tutte le religioni, tranne alcune tribali, dispongono di

propri "funzionari" con ruoli fissi e particolari responsabilità nell'esercizio del culto e di altri compiti legati alla religione. Preti, celebranti e medici stregoni, pur avendo funzioni diverse all'interno della comunità, sono accomunati da uno *status* speciale. I sacerdoti sono spesso anche capi organizzativi della loro comunità di fedeli e a loro volta possono essere parte di una più vasta struttura gerarchica. Alcune chiese sono saldamente strutturate a livello internazionale con un "capo" al di sopra di tutti, come il Papa della Chiesa cattolica. In altre l'organizzazione può operare a livello nazionale (la Chiesa di Stato norvegese) oppure locale (il Movimento pentecostale).

ESPERIENZA

La religione non parla solo all'intelletto, ha a che fare anche con la sfera emotiva, e i sentimenti sono, per la vita dell'uomo, altrettanto importanti della facoltà raziocinante. Nella maggior parte delle religioni l'uomo dà voce al dolore e alla gioia attraverso la musica e il canto, in alcuni casi anche attraverso la danza sacra. Nelle celebrazioni cristiane il canto dei salmi, il canto corale e la musica d'organo costituiscono una parte importante dell'esperienza totale. Inoltre molte chiese sono ricche di opere d'arte, come affreschi, sculture e pale d'altare, che nutrono la fantasia e la sfera emotiva.

Uomini e donne

Sono stati gli uomini i protagonisti delle grandi religioni mondiali: Buddha, Confucio, Mosè, Gesù, Maometto. Le religioni si sono sviluppate in società in cui i massimi gradi del potere politico ed economico erano riservati agli uomini. Questa supremazia maschile ha contraddistinto, e contraddistingue, anche le principali gerarchie di quasi tutte le religioni; ancora oggi in molte confessioni religiose le donne non possono accedere a determinati ruoli.

Tuttavia spesso le donne hanno avuto una grande importanza nella vita religiosa. I vangeli raccontano che furono le donne a scoprire la tomba vuota e a dare l'annuncio della resurrezione di Gesù, la verità che costituisce il fondamento della religione cristiana. I discepoli di Gesù, come i discepoli di altri maestri ebrei, erano uomini, ma le donne furono presenze importanti negli anni della predicazione di Gesù e nella Chiesa primitiva.

Misticismo

Mistica viene dalla parola greca *mystikos*, "segreto". Il verbo *myèin* significa "chiudere gli occhi".

L'esperienza mistica può sinteticamente essere definita come l'immediata percezione dell'unità con Dio o con l'anima del mondo. Mentre preghiera e sacrificio presuppongono una distanza tra Dio e gli uomini, o tra Dio e il mondo, i mistici tentano di gettare un ponte attraverso questo spazio vuoto. In altre parole, i mistici sono coloro per i quali una simile distanza non esiste affatto. Essi "si elevano" a Dio, in lui "si perdono" o "scompaiono"; poiché ciò che chiamiamo abitualmente Io non è il nostro vero Io. I mistici sperimentano, almeno in certi momenti, di essere identici a un Io più grande, identificato con Dio, l'Anima del mondo, l'Essere, il Vuoto, il Tutto, o simili. Un mistico indiano ha affermato: «Quando ero io, non ero Dio; ora sono Dio, e non sono più io». Il mistico ha "perso se stesso" in Dio.

Una simile esperienza, tuttavia, non si verifica se non la si ricerca: i mistici devono percorrere la via della purificazione e dell'illuminazione fino all'incontro con Dio. E questa via – che spesso si compone di diversi stadi o livelli – è fatta soprattutto di ascetismo, di esercizi di respirazione e di complesse tecniche di meditazione. In questo modo, all'improvviso, il mistico raggiunge lo scopo, e può gridare: «Io sono Dio!», oppure: «Gloria a me! Quanto grande non è la mia maestà!».

Spesso la forza trainante nella vita religiosa dei mistici è un amore bruciante per Dio. Come l'amante desidera stare unito all'amato, così il mistico cerca l'unione con Dio. Il mondo è pervaso da un desiderio. L'emanazione divina, che si trova nell'uomo, aspira a spogliarsi della sua esistenza individuale, poiché chi ricerca Dio cerca soltanto ciò che anche Dio stesso desidera. Nell'estasi mistica, *unio mystica*, ha luogo l'incontro tra Dio e l'uomo. «Io sono chi io amo», afferma trionfante un mistico persiano, «e Colui che amo, è me stesso!».

Correnti mistiche

Il misticismo si trova in tutte le grandi religioni mondiali. La descrizione che i mistici fanno della propria esperienza presenta una particolare somiglianza indipendentemente da condizioni sociali, religiose e culturali e a dispetto di ampie distanze di spazio e tempo. Ciò ci permette di parlare di una *dimensione mistica* in tutte le religioni; perciò il filosofo tedesco Leibniz chiamò la mistica *philosophia perennis.*

Caratteristiche della condizione mistica

Sulla traccia di quanto riportato dai mistici di diverse culture ed epoche storiche si è soliti delineare le seguenti caratteristiche della condizione mistica:

* I mistici percepiscono *un'unità in tutte le cose.* Vi è una sola certezza – o un solo Dio – che pervade tutto.

* Anche se i mistici si sono a lungo preparati all'incontro con Dio – o con l'anima del mondo –, si sentono *passivi* quando ciò accade. È come se fossero afferrati da un potere al di fuori di loro stessi.

* L'estasi è caratterizzata dall'*estemporaneità*: i mistici si sentono strappati alla realtà quadridimensionale.

* Il rapimento mistico è comunque *passeggero,* non dura di regola più di qualche minuto.

* L'estasi offre al mistico uno sguardo nuovo sul mondo che rimane oltre l'esperienza.

* Questa nuova consapevolezza, tuttavia, si dimostra *indescrivibile,* perciò non può essere trasmessa ad altri uomini.

* Poiché *l'esperienza stessa è paradossale,* i mistici ricorrono

spesso a *paradossi* per descrivere lo stato in cui sono caduti. Possono quindi dipingere ciò che hanno incontrato come "vuoto e pienezza", "tenebra accecante" o simili.

È in primo luogo quando i mistici tentano di dare un'interpretazione filosofica o religiosa alla propria esperienza mistica che emerge il loro retroterra culturale: in particolar modo nella mistica occidentale (Cristianesimo, Ebraismo e Islam) i mistici sottolineano che è un Dio *in forma di persona* colui con cui si incontrano. Anche se "si elevano a Dio", prendono atto che esiste una certa distanza tra Dio e il mondo; della religione viene mantenuto qualcosa del rapporto io-tu tra Dio e l'uomo. Questa forma di misticismo è stata chiamata *misticismo teista* o *misticismo personificato.* Nella mistica orientale (Induismo, Buddhismo e religione cinese) è più comune sostenere una totale identità tra Dio – o l'anima del mondo – e l'uomo. Possiamo dire che il mistico vive l'incontro con la divinità come un rapporto Io-Io. Poiché Dio non esiste solamente come una scintilla creativa nell'animo umano, non si trova soltanto *nel* mondo, e non è neppure da un'altra parte. Questa forma di misticismo è detta *misticismo panteista* o *misticismo dell'infinità.*

Anche per l'uomo moderno la dimensione mistica può giocare un ruolo decisivo. Molti sostengono di aver avuto esperienze mistiche senza connetterle ad una particolare religione. È tipico di questi "mistici moderni" il fatto di non aver cercato in modo attivo di porsi in una condizione mistica; improvvisamente – proprio nel mezzo del tran-tran quotidiano – hanno percepito quella che essi chiamano "coscienza cosmica", "sentimento oceanico" o "osmosi mentale".

Tipi di religione

Religioni e forme di società

Nella scienza delle religioni si è cercato di distinguere le religioni in tre diversi tipi, che corrispondono anche a tre diversi tipi di società.

Religioni primali

Sono così denominate quelle religioni che, in passato, la scienza ha spesso chiamato "primitive". Queste sono, o erano proprie, soprattutto delle culture prive di alfabetizzazione, dei popoli tribali dell'Africa, dell'Asia, dell'America del Nord e del Sud, e della Polinesia. Ciò che contraddistingue tali religioni è la fede in una miriade di forze, dèi e spiriti che regolano la vita di ogni giorno. In essi il culto degli antenati e i riti di passaggio ricoprono ruoli di grande importanza; la comunità religiosa è parte della vita sociale, e il sacerdozio spesso coincide con la leadership politica della tribù.

Religioni nazionali

Le religioni nazionali comprendono un certo numero di religioni storiche non più praticate al giorno d'oggi: norrena, greca, romana, assiro-babilonese, egiziana. Ancora oggi ne sopravvivono alcune forme, ad esempio nello Shinto giapponese.

La caratteristica distintiva delle religioni nazionali è il politeismo, una pluralità di dèi in un sistema solitamente ben strutturato con differenze di rango e determinate funzioni. Inoltre esse contemplano un sacerdozio permanente (cui è affidata la celebrazione dei riti nei templi), la centralità delle cerimonie sacrificali, una *mitologia* ben sviluppata, e il carattere sacro attribuito al capo della nazione (monarchia di origine divina).

Religioni mondiali

Sono quelle riconosciute valide in ogni parte del mondo, per tutti i popoli; sono anche note come *religioni universali.* Il loro tratto più caratteristico è il *monoteismo,* la fede in un unico dio. Esse attribuiscono una particolare importanza alla salvezza individuale e al rapporto di ciascun uomo con Dio. Nelle religioni universali i riti sacrificali hanno un ruolo senz'altro minore rispetto a quello delle religioni nazionali, mentre assumono un aspetto più centrale la preghiera e la meditazione. Di solito l'origine delle religioni universali si fa spesso a dei precisi fondatori.

Occorre precisare, però, che i confini tra questi tre tipi di religioni non sono così netti. La religione nazionale è spesso un'evoluzione della primale, accompagnata dal generale sviluppo di una società (da società tribale a stato nazionale); allo stesso modo, le religioni universali derivano spesso da quelle nazionali e nascono come forma di protesta interna contro aspetti del culto e delle concezioni religiose.

Religioni occidentali e orientali

Si è anche tentato di ripartire le grandi religioni mondiali in occidentali e orientali. Le occidentali sono Ebraismo, Cristianesimo e Islam, mentre Induismo, Buddhismo e Taoismo costituiscono le orientali.

La tabella che segue illustra in maniera comparativa quanto è stato finora detto. Ma si tenga presente che si tratta di generalizzazioni e che il quadro reale è poi più complesso. La mistica, così fondamentale nelle religioni dell'Oriente, si ritrova anche nell'Ebraismo, nel Cristianesimo e nell'Islam, e il rapporto personale con Dio che caratterizza le religioni monoteiste riappare anche nella devozione indiana, *bhakti.*

	Religioni Occidentali	Religioni Orientali
Concezione della storia	Concezione lineare della storia, cioè la storia ha un inzio e una fine, il mondo è stato creato in un determinato momento e un giorno finirà.	Concezione ciclica della storia, cioè la storia si ripete in un circolo eterno e il mondo dura da eternità a eternità.
Concetto del divino	Dio è il creatore, unico e onnipotente. Rigoroso monoteismo.	Il divino è presente ovunque in una molteplicità di forme o come forza impersonale.
Concezione dell'uomo	C'è una distanza tra Dio e l'uomo, tra il creatore e la creatura. Non sottomettersi al volere di Dio è peccato.	L'uomo può raggiungere l'unità con Dio o con il divino attraverso l'intuizione e la percezione spirituale.
Salvezza	Solo Dio libera l'uomo dal peccato, e Dio giudica e punisce. La vita continua dopo la morte, in paradiso o all'inferno.	La salvezza consiste nella liberazione dell'anima dal ciclo eterno di trasmigrazioni e rinascite e dalla maledizione delle azioni. Vi si arriva attraverso atti sacrificali o illuminazione mistica.
Etica	Rapporto attivo con la società. La realtà esterna esiste per essere dominata. Regole di vita etiche per il singolo individuo.	La realtà e illusione e gli ideali da perseguire sono la passività e l'isolamento. Regole di vita etiche.
Culto	Preghiera, predicazione, lodi.	Meditazione, sacrificio.

RELIGIONI DI ORIGINE INDIANA

L'Induismo è la principale religione degli indiani, ma vi sono molti induisti anche in Nepal, in Bangladesh e nello Sri Lanka.

Dopo un lungo periodo di colonialismo britannico, nel 1947 l'India è divenuta una repubblica indipendente, e si configura come Stato laico, con una costituzione che stabilisce l'uguaglianza di tutte le religioni e vieta discriminazioni di religione, razza, casta o sesso. Oggi gli induisti rappresentano circa l'80 per cento della popolazione, mentre i musulmani ne costituiscono il 10 per cento. Il 4 per cento è di fede cristiana.

Anche se il Buddhismo è nato in India, e può quindi definirsi una religione indiana, attualmente, nel paese, non è largamente rappresentato. È concentrato invece nello Sri Lanka e nell'Asia sudorientale. Ma – fin dai tempi antichi il Buddhismo ha rivestito grande importanza anche in Cina, in Corea e in Giappone – al di fuori della Cina, attualmente possiamo valutare l'esistenza di circa duecento milioni di buddhisti.

Dopo la nascita della Repubblica dell'India, nel 1947, i dissidi tra induisti e musulmani hanno portato il Pakistan a proclamarsi stato musulmano indipendente. Al suo interno, poi, si è verificata un'altra scissione tra Pakistan occidentale e Pakistan orientale. Alla fine della guerra tra India e Pakistan, nel 1971, il Pakistan orientale è divenuto a sua volta indipendente, e ha assunto il nome di Bangladesh.

Altri paesi asiatici dominati dall'Islam sono la Malesia e l'Indonesia, mentre nelle Filippine (colonia spagnola fino alla fine del secolo scorso) la Chiesa romana cattolica raccoglie il maggior numero di fedeli (circa l'80 per cento della popolazione).

INDUISMO

Cos'è l'Induismo?

L'Induismo, a differenza delle altre grandi religioni (Buddhismo, Cristianesimo e Islam) non ha fondatori, né un'organizzazione o una dottrina codificate. L'Induismo si pone come *la religione eterna* ed è caratterizzato dal suo grande, quasi sconcertante eclettismo e dalla sua disponibilità ad aver sempre assorbito, nel corso della storia, nuove ispirazioni e nuove forme di espressione religiose.

La parola *indù/hindu* significa semplicemente "indiano" (dalla stessa radice di Indo), e il modo migliore per definire l'Induismo è forse quello di considerarlo come la somma delle diverse forme religiose sviluppatesi nel paese dopo l'invasione degli indoeuropei nell'India del nord, tre o quattromila anni fa. Anche il Cristianesimo e l'Ebraismo possono rifarsi a una tradizione millenaria; il tratto peculiare dell'Induismo, tuttavia, è che tutti gli "strati" storici sembrano convergere in un unico istante. Pur nella sua molteplicità, l'Induismo si può percepire come un tutt'uno, perciò è stato paragonato ad una foresta tropicale, dove convivono le specie più diverse di piante e di animali.

La religione Veda

Le radici dell'Induismo si possono collocare tra il 2000 e il 1500 a.C., quando i cosiddetti Ariani (cioè "i nobili") giunsero dal nord nella valle dell'Indo. La religione di questo popolo aveva affinità con altre religioni indoeuropee, come per esempio la greca, la romana e la norrena. Noi la conosciamo grazie agli inni dei Veda (*veda* significa "conoscenza"), che venivano recitati dai sacerdoti in occasione dei sacrifici ai numerosi dèi. I testi dei Veda sono divisi in quattro raccolte, parte dei quali risalgono al 1500 a.C. circa.

Il sacrificio era importante nel culto degli Ariani, che presentavano offerte agli dèi per propiziarli e controllare le forze demoniache, oscure potenze che cercavano di scatenare il caos nell'ordine del mondo.

Ritrovamenti archeologici nella valle dell'Indo testimoniano un alto grado di civilizzazione anche *prima* dell'immigrazione indoeuropea, e non v'è dubbio che anche questa civiltà preesistente abbia contribuito alla formazione dell'Induismo, così come lo conosciamo oggi.

Il periodo cosiddetto vedico-antico (all'incirca dal 1000 al 500 a.C.) è stato un momento centrale nello sviluppo religioso degli indiani. Speciale importanza hanno rivestito le *Upanishad*, i testi più letti tra gli induisti, allora come oggi. Sono commentari mistico-filosofico-religiosi al testo dei Veda, in forma di dialogo tra maestro e allievo, e definiscono il concetto di *brahman*, la forza spirituale primordiale che sta alla base di tutto l'universo. Tutte le creature viventi nascono da Brahman, in esso vivono e ad esso ritornano quando muoiono.

L'Induismo costituisce oggi una variegata moltitudine di diverse forme di culto. Tre elementi, tuttavia, sembrano unire tutti gli indù: la casta, la vacca sacra e il karma.

Il sistema delle caste

La distruzione in classi sociali caratterizza tutte le società del mondo, ma non esiste, altrove, un sistema preciso e rigoroso quanto quello indiano. Fin dai tempi antichi si sono formati quattro raggruppamenti principali o classi (*varna*, cioè colore, è la parola usata in sanscrito):

* Sacerdoti (bramini)
* Guerrieri

* Contadini, commercianti e artigiani
* Servitori

Man mano che la società indiana andava sviluppandosi, si creavano nuove suddivisioni. All'inizio di questo secolo si contavano circa tremila caste.

Il sistema di caste è di origine incerta, e non è provato che sia un ulteriore sviluppo del sistema dei quattro gruppi; si può affermare comunque con assoluta certezza che tale suddivisione ben si accorda con l'organizzazione delle caste.

Casta è parola portoghese, mentre la corrispondente indiana è *jati,* che significa "nascita" o "carattere".

Le caste sono per lo più connesse a determinate professioni. In un villaggio indiano si possono individuare venti-trenta caste, i cui appartenenti vivono solitamente all'interno del proprio ristretto raggruppamento di abitazioni. Esistono regole severe per la condotta di vita e le pratiche religiose degli appartenenti alle caste, e queste regole stabiliscono con chi ci si può sposare o avere rapporti sessuali, che cosa è concesso mangiare, quali professioni si possono svolgere. Il concetto religioso che sta alla base del sistema delle caste è quello di puro e impuro. Il contrasto tra puro e impuro impregna tutto l'Induismo. Per un bramino è impuro tutto ciò che ha a che fare con il corpo e con la materia. Se ci si è resi impuri per una nascita, una morte o un atto sessuale – oppure si è venuti a contatto con un non-appartenente a una casta o con un membro di casta inferiore –, occorre purificarsi. E la più nota e tradizionale purificazione avviene per mezzo dell'immersione nell'acqua di uno dei molti fiumi sacri dell'India, come per esempio il Gange.

Le regole sulla purezza determinano anche la ripartizione del lavoro all'interno della società. Alcune occupazioni o mansioni sono così impure che possono essere svolte solo da determinate caste. Queste hanno il dovere di aiutare gli altri gruppi a conservare la propria purezza. D'altro canto, solo le caste che aspettano le regole per la purezza possono adorare gli dèi principali; e perché questo sia possibile, è necessario che altri uomini siano impuri. Ma tutti beneficiano della purezza del puro, poiché è nell'interesse di tutti gli indù che i riti siano osservati.

Il sistema di caste in India ha rappresentato la cornice della vita del singolo, così come avviene per la tribù in Africa. Essere espulsi dalla propria casta è la peggiore delle punizioni e viene applicata a chi compie crimini di particolare gravità.

Al livello più basso del sistema di caste stanno gli "intoccabili" o "senza casta" (spesso chiamati paria). Sono ad esempio gli addetti alla raccolta dei rifiuti, i criminali e coloro che in generale hanno a che fare con animali morti. Del tutto esterni al sistema delle caste sono cristiani e musulmani.

Le leggi relative alla promiscuità tra individui di caste diverse erano in origine molto severe. La costituzione indiana, entrata in vigore nel 1947, ha però introdotto il divieto di discriminazione per motivi di appartenenza alla casta. Ma un atto legislativo non è sufficiente a cancellare le antiche distinzioni sociali e religiose e il sistema di caste gioca tuttora un ruolo importante, soprattutto nei distretti rurali.

La vacca come animale sacro

In India la vacca è un animale sacro, adorato in occasione di alcune feste religiose. Il rito è con tutta probabilità legato a un antico *culto della fertilità,* e nei testi dei Veda vi sono inni dedicati a questo animale perché esso dà all'uomo tutto ciò di cui ha bisogno per vivere. La vacca è divenuta un simbolo di vita e non si può uccidere. La società occidentale condanna spesso un simile atteggiamento sostenendo che bisognerebbe piuttosto macellare il bestiame per nutrire le folle degli affamati che popolano l'India. Ma se esaminiamo più da vicino il ruolo che la vacca svolge nell'agricoltura del paese, troviamo anche molti aspetti positivi. Il 70 per cento della popolazione vive dei prodotti della terra e c'è una grande carenza di bestie da soma e da traino in quanto ben pochi posseggono attrezzi agricoli e trattori. Inoltre lo sterco di vacca serve non soltanto come fertilizzante, ma anche come combustibile.

Per quanto riguarda gli aspetti del culto, la vacca è più

pura del bramino. Toccare uno di questi animali, quindi, costituisce un rito purificatore. E tutti i prodotti della vacca, latte, burro, e persino lo sterco e l'urina, si usano in una serie di cerimonie di purificazione.

Per gli indù, oltre alla vacca, altri animali sono sacri. In primo luogo la scimmia, il coccodrillo e il serpente. Inoltre la religione condanna l'uccisione degli animali e ciò ha favorito l'affermarsi delle diete vegetali presso molti indù e ha gettato le premesse per quell'ideale della non-violenza, noto in Occidente soprattutto grazie a Gandhi e alla sua battaglia per l'affrancamento dal colonialismo inglese.

Karma e reincarnazione

La teoria che l'uomo possieda un'anima immortale è al centro della filosofia delle *Upanishad*: «Non invecchia quando si invecchia, e non muore quando si viene uccisi».

Un indù crede che l'anima umana dopo la morte si reincarni in un altro essere vivente. L'anima può reincarnarsi in un individuo di una casta superiore o inferiore, ma può anche prendere dimora in un animale.

Nel ciclo della reincarnazione si passa da un'esistenza ad un'altra con costanza inesorabile; la molla originaria di questa costanza, o la forza che la mantiene in atto, è il *karma*, termine sanscrito che significa "azione", "atto". Karma non si riferisce, però, soltanto alle azioni concrete. Anche pensieri, parole e sentimenti sono karma.

Per l'Induismo è significativo il fatto che tutte le azioni hanno delle conseguenze e che il loro effetto perduri anche dopo la morte. Ma ciò che veramente lo contraddistingue è l'idea che tutte le azioni compiute nell'arco di una vita vadano a costituire di forza propria la base dell'esistenza successiva. Non si tratta quindi di punizione per le cattive azioni o premio per quelle buone. La legge del karma è immutabile e impersonale, come una legge di natura.

L'Induismo non riconosce alcun "destino cieco" né provvidenza divina. Ognuno è il solo, unico responsabile della vita presente, e di quella successiva. L'uomo raccoglie ciò che semina. Infatti il risultato delle azioni – o il frutto di una vita – consegue automaticamente dalle azioni stesse. Si può dire che la trasmigrazione delle anime soggiace alla legge di causa ed effetto.

Tutto ciò di cui si fa esperienza in questa vita, ricchezza, povertà, gioia e dolore, buona o cattiva salute, è in altre parole il risultato delle proprie azioni in una vita precedente. In questo modo gli induisti spiegano le differenze fra gli uomini. La dottrina del karma contribuisce quindi a mantenere il sistema sociale strutturato in caste.

Sebbene l'uomo debba piegarsi al karma che ha ricevuto da una vita precedente, è libero di agire all'interno della cornice in cui è nato. Si può sempre dunque migliorare il proprio karma e costruire le basi per una vita migliore nell'esistenza successiva.

Tre vie per la salvezza

Nel periodo vedico la legge del karma e la reincarnazione erano considerate come un fatto positivo. Con offerte sacrificali e buone azioni ci si poteva aspettare di vivere numerose vite. Nell'Induismo più tardo tale processo ha assunto un significato negativo, quello di un ciclo malefico da cui bisogna liberarsi.

Non si trova, nell'Induismo, un'unica, chiara dottrina della salvezza che insegni come l'uomo possa sfuggire al ciclo eterno della reincarnazione. Le innumerevoli correnti e sette hanno concezioni differenti. È possibile, tuttavia, delineare tre diverse vie per la salvezza, ciascuna delle quali ha svolto un ruolo importante nella storia dell'India ed è ancora rilevante nell'Induismo attuale: la via delle cerimonie sacrificali, la via della conoscenza e la via dell'abbandono.

Queste vie per la salvezza rappresentano le tre tendenze principali nell'Induismo. Il fedele può sceglierne una o può anche, nella sua pratica religiosa, ispirarsi a tutte e tre.

La via delle cerimonie sacrificali

Come abbiamo visto, la parola indiana *karma* sta per "azione". Oggi questo termine si usa per indicare tutte le azioni dell'uomo, o il risultato finale di tali azioni. Nel periodo vedico la parola karma era usata in rapporto alle cerimonie religiose o rituali, soprattutto sacrificali, dato che queste erano necessarie per migliorare la fertilità e mantenere l'ordine del mondo. Ancor oggi questa antica pratica delle offerte, ampiamente descritta nei Veda, occupa un posto importante nell'Induismo. Molti indù cercano di assicurarsi felicità terrena, buona salute, ricchezza e altro mediante le offerte di sacrifici e le buone azioni. Lo scopo finale, cioè la liberazione dal ciclo malefico della reincarnazione, rimane comunque lo stesso per tutto l'Induismo.

La via della conoscenza o della percezione

Un concetto centrale nelle *Upanishad* è che l'uomo è legato al ciclo eterno delle reincarnazioni dall'ignoranza, mentre la via alla salvezza è costituita dalla comprensione della vera natura dell'esistenza. Nel momento in cui l'uomo raggiunge il giusto grado di conoscenza viene liberato dalla condanna della reincarnazione.

Si è salvi quando si acquisisce la consapevolezza che l'anima dell'uomo (*atman*) è una cosa sola con l'anima del mondo (*brahman*). Atman infatti non appartiene solo all'uomo, ma anche alle piante e agli animali. Chiamiamo questo tipo di concezione panteismo. Brahman è il principio portante di tutto l'universo, una forza che pervade ogni cosa, una divinità impersonale; e tutte le anime individuali sono un riflesso di quest'unica anima del mondo. È come quando la luna si specchia in molte superfici d'acqua: vi possono essere infinite immagini riflesse, ma soltanto una luna. L'uomo è liberato dal ciclo della reincarnazione nel momento in cui assume piena coscienza dell'unità di atman e brahman. Il fine è quello di ricongiungersi a brahman, così come la singola goccia d'acqua ricade nell'oceano. Nell'uomo vi è una scintilla divina, e anche se l'uomo come individuo viene annullato, ciò che in esso è di origine divina si conserva per riunirsi all'anima del mondo.

La via dell'abbandono

Una terza via per la salvezza, nata nell'India meridionale intorno al 600 d.C. e diffusasi ben presto in tutto il paese, è la via dell'abbandono. Già nel III secolo a.C. questa via, la più seguita nell'Induismo attuale, aveva trovato la sua espressione letteraria nella *Bhagavadgita*, il poema religioso che costituisce il più importante testo sacro degli induisti. Punto di partenza di tutte e tre le vie per la salvezza è la dottrina del karma.

La via delle cerimonie sacrificali si basa sul principio che l'uomo può raggiungere la salvezza attraverso i riti. Alcune correnti filosofiche, invece, sostengono l'opposto: non sono le offerte sacrificali ma è l'ascesi che permette all'uomo di sopprimere l'intero karma e di sottrarsi una volta per tutte al ciclo eterno. La *Bhagavadgita*, pur non rifiutando queste vie tradizionali alla salvezza, ne indica una migliore e più semplice: se l'uomo si abbandona a Dio e compie le cerimonie della tradizione senza secondi fini, cioè senza pensare al proprio vantaggio, la grazia divina lo libererà dalla trasmigrazione.

La *Bhagavadgita* propone un rapporto con Dio più personale di quello descritto nei Veda. Questo rapporto è caratterizzato dall'amore e dall'abbandono dell'uomo a Dio in una relazione io-tu. Ciò non significa tuttavia che la *Bhagavadgita* sia contraria alle cerimonie sacrificali e alla percezione religiosa; anzi, sia "l'offerta materiale" sia "l'offerta concettuale" sono valutate in modo positivo, poiché è unico il Dio che le riceve e questi è il brahman dei filosofi. Ma non ci si devono attendere vantaggi di sorta dalle cerimonie sacrificali e dagli esercizi yoga. È solo per grazia di Dio che l'uomo viene liberato dal ciclo eterno, indipendentemente dai propri sforzi. La via più sicura per la salvezza è l'abbandono in Dio, e la fede. Il termine sanscrito per esprimere questo abbandono è *bhakti*. Significativo è anche il fatto che tutti gli uomini, indipendentemente dal sesso e dalla casta a cui appartengano, possono raggiungere la salvezza per il tramite dell'abbandono in Dio.

Fede religiosa

La molteplicità nell'Induismo trova infine espressione nella rappresentazione degli dèi. L'Induismo più filosofico ha una *concezione panteista*: la divinità non è un'entità in sembianza di persona, ma una potenza che pervade tutto, oggetti inanimati, piante, animali e uomini. All'estremo opposto troviamo una *concezione politeista*, caratterizzata dalla fede in una grande quantità di dèi. Quasi ogni villaggio ha la propria divinità locale.

Il culto si concentra soprattutto su due dèi, entrambi con radici nel Veda. Uno è Vishnu, un dio mite e affabile, spesso rappresentato nelle sembianze di un bel giovinetto. Nell'Induismo moderno ha assunto particolare importanza nella sua duplice manifestazione di Rama e Krishna.

La più popolare delle due manifestazioni (o "discese") è quella rappresentata da Krishna, adorato come un onnipresente re del mondo. Spesso è raffigurato come un pastore e le sue avventure erotiche con le pastorelle sono interpretate in chiave metaforica come simbolo dell'amore di Dio per gli uomini. Analoga interpretazione si dà al rapporto di Krishna con la sua amata Radha. Il loro amore, la separazione e il ricongiungimento simboleggiano la ricerca dell'anima che aspira all'unione finale con Dio.

Molto diffuso è anche il culto dell'altro dio Shiva. Shiva è il dio dello yoga e della meditazione e viene spesso rappresentato come asceta. È anche un dio estatico e selvaggio, creatore e distruttore insieme e ciò lo rende a un tempo spaventoso e affascinante. Porta malattia e morte, ma anche guarigione e vita. Nella tradizione bhakti, Shiva è rappresentato invece come un dio misericordioso che libera l'uomo dalla trasmigrazione dell'anima.

La filosofia religiosa indiana è spesso sostenuta dalla fede in un Dio eterno. Non è però specificato se questi sia Vishnu, Shiva o un altro. A ciascuno è lasciata la libertà di adorare Dio in questa o in quella forma. Nelle speculazioni erudite, Vishnu e Shiva sono spesso concepiti assieme al dio Brahma come una trinità: Brahma è il creatore, che dà forma al mondo;

Vishnu è colui che conserva le leggi di natura e l'ordine del creato e Shiva è il distruttore che alla fine di ogni epoca demolisce il mondo il quale poi sarà ricreato da Brahma. Le tre figure rappresentano dunque la funzione creatrice, conservatrice e distruttrice di Dio. Nella visione religiosa popolare, tuttavia, questa dottrina ha un significato minore.

Dee

Nell'Induismo si trovano anche diverse divinità femminili. Alcuni ritengono che le numerose dèe altro non siano che modi diversi di rappresentare un'unica grande divinità femminile, "regina dell'Universo", o "dea madre". La versione più conosciuta è Kali, che gradisce sacrifici animali ed è venerata soprattutto nell'India orientale. Essa spesso è raffigurata nell'atto di calpestare il corpo di Shiva e ciò fa capire quale grande importanza abbia tra le divinità indù.

La scelta di "Madre India" – *Bharat mata* – come divinità nazionale nell'India moderna sta a indicare quanto radicato sia il culto delle divinità femminili nella religione indiana. A lei è dedicato un tempio nella città sacra di Varanasi, dove invece della consueta immagine divina è esposta e venerata una grande mappa dell'India.

Divinità minori

Nella maggior parte dei villaggi vi sono templi dedicati a Vishnu o a Shiva che sono visitati dai fedeli soprattutto in coincidenza delle maggiori solennità. Nella vita di tutti i giorni, invece la gente è solita frequentare i templi delle divinità minori alle quali è più facile rivolgersi anche per piccole necessità personali.

L'intervento degli dèi minori può essere invocato in campi particolari, come la salute. Molti di essi hanno un'origine esclusivamente umana: in vita erano stati eroi morti in guerra o mogli fedeli che si sono fatte bruciare insieme al cadavere del marito. Alcuni sono gli spiriti di uomini malvagi che devono essere adorati perché ne sia neutralizzata la malvagità.

Vita religiosa

Il culto nel tempio e in casa

La maggior parte dei fedeli induisti dispone, nella propria casa, di un'apposita stanza o di un piccolo altare posto in un angolo e ornato con una o più immagini divine. Vengono preparati acqua, incenso, cibo e decorazioni floreali. Alcuni celebrano una funzione (*puja*) più volte al giorno, altri in un giorno particolare della settimana (di regola il venerdì). Il rito può variare di casa in casa, ma sempre comprende offerte, preghiera, recitazione di testi sacri e meditazione. Prima del *puja* un indù compie un bagno purificatore, quindi, seguendo regole ben precise, depone sull'altare le sue offerte: riso, frutta o fiori. Poi si prostra sul pavimento davanti alle immagini divine e, con le mani congiunte, scandisce il nome di un dio o recita un brano tratto dai testi sacri. Ma è anche praticata la preghiera libera e personale. Alla fine della preghiera i membri della famiglia, e i loro ospiti, ciò che di commestibile era stato posto sull'altare.

Non è necessario per un indù recarsi al tempio, anche se le funzioni religiose celebrate nei templi sono molto frequentate e ogni villaggio indiano dispone almeno di un tempio.

La cerimonia comincia con il "risveglio" del dio a suon di musica, poi l'immagine divina viene lavata, e riceve, ripetutamente nel corso della giornata, offerte di cibo. I fedeli che si recano al tempio recitano preghiere agli dèi, offrono fiori o altri doni oppure ascoltano i sacerdoti che spiegano i testi sacri.

La giusta prassi

Per un indù, "fare" è più importante che "pensare". Cioè la giusta prassi è più importante della giusta fede: il rito religioso è più importante del contenuto della fede stessa.

Anche se la vita religiosa in India è varia e multiforme, gli indiani sono accomunati dal *dharma*, una legge o etica di vita valida per tutti. Ciò non implica che tutti gli uomini siano simili tra loro: il dharma comprende i doveri verso la famiglia, la casta e la società nel suo insieme; ma questi variano da individuo a individuo e da casta a casta, fin dalla nascita. Così come gli uccelli obbediscono a leggi diverse da quelle dei pesci, i membri di una determinata casta seguono regole diverse da quelle di altre caste. Ciò che vale per l'una non è detto che valga per l'altra. Seguire una buona condotta morale significa mettere in pratica le leggi e i doveri previsti per la propria casta.

I quattro stadi della vita

Nella *Bhagavadgita* tutte e tre le vie per la salvezza sono considerate preziose; allo stesso tempo si sottolinea l'importanza di compiere il proprio dovere in famiglia e nella società. Ma come si conciliano tali direttive? Fin dai tempi antichi la vita dell'uomo, in relazione alla conoscenza, all'adorazione religiosa, al dovere di casta e all'ascesi si svolge attraverso quattro diversi stadi. Questa suddivisione vale in primo luogo per i bramini maschi, ma anche le caste dei guerrieri e dei contadini possono adottarla in tutto o in parte. I "quattro stadi della vita", tuttavia, rappresentano un ideale che non a tutti è dato di realizzare.

All'età di otto anni, un giovane bramino diviene *allievo* di un maestro (*guru*), il quale lo istruisce nei testi sacri e, nel corso di una cerimonia gli dona il "filo sacro". Da quel momento il giovane è considerato "rinato", o "nato per la seconda volta".

Completati gli studi, l'uomo vive un periodo come *padre di famiglia*: si sposa, ha figli, frequenta le funzioni religiose, compie i suoi doveri di casta e gode dei piaceri della vita. Questa fase dura finché i suoi nipoti cominciano a crescere.

A quel punto egli entra nella *fase contemplativa* della sua vita: da solo o con la moglie si ritira in un luogo appartato, che in passato era spesso il bosco e che oggi è per lo più un convento o un centro religioso (*ashram*).

Il quarto ed ultimo stadio è quello dell'*ascetismo* vero e proprio. Il vecchio si priva di tutto ciò che possiede e inizia a vagabondare senza fissa dimora; vive di elemosina e si dedica interamente alla conoscenza di sé. I doveri di casta e tutti i legami terreni sono sciolti, e in lui prende dimora "il divino".

Il ruolo delle donne

Anche per quanto riguarda la concezione della donna e il suo ruolo nella società e nella religione, l'India è il continente dei grandi contrasti. Nei Veda è detto che uomo e donna hanno pari valore, "come le due ruote di un carro". Questo concetto, però, raramente è stato tradotto in pratica. In un codice di leggi indiano di duemila anni fa si legge, a proposito del ruolo della donna: «Ciò che per il fanciullo è lo studio e il servizio nella casa del maestro, dev'essere per la fanciulla abitare presso il marito, assisterlo nei suoi doveri e ricevere i suoi insegnamenti. Custodire il fuoco sacro, così come il suo sposo le insegna, corrisponde al servizio del fanciullo presso il fuoco sacrificale del maestro».

In India le donne sono spesso considerate "proprietà" del marito. Una donna non sposata gode di uno status inferiore, e una donna sposata ma senza figli vive in una condizione precaria. D'altro canto, l'India è stato uno dei primi esempi di Stato governato da una donna. Molte donne hanno una grande influenza pubblica, e in nessun altro paese del terzo mondo le donne che lavorano fuori casa sono così numerose. In questo contesto, l'appartenenza ad una casta può avere un'importanza decisiva. Anche il culto di numerose divinità femminili può contribuire a rafforzare l'autoconsiderazione delle donne.

BUDDHISMO

La vita di Buddha

Il fondatore del Buddhismo fu Siddhartha Gautama, cresciuto nella città di Kapilavastu ai piedi dell'Himalaya, in quella regione dell'India nord-orientale nota oggi come Nepal. Discordanti sono le informazioni sull'epoca in cui Siddhartha visse. Tuttavia lo si può collocare, con buona approssimazione, tra il 600 e il 400 a.C. Esiste un gran numero di racconti più o meno leggendari sulla sua vita; noi ci atterremo agli avvenimenti principali.

Siddhartha

Siddhartha, come figlio di un uomo influente (nei racconti posteriori lo si presenta come figlio di re), crebbe nel lusso e nell'abbondanza. Al padre era stato predetto che il figlio sarebbe divenuto o un dominatore del mondo o un saggio che al mondo avrebbe rinunciato: due destini estremi. Il secondo caso si sarebbe avverato se il giovane avesse sperimentato le privazioni e le sofferenze della vita. Allo scopo di proteggerlo, il padre fece di tutto perché il figlio non venisse a contatto con il mondo al di fuori delle mura del palazzo, assicurandosi allo stesso tempo che non gli mancassero divertimenti e piaceri. Siddhartha si sposò molto giovane con una cugina e, inoltre, aveva a sua disposizione un harem di belle danzatrici.

Il momento decisivo

Quando Siddhartha ebbe ventinove anni, accadde qualcosa che gli cambiò per sempre la vita. Nonostante la proibizione paterna, uscì dal palazzo e si imbattè in un vecchio, in un ammalato e in un cadavere in putrefazione. Dopo queste prime, sconvolgenti impressioni, gli capitò di incontrare un asceta con il volto luminoso e felice. In quel momento Siddhartha si rese conto che una vita nella ricchezza e nel piacere era una vita vuota e senza significato, e si chiese: «Esiste qualcosa che non sia soggetto alla vecchiaia, alla malattia e alla morte?» Cominciò quindi a provare pietà e compassione per gli uomini e si sentì chiamato a liberarli dalla sofferenza. Immerso in questi pensieri fece ritorno al palazzo, e quella stessa notte pose fine alla sua comoda esistenza di principe. Senza accomiatarsi, abbandonò la moglie e il figlio e cominciò il suo vagabondaggio.

Il risveglio

L'epoca in cui crebbe Siddhartha era caratterizzata da inquietudini sociali, politiche e religiose. Molti si ponevano interrogativi sulla tradizionale religione vedica, in cui il sacrificio aveva un ruolo predominante. Numerosi bramini avevano abbandonato la famiglia e la vita sicura ed erano divenuti saggi vagabondi. Vivevano di elemosina e trascorrevano il tempo a meditare, a discutere su questioni filosofiche o a esercitare pratiche ascetiche. Quando Siddhartha iniziò la propria ricerca, fu proprio con questi uomini che entrò in contatto.

Negli anni successivi apprese tutte le tecniche conosciute di yoga e di meditazione, e infine sperimentò anche l'ascetismo. Si costrinse a mangiare sempre di meno, finché, racconta la leggenda, riuscì a sopravvivere con un chicco di riso al giorno. In questo modo sperava di sconfiggere la sofferenza. Ma neppure attraverso l'ascetismo e gli esercizi yoga trovò quello che cercava.

Pensò allora di aver trovato "l'aurea via di mezzo" immergendosi nell'immobilità e nelle profondità della meditazione. Compiva trentacinque anni. Aveva trascorso sei anni come asceta e meditato per molti giorni e molte notti. Alla fine sperimentò il *risveglio* (*bodhi*) mentre sedeva in meditazione sotto un albero di fico sulla riva di un affluente del Gange. Siddhartha era divenuto un *buddha*, cioè colui che si è svegliato, che è stato illuminato. Il principio di cui aveva preso coscienza era che tutta la sofferenza nel mondo aveva origine dal desiderio. Soltanto sopprimendo il desiderio è possibile sottrarsi al ciclo continuo delle rinascite.

Per sette giorni e sette notti il Buddha sedette sotto l'albero del risveglio. Aveva raggiunto la consapevolezza che esiste una realtà non transitoria, una realtà assoluta al di là del tempo e dello spazio: ciò che nel Buddhismo è chiamato nirvana. Avendo estirpato il desiderio che lo incatenava all'esistenza, il Buddha non era più soggetto al rinnovamento del karma, né quindi alla legge della reincarnazione. Si era liberato e la via per abbandonare il mondo ed entrare nel nirvana eterno si apriva ora dinanzi a lui. Ma quando il dio Brahma lo invitò a diffondere la sua dottrina tra gli uomini, il Buddha sentì una profonda compassione non solo per i suoi simili, ma per tutte le creature viventi. «Guardò il mondo attraverso gli occhi del Buddha» e decise di «aprire il cancello dell'eternità» a chi volesse ascoltarlo, e di diventare una guida per gli uomini.

Il Buddha e i discepoli

Il Buddha cominciò col recarsi a Benares, già a quel tempo un importante centro religioso. Qui tenne il suo primo discorso, il famoso discorso di Benares, che contiene i punti fondamentali della sua dottrina. Così "la ruota della dottrina" cominciò a girare.

Gli asceti a cui il Buddha si rivolse nel suo discorso divennero i suoi primi discepoli ai quali presto se ne aggiunsero altri che diffusero la dottrina. Egli stesso vagabondò per il resto della sua vita (più di quarant'anni) nelle regioni attorno al Gange, spesso assieme ai discepoli.

Già fin dall'inizio i discepoli del Buddha erano divisi in due gruppi, ciascuno con un proprio compito: la comunità laica (comuni fedeli) da un lato e monaci e monache dall'altro. Questi ultimi dovevano seguire ordini e regole severi; dipendevano dai fedeli per il cibo e altre necessità e in cambio facevano loro da maestri

Quando il Buddha raggiunse gli ottanta anni, improvvisamente si ammalò e dovette accomiatarsi dai discepoli. Prima di morire, si rivolse alla folla addolorata intorno a lui e disse: «Forse qualcuno di voi formulerà questo pensiero: "Le parole del maestro appartengono al passato e non abbiamo più chi ci insegna". Ma non dovete pensare così. La dottrina (dharma) che vi ho dato sarà la vostra maestra anche quando io non ci sarò più».

La dottrina del Buddha

Il Buddhismo si è sviluppato come una distinta via per la salvezza all'interno dell'Induismo, e il fatto che l'uomo sia legato ad un ciclo continuo delle rinascite era per il Buddha un punto di partenza naturale. Le due religioni hanno molti tratti comuni. Il principio fondamentale nel processo di nascita-morte-rinascita sono i pensieri, le azioni e le parole dell'uomo (karma), poiché ognuno di essi comporta delle conseguenze sulle nostre vite future.

Anche a noi può capitare che una cosa detta o fatta in un determinato momento possa in seguito avere delle conseguenze sulla nostra vita. Ci sentiamo condizionati dal passato. È lo stesso principio che si ritrova nell'Induismo e nel Buddhismo. La differenza è che in Oriente si considera tale concatenazione regolata da leggi infallibili, e si trasmette da una vita all'altra. Il genere di vita che attende l'uomo al momento della reincarnazione dipende dalle sue azioni nella vita precedente: si raccoglie ciò che si semina. Non c'è alcun "cieco destino" o divina provvidenza; il risultato delle azioni consegue automaticamente dalle azioni stesse. Quindi sottrarsi al proprio karma è impossibile quanto sfuggire alla propria ombra. Fintantoché l'uomo genera nuovi karma, è legato a nuove reincarnazioni.

Anche se la legge del karma in un certo senso può interpretarsi come "giusta", sia nell'Induismo sia nel Buddhismo è concepita come qualcosa di negativo, qualcosa da cui bisogna liberarsi. Essere salvati significa, dunque, essere liberati dal ciclo malefico della reincarnazione. La serie continua di rinascite viene spesso paragonata a un fiume che separa l'uomo dal nirvana. Come in altre vie per la salvezza nell'Induismo, il fine ultimo nel Buddhismo è trovare il guado che conduca all'altra sponda.

CONCEZIONE DELL'UOMO

Su un punto importante, però, la dottrina del Buddha si differenzia dal substrato comune indù: per l'Induismo l'anima dell'uomo è *individuale* e eterna (*atman*), e sopravvive intatta da una vita all'altra; come l'uomo sostituisce i vestiti vecchi e usati, così l'anima si riveste di continuo di nuovi corpi: è l'*anima dell'uomo* (o l'io più recondito) che è legata alla reincarnazione; inoltre è ritenuta del tutto, o in parte, identica all'*anima del mondo* (*brahman*). Il Buddha prende le distanze in modo radicale da questa teoria negando che l'uomo abbia un'anima, e rifiutando la vecchia concezione di anima del mondo. Secondo il Buddhismo, l'anima è transitoria come tutto il resto. Quando l'uomo percepisce la presenza di un io interiore, oppure sente di avere un'anima, ciò è solo frutto dell'ignoranza. Questa ignoranza è un tutt'uno con il destino, poiché risveglia il desiderio, ed è il desiderio (o cupidigia) che crea il karma di un uomo.

Il Buddhismo considera la vita umana come una sequenza ininterrotta di processi fisici e mentali che modificano costantemente l'uomo. Un neonato non è lo stesso di un adulto, e io non sono oggi lo stesso di ieri. È come con le immagini su una pellicola: poiché si succedono con gran rapidità non ci rendiamo conto che il film è "costruito", che non è vivo in sè. In realtà il film è una somma di singole immagini o, se si preferisce, una somma di attimi.

Di nessuna cosa posso dire "questo è mio", insegna il Buddha, come di niente posso dire "questo sono io". In entrambi i casi si tratta di un'illusione. Non esiste un nucleo immutabile della personalità, un "io" oppure un ego. Dal momento che tutto è costituito da fattori esistenziali impersonali che si intrecciano in combinazioni destinate prima o poi a sciogliersi, ne consegue che tutto è transitorio.

La verità sulla sofferenza

Dopo aver sperimentato il risveglio sotto l'albero di fico, il Buddha tenne il discorso di Benares in cui delineava le quattro nobili verità sulla sofferenza: tutto è sofferenza, e la causa della sofferenza è il desiderio. La sofferenza si sconfigge con l'eliminazione del desiderio, e a questo si arriva seguendo l'ottuplice sentiero. Nei testi religiosi si parla del Buddha come "il grande medico". Questo perché il Buddha nel descrivere le quattro nobili verità sulla sofferenza procedeva come un vero e proprio medico. Prima formulava una *diagnosi* affermando che la condizione dell'uomo sulla terra è quella di un malato (prima verità); poi indicava la *causa* della malattia (seconda verità). Nel contempo, però, annunciava la possibilità di *guarigione* (terza verità), e infine descriveva una *cura* in otto punti per il trattamento della malattia (quarta verità).

La prima verità stabilisce ciò che nel mondo è sofferenza. «Nascere è sofferenza, invecchiare è sofferenza, la malattia è sofferenza, la morte è sofferenza, avere a che fare con ciò che non ci piace è sofferenza, essere separati da ciò che amiamo è sofferenza, non poter ottenere ciò che bramiamo è sofferenza». Il concetto di *sofferenza* per il Buddhismo è qualcosa che va aldilà di un malessere fisico o psicologico; si può dire che l'intera esistenza è caratterizzata dal dolore perché è transitoria. Chi non si rende conto che il mondo non può appagare l'uomo da un punto di vista puramente umano, è cieco. Questo non vuol dire, tuttavia, che il Buddhismo neghi qualsiasi felicità materiale e mentale; al contrario, riconosce che vi sono gioie sia per chi vive all'interno della famiglia, sia per il monaco solitario. Ma tutto ciò che amiamo e a cui ci aggrappiamo è destinato a non durare.

La seconda verità indica la causa della sofferenza nella *sete* o *desiderio di piaceri sensuali.* Poiché questa sete non può mai essere placata, porterà sempre con sé malessere. Ma anche la stessa *sete di esistere* dell'uomo contribuisce a mantenere attiva la sofferenza: fino a che l'uomo si aggrapperà all'esistenza materiale e alla credenza in un'anima, la sua esperienza del mondo sarà dolorosa. Allo stesso modo, però, il Buddhismo rifiuta l'estremo opposto: anche la *sete di annientamento*, o il desiderio di morire, incatena l'uomo all'esistenza; per prima cosa, un simile desiderio presuppone che l'uomo abbia un'anima che si possa annientare, e in secondo luogo non tiene conto che il karma di un uomo dipende da sempre nuove nascite. Per il Buddhismo togliersi la vita non è quindi una soluzione; non è così che si sfugge al ciclo eterno.

La terza verità è che si può mettere fine alla sofferenza. Ciò avviene quando cessa il desiderio; allora ha inizio il nirvana. Condizione necessaria perché il desiderio venga sconfitto, però, è che l'uomo si liberi dall'ignoranza, poiché è questa che provoca desiderio o avidità. L'ignoranza genera il desiderio, il desiderio conduce all'azione, l'azione conduce alla rinascita e la rinascita comporta nuova ignoranza. Insomma un circolo vizioso, per spezzare il quale occorre estirpare il vizio alla radice: in questo caso, l'ignoranza.

La quarta verità annuncia che l'uomo sarà liberato dalla sofferenza – e dal ciclo della reincarnazione – se sceglie di seguire il nobile ottuplice sentiero.

L'OTTUPLICE SENTIERO

Sulla base della propria esperienza, il Buddha predicava che l'uomo doveva vivere evitando gli estremi: eccessivo piacere dei sensi, e l'esagerata autocommiserazione. Entrambi questi estremi incatenano l'uomo al mondo, e quindi alla "ruota della reincarnazione". La via da percorrere per eliminare la sofferenza è "l'aurea via di mezzo", descritta dal Buddha in otto punti: 1) giusta conoscenza, 2) giusta risoluzione, 3) giusto uso della parola, 4) giusta pratica, 5) giusta condotta di vita, 6) giusto sforzo, 7) giusta attenzione, 8) giusta meditazione.

Giusta conoscenza e giusta risoluzione

È l'ignoranza dell'uomo che mantiene in movimento la ruota della vita. L'uomo deve quindi procurarsi la giusta conoscenza di come è fatto il mondo; questo comporta, tra l'altro, la comprensione delle verità sulla sofferenza e della dottrina del Buddha riguardo all'assenza di un'anima nell'uomo. Poi occorre prefiggersi di combattere il desiderio, causa della sofferenza. Bisogna inoltre rifuggire dall'odio e dalla brama sensuale, entrambi motivo dell'errata concezione di un "io" separato dal mondo esterno. Infine, l'uomo deve avere il Buddha come modello.

Giusto uso della parola, giusta pratica e giusta condotta di vita

Vengono qui tracciate le direttive per l'etica buddhista. *Giusto uso della parola* significa da un lato astenersi dalla bugia, dal pettegolezzo e dalla chiacchiera inutile, dall'altro parlare con i propri simili secondo verità, in modo amichevole e affettuoso. Per un buddhista anche il silenzio è compreso nel giusto uso della parola. *Giusta pratica* significa rispettare le cinque regole valide per tutti i buddhisti: non uccidere creature viventi, non rubare, non avere relazioni sessuali immorali, non mentire e non fare uso di droghe. In seguito, a questi precetti se ne sono aggiunti altri: numerosi testi buddhisti sottolineano l'utilità di fare doni ed essere servizievoli. Anche studiare e diffondere la dottrina è considerato parte della giusta pratica. *Giusta condotta di vita* implica tra l'altro che la professione scelta non infranga le cinque regole appena elencate. I macellai, i commercianti di alcolici, i fabbricanti d'armi non possono, dunque, praticare il Buddhismo.

Giusto sforzo, giusta attenzione e giusta meditazione

Gli ultimi tre punti stabiliscono come l'uomo possa migliorare se stesso e purificare la propria mente. Con *giusto sforzo* si intende che il buddhista non deve diventare preda di pensieri distruttivi o di umori variabili; se questi già esistono, bisogna liberarsene prima che producano effetti concreti. *Giusta attenzione* è uno stadio introduttivo all'ultimo punto: bisogna sviluppare in se stessi un'attenzione vigile per i fenomeni corporei e mentali. Tale forma di meditazione libera la mente da ciò che la tiene prigioniera, per cui è possibile entrare in contatto diretto con la sua vera natura. Raggiunto questo stadio, si è pronti per cominciare la meditazione vera e propria.

Il Buddhismo prevede diversi stadi di meditazione. Quando si medita, stando per esempio seduti in una determinata posizione yoga, si rilassano tutti i muscoli. Si cerca quindi di concentrare l'attenzione su un punto (che può essere un oggetto, una parola o la propria respirazione). Secondo la psicologia buddhista nella mente umana si possono distinguere due livelli: uno, più superficiale, soggetto all'influenza perturbante dei sensi, l'altro, più profondo, immobile e silenzioso. Scopo della meditazione è ridurre la mente a uno strato di quiete. Quando ciò avviene, il buddhista perde la cognizione di spazio e tempo e tutte le illusioni dell'essere e del possedere scompaiono. È il momento favorevole per il completo risveglio (*bodhi*), nel quale si raggiunge piena coscienza delle *quattro nobili verità*. A questo punto il buddhista ha guardato al di là della realtà contingente e si è liberato dalla legge del karma. È divenuto un *arhat*, cioè non è più soggetto a rinascite. E quando muore, entra nel nirvana eterno.

Nirvana

Come abbiamo visto, il suo atteggiamento, in partenza, era profondamente pessimista: tutto ciò che è nel mondo è a) interdipendente, b) transitorio, c) pervaso dalla sofferenza. Il Buddha inoltre non intravedeva alcuna speranza per l'uomo fintantoché fosse preda del ciclo della reincarnazione. Eppure, esiste qualcosa di eterno, qualcosa che non è sofferenza; il Buddhismo lo chiama nirvana. La parola *nirvana* significa letteralmente "spegnimento", ad indicare il fatto che l'uomo raggiunge il nirvana nel momento in cui ha spento in lui il desiderio: proprio come se soffiasse su una fiammella. In questa immagine il combustibile che alimenta la fiamma è l'avidità, l'odio e la cecità umana.

Quando i testi buddhisti parlano del nirvana, procedono in genere per negazione: poiché il nirvana è l'esatto contrario del ciclo eterno, poiché non si può paragonare a nulla di ciò che caratterizza la nostra esistenza quotidiana, è possibile descrivere soltanto ciò che il nirvana non è. Si potrebbe dire che il nirvana è come una quinta dimensione, separata dalla nostra percezione quadridimensionale. Alcuni testi, tuttavia, definiscono il nirvana anche in questo modo positivo: è la condizione di conoscenza, felicità e pace che si raggiunge dopo aver annullato odio, cupidigia e ignoranza.

Condizione necessaria per raggiungere il nirvana è che il buddhista abbia sperimentato il risveglio (*bodhi*), come il Buddha sotto l'albero di fico. Le buone azioni da sole non bastano a condurre al nirvana; ma una giusta condotta di vita può riflettersi in rinascite favorevoli, che a loro volta possono creare la condizione perché abbia luogo il risveglio. Del Buddha si racconta, a questo proposito, che gli ci vollero cinquecentoquarantasette reincarnazioni per arrivare alla fine del suo percorso.

Il nirvana designa quella condizione che si verifica quando l'intero karma si è esaurito e la legge della reincarnazione è infranta. È quindi una condizione in cui ci si trova improvvisamente, senza preavviso. Tale esperienza può essere così intensa che il mondo intero sembra andare a fuoco; e quando il buddhista fa ritorno alla realtà, gli sembra di essere circondato da fredde ceneri.

Il nirvana definitivo, che ha inizio con la morte, e da cui non è possibile far ritorno, nel Buddhismo si chiama *parinirvana*, "lo spegnimento assoluto o supremo".

Etica

Si racconta che quando il Buddha ebbe raggiunto il risveglio, gli apparve il dio Brahma che lo pregò di diffondere la sua dottrina tra gli uomini. E il Buddha fu nuovamente mosso a compassione, non solo per gli uomini ma per tutto ciò che era vivo. Decise di diventare una guida per l'umanità.

Questo atteggiamento è un esempio per altri buddhisti,

poiché la vita del Buddha è un ideale che offre stimoli e motivazioni per un modello etico. La compassione, o condivisione del dolore, e l'amore hanno un posto centrale nell'etica buddhista. Non solo le azioni, ma anche i sentimenti e la disposizione d'animo sono importanti. L'amore per il prossimo non ha conseguenze soltanto per gli altri, poiché contribuisce a nobilitare il proprio carattere.

Le cinque regole di vita

Nella vita concreta, quotidiana, il Buddhismo impone cinque regole di condotta:

1. Non danneggiare alcuna creatura vivente
2. Non prendere ciò che non si è ricevuto (non rubare)
3. Non comportarsi scorrettamente in rapporto ai piaceri sensuali
4. Non dire il falso
5. Non fare uso di alcool o di droghe

Queste regole di vita sono spesso presentate come cinque comandamenti, ma il Buddhismo in realtà non riconosce alcuna entità superiore che possa imporre all'uomo regole di vita. Per cui esse non vengono formulate come ordine, ma sono invece espresse in questo modo: «Cercherò di imparare a non danneggiare alcuna creatura vivente».

1. Non danneggiare alcuna creatura vivente

Questa regola è considerata la più importante dei cinque precetti, o virtù. Non si deve uccidere né ferire uomini o animali; uomini in primo luogo, poiché sono superiori agli animali. Per i buddhisti il pacifismo è un ideale ineludibile, anche se non tutti i fedeli lo mettono in pratica. Anche gli Stati buddhisti hanno combattuto guerre e nel caso dell'autodifesa questa regola può essere infranta; ma si ritiene anche che se un soldato di professione muore sul campo di battaglia rinascerà all'inferno oppure come animale.

Per il buddhista la vita comincia con il concepimento; l'aborto è quindi una violazione di questa regola. Sono ammesse però pratiche di prevenzione.

Anche il suicidio è una violazione della legge, ma non quando si doni la propria vita per aiutare gli altri. Durante la guerra del Vietnam numerosi monaci buddhisti si diedero fuoco per attirare l'attenzione del mondo su quella tragica realtà.

L'essere vegetariani non è una regola ferrea nel Buddhismo, anche se molti monaci hanno eliminato la carne dalla loro alimentazione. Si dice che lo stesso Buddha accettasse della carne, purché l'animale non fosse stato ucciso per procurargli di proposito il cibo. Anche uccidere una mosca fastidiosa è male. Nella regola del non uccidere, l'intenzione e il movente sono determinanti.

2. Non prendere ciò che non si è ricevuto (non rubare)

Questa regola non riguarda solo il furto, ma anche tutte le forme di frode o di falsificazione: si può dire che sia una regola per una sana morale negli affari e nel lavoro.

3. Non comportarsi scorrettamente in rapporto ai piaceri sensuali

Questo ammonimento si rivolge alle attività sessuali che possono danneggiare altri: violenza, incesto e infedeltà. (Ma la concezione di infedeltà varia a seconda della cultura locale. Nel mondo buddhista sono presenti sia la monogamia, sia la poligamia e la poliandria; l'omosessualità, per contro, è attualmente considerata un'infrazione).

Queste prime tre regole riguardano le azioni dell'uomo e rientrano nel concetto di "giusta pratica" dell'ottuplice sentiero.

4. Non dire il falso

La quarta regola riguarda il "giusto uso della parola" nell'ottuplice sentiero. Essa non si limita a raccomandare di dire sempre la verità ed evitare la menzogna, ma è anche un ammonimento contro le malignità, il pettegolezzo, la suscettibilità e il vaniloquio. Anche il rispetto del silenzio per il buddhista è compreso nel "giusto uso della parola".

5. Non fare uso di alcool o di droghe

Essere incoscienti o in uno stato di alterazione mentale significa non potersi concentrare sulle regole da seguire. Tuttavia, il Buddhismo non è severo come l'Islam nei riguardi dell'uso di alcolici.

Altre (e più severe) regole

Alcuni laici si impongono, in determinati periodi, una più severa disciplina. Alcuni decidono addirittura di seguire le stesse regole in uso per i novizi che diventeranno monaci o suore. Le cinque regole fondamentali divengono allora un punto di partenza, e a queste vanno aggiunte, ad esempio, l'astinenza sessuale (celibato), oltre a cinque regole supplementari:

6. Non mangiare in orari proibiti (cioè dopo le 12)
7. Astenersi dai divertimenti terreni
8. Abbandonare ogni lusso (come l'uso del trucco e dei profumi)
9. Non dormire in un letto largo e morbido
10. Non accettare né possedere oro, argento o denaro

Giusta condotta di vita

Il quinto precetto dell'ottuplice sentiero è *la giusta condotta di vita.* Ciò rende, tra l'altro, necessario scegliere una professione che consenta di non infrangere una delle cinque regole. Anche se un buddhista può mangiare carne, non può fare il macellaio. Anche se può bere un bicchiere di vino, non può commerciare in alcool. E infine può far parte dell'esercito, ma non può produrre o commerciare armi.

La migliore condizione di vita è quella del monaco, il quale può dedicarsi interamente a seguire i precetti della via per la salvezza.

Il valore del dono

Le cinque regole sono formulate in modo negativo, come divieti, ma nella pratica comportano atteggiamenti attivi e positivi. Il contrario di ferire o danneggiare è mostrare amore e misericordia; il contrario di rubare è donare. Elargire doni è una delle azioni più positive che un buddhista possa compiere. In primo luogo occorre provvedere alla comunità di monaci, che dipende completamente dalle offerte dei laici; questi doni rafforzano il karma positivo individuale. D'altro canto, però, non è bene dare per ricevere: più disinteressato è il motivo del dono, migliore è il karma che ne deriva.

Il Buddha ha detto che chi desiderava fargli del bene, doveva far del bene agli ammalati. Esistono infatti numerosi conventi buddhisti impegnati in attività umanitarie. In modo particolare il Buddhismo raccomanda la cura dei moribondi. La morte è un momento decisivo in rapporto alla reincarnazione e dovrebbe avvenire nel modo più sereno possibile.

Vita di coppia e ruolo della donna

Per i buddhisti il matrimonio è una sorta di patto molto serio tra un uomo e una donna, ma non è considerato sacro. Per questo i monaci non contraggono matrimonio. In Giappone, per sposarsi i buddhisti si recano dai sacerdoti Shinto. Neppure il divorzio quindi implica problemi religiosi; eppure non è molto diffuso nelle comunità buddhiste.

Secondo la morale familiare buddhista, l'uomo deve portare rispetto alla moglie, mentre questa deve compiere il proprio dovere in casa. Sebbene le donne godano di alta considerazione, in molti Stati buddhisti, di solito è considerato più negativo rinascere come donna che come uomo. Molti sostengono che finché non si è reincarnata in un uomo, una donna non può conquistare il nirvana,. La tradizione buddhista in questo campo si mescola spesso alle tradizioni locali.

VITA RELIGIOSA

Monaci, suore e laici

Il Buddha creò una nuova forma di società indipendente dal sistema di caste, cioè la *comunità dei monaci*. Per farne parte l'adepto doveva rinunciare alla famiglia e alla vita sociale. Gli ordini monastici, nella maggior parte dei paesi buddhisti, costituiscono tuttora la spina dorsale della vita religiosa

È quindi importante distinguere fra religiosi (monaci e suore) e laici. I religiosi, che vivono in estrema povertà e semplicità, seguono regole assai più severe di quelle dei laici. Oltre alle dieci regole per novizi, monaci e suore, esistono centinaia di prescrizioni e divieti particolari. I monaci si procurano quel poco di cui hanno bisogno per sostentarsi mendicando, senza che questo sia ritenuto degradante. Per i laici, invece, è un onore fare l'elemosina ai monaci. L'atto del mendicare si svolge lungo le strade e presso le porte delle case. È perciò tipico della vita quotidiana dei paesi buddhisti nell'Asia meridionale vedere i monaci, avvolti nelle tonache arancioni, con le teste rasate, aggirarsi mendicando quel cibo (di solito riso) che consumeranno nell'arco della mattinata. In altri luoghi esistono sistemi di elemosina più organizzati. Ad esempio, ciascuna famiglia si occupa di fornire cibo a un monastero in giorni stabiliti.

I conventi buddhisti partecipano comunque alla vita della città o del villaggio. I laici hanno dei doveri nei confronti dei monaci, e i monaci hanno compiti precisi. In giorni prestabiliti diffondono e spiegano la dottrina. D'altro canto, i laici possono, pre brevi periodi, soggiornare nei conventi per meditare o per ricevere speciali insegnamenti. Questo accade soprattutto in concomitanza col periodo delle piogge. Nei paesi buddhisti per eccellenza (come Birmania e Thailandia) è consuetudine che tutti i ragazzini trascorrano alcuni giorni nel monastero per ricevere l'insegnamento della dottrina.

Religiosi e laici vivono in stretto rapporto di dipendenza reciproca. Anche se un buddhista non si fa monaco in questa vita, collaborando a sostenere il convento può sperare di diventarlo nella prossima.

In quasi tutti i paesi buddhisti esistono ordini di suore, ma sono di gran lunga meno numerosi e rivestono minore importanza degli ordini dei monaci. Negli Stati meridionali dell'India vige inoltre la concezione che una suora debba rinascere come monaco buddhista prima di poter raggiungere il nirvana.

Culto

Anticamente il culto religioso consisteva esclusivamente nell'adorazione delle reliquie del Buddha o di altri santi. Le reliquie in origine venivano conservate in piccoli tumuli di terra (*stupa*), poi sviluppatisi fino ad assumere la caratteristica forma "a campana" o a cupola che oggi chiamiamo pagoda.

A partire dal primo secolo a.C. si iniziò a rappresentare il Buddha con immagini e statue. Le si vedono ovunque nei paesi buddhisti, sia nelle pagode sia nelle case, dove sovente si trova anche un piccolo altare. Davanti a questo altare, o nel tempio, il buddhista ripete più volte al giorno la sua professione di fede, detta anche "i tre gioielli":

Io mi rifugio nel Buddha.
Io mi rifugio nella Dottrina.
Io mi rifugio nella comunità dei monaci.

Davanti alle immagini e alle statue i fedeli bruciano incenso e depongono fiori e altre offerte; si inchinano rispettosamente al Buddha nello stesso modo in cui un figlio si inchina al padre, uno scolaro al maestro e un comune fedele a un monaco.

Un buddhista ortodosso, tuttavia, non adora il Buddha perché sa che non si tratta di una vera divinità. Il Buddha ha solo indicato la strada della salvezza, era "il sublime" maestro, e inoltre, dal momento che ha raggiunto il nirvana, non può vedere né premiare le azioni dei fedeli. L'immagine del Buddha quindi non è fatta per essere adorata, ma per ricordare la dottrina del maestro e sostenere il buddhista nella meditazione e nella vita religiosa in generale.

Solennità

I buddhisti festeggiano numerose solennità religiose. Alcune sono comuni ai fedeli di tutti i paesi, altre sono legate a feste nazionali e locali. Il calendario buddhista segue l'*anno lunare*, e la maggior parte delle feste coincide con la fase di luna piena.

Nel Buddhismo meridionale il ciclo religioso si apre con il festeggiamento dell'anno nuovo (di solito in aprile). Si fanno grandi pulizie in casa, e, secondo un preciso cerimoniale, si versa dell'acqua sulla statua del Buddha. In alcune località i fedeli costruiscono *stupa* di sabbia sulle sponde dei fiumi; quando l'acqua sale e li distrugge trascinandoli con sé, l'uomo viene simbolicamente purificato dalle cattive azioni commesse nell'anno precedente. Feste, giochi, musica, danze, gare caratterizzano spesso questa cerimonia.

In maggio cade il Vesak, l'importante solennità che commemora la nascita del Buddha, la sua illuminazione e l'ingresso nel nirvana. In Thailandia i riti iniziano all'alba con l'offerta di cibo ai monaci. Poi ci si reca al tempio e si assiste alle cerimonie e ai sermoni, oppure si medita. Alla sera si va in processione intorno agli *stupa* portando fiori, bastoncini di incenso e candele. Nell'Asia orientale il rito prevede di versare dell'acqua su una statuetta del neo-nato Sakyamuni Buddha, posta in una bacinella sull'altare. Questa tradizione trae origine da una leggenda secondo la quale il giorno in cui nacque il Buddha dal cielo piovve nettare.

Dèi

Il Buddha non negava l'esistenza degli dèi ma sosteneva che gli dèi sono soggetti alla transitorietà, esattamente come gli uomini. Sebbene vivano più a lungo di noi, in ultima istanza anche gli dèi sono legati alla ruota della continua rinascita: non hanno raggiunto "l'altra sponda", e non possono quindi liberare l'uomo dal ciclo eterno.

Tra i buddhisti laici troviamo molto diffuso il culto di demoni, spiriti e altre divinità. A differenza del Buddha, queste sono entità attive; adorate nel modo giusto, hanno potere di intervento sulla vita degli uomini e sulla soluzione dei loro problemi quotidiani.

Anche nei templi buddhisti vengono innalzate spesso statue di Vishnu, Indra e Ganesha, ma sono di proporzioni ridotte in modo da sottolineare l'inferiorità del loro ruolo rispetto a quello del Buddha.

Come si vede, il Buddhismo si esprime in un'ampia gamma di concezioni religiose e di forme di culto, e questo può spiegare la sua enorme diffusione in Asia.

Diffusione del Buddhismo

Poco dopo la morte del Buddha sorsero delle diatribe tra i suoi seguaci sull'interpretazione della dottrina. Cento anni più tardi (nel 380 d.C. circa) nel corso di una riunione generale dei monaci buddhisti, alcuni di essi espressero il desiderio di un ammorbidimento della disciplina monastica. L'assemblea si ritrovò divisa fra due tendenze inconciliabili: una conservatrice e una più liberale.

Da quella spaccatura hanno avuto origine le due tradizioni che ancor oggi contraddistinguono il Buddhismo: la *theravada* ("la scuola degli anziani") radicata soprattutto nel sud dell'Estremo Oriente (Sri Lanka, Birmania, Thailandia, Laos e Cambogia) e *mahayana* ("il grande veicolo") a nord (Cina, Tibet, Mongolia, Vietnam, Corea e Giappone).

Theravada – La via dell'autoredenzione

Theravada ("scuola degli anziani") è la corrente che si ritiene depositaria del Buddhismo originario. In linea con la dottrina del Buddha, si fonda sul concetto di liberazione del singolo attraverso la meditazione. Poiché non esiste alcun dio che possa liberare l'uomo dal ciclo eterno, essa sottolinea il concetto che l'uomo deve liberarsi da sé. Perciò possiamo definire il Buddhismo theravada come una "religione dell'autoredenzione".

Di conseguenza, il Buddha è ritenuto un maestro e una guida per l'uomo, ma non viene adorato come un dio, in quanto, pur avendo indicato agli uomini la via per la salvezza, non può agire egli stesso da salvatore.

Nella pratica, però, solo i monaci possono seguire fino in fondo l'esempio di Buddha e raggiungere il nirvana. E anche tra di loro pochi lo raggiungono in questa vita. Il monaco che riesce si chiama *arhat* (cioè "venerabile"). L'arhat – come il Buddha – ha estirpato da sé il desiderio e vinto la battaglia con il mondo. Egli rappresenta quindi un esempio e un ideale a cui aspirano tutti i buddhisti laici e monaci. Poiché, anche se il buddhista non riesce a mettere in pratica la dottrina nella sua interezza, può costruirsi un buon karma, che gli consentirà di essere un monaco in una vita successiva.

Si può dunque forse concludere che il principio fondamentale del Buddhismo theravada è che l'uomo stesso deve assumersi la responsabilità del proprio sviluppo etico e religioso. Non è possibile alcuna scorciatoia per la salvezza o per il perfezionamento. Ciascuno deve cominciare da se stesso, e questo vale tanto per i laici quanto per i monaci.

Mahayana, "il grande veicolo" – La via dell'aiuto reciproco

Nella presentazione della vita e della dottrina del Buddha e nel delineare la vita religiosa nel Buddhismo, ci siamo principalmente attenuti alla forma relativa al theravada. Ora ci concentreremo sui tratti distintivi del Buddhismo mahayana.

Mayahana significa "il grande veicolo" o "il grande vascello", e questa definizione implica il concetto che il Buddhismo del nord intende condurre tutti gli uomini alla salvezza. La via del Buddhismo theravada e detta invece *hinayana*, o del "piccolo veicolo", perché conduce solo il singolo (monaco) alla salvezza.

Già nella concezione del Buddha emergono significative differenze tra le due forme: nel mayahana il Buddha non è concepito come guida e maestro, ma come *lo stesso liberatore divino*. Ciò significa che non soltanto i monaci ma anche i laici hanno la possibilità di abbandonarsi al Buddha e raggiungere con il suo aiuto la salvezza.

Sia il theravada sia il mahayana hanno acquisito connotazioni diverse a seconda del contesto culturale in cui si sono sviluppati; ciò spiega l'esistenza di forme assai dissimili tra loro che si ritrovano nell'Asia sud-orientale, Cina, Tibet e Giappone.

I bodhisattva

Lo scopo supremo del Buddhismo più antico era ottenere la salvezza con le proprie forze. L'ideale per il singolo era essere un *arhat*, un uomo che si è lasciato il mondo alle spalle e che ha raggiunto il nirvana. Per il mahayana un simile fine era troppo restrittivo: pensare solo alla propria salvezza equivale a una forma di egoismo. Lo scopo ultimo deve essere la salvezza di *tutti* gli uomini. L'ideale religioso nel Buddhismo mahayana è quindi il *bodhisattva*. Bodhisattva è chi, dopo aver sperimentato il risveglio (*bodhi*), rinuncia ad essere un *buddha* e aiuta gli altri uomini a raggiungere la salvezza, come già fece il Buddha stesso.

Un bodhisattva (che significa "creatura del risveglio") può essere un uomo qualunque che, grazie al proprio impegno, riesce a diventare un buddha. Nella tradizione mahayana troviamo molti bodhisattva, figure di salvatori ultraterreni a cui gli uomini possono rivolgersi e da cui possono ricevere aiuto. L'unico tratto che li differenzia da un buddha è che non hanno possibilità di entrare nel nirvana fino a che tutti gli uomini non siano liberati dal ciclo eterno delle rinascite. Caratteristiche di un bodhisattva sono *sapienza* e *compassione*; oggi riveste grande importanza soprattutto la compassione. La bontà nei confronti delle altre creature viventi non è quindi indicata come puro ideale, ma diviene la via stessa per il risveglio e la liberazione.

Con la dottrina del bodhisattva il Buddhismo mahayana si è allontanato significativamente dal theravada. Come il cristiano "rimette la propria vita nelle mani di Dio", come il musulmano "si sottomette" ad Allah, e come il fedele di Vishnu "si abbandona" a Vishnu, così il buddhista mahayana è partecipe dell'amore salvifico di un bodhisattva divino.

La dottrina del karma e l'illusione dell'io

Come abbiamo visto, il Buddhismo mahayana rigetta la dottrina theravada che afferma che l'uomo deve salvarsi da sé. Ciò comporta anche una deviazione dalla severa legge del karma: è inconcepibile per il Buddhismo meridionale che un uomo possa liberarsi dal proprio karma grazie all'intervento di altre entità. Ma il mahayana ha una sua propria visione del karma: dal momento che esiste un rapporto di dipendenza reciproca tra tutti gli esseri viventi, l'attenzione non deve concentrarsi sul karma del singolo.

A questo proposito, molti buddhisti mahayana ritengono che la concezione di un "io" separato dal mondo esterno derivi semplicemente dalla cecità dell'uomo e soltanto gli uomini che non sono abbastanza progrediti sulla via del risveglio cadono vittima di questo accecamento. Il bodhisattva non tiene conto soltanto del proprio io e non fa distinzione tra se stesso e gli altri; un bodhisattva può quindi trasmettere una parte del suo karma benefico agli uomini che ne invocano l'aiuto lungo la strada per il nirvana.

Molteplicità religiosa

Nelle questioni religiose, Induismo e Buddhismo sono sempre stati molto più aperti e tolleranti di quanto non avvenga nelle religioni occidentali. La molteplicità delle forme religiose non è assolutamente considerata una debolezza. Al contrario, è indice di forza intrinseca, secondo molti buddhisti, il fatto che la loro religione possa dare frutti tanto diversi.

Scopo di tutti i buddhisti è liberarsi dal ciclo della reincarnazione; la questione è quali mezzi o metodi si ritengano validi e si utilizzino per conseguire tale scopo. Gli uomini sono diversi tra loro, soprattutto in Asia in cui il retroterra culturale delle varie etnie presenta enormi differenze. Dunque anche i metodi dovranno necessariamente diversificarsi. In questo modo la scelta dell'uno o dell'altro metodo è spesso considerata questione (e fonte) di esperienza.

Tra le varie correnti all'interno del Buddhismo mahayana, due, in particolare, sono state oggetto di interesse in Occidente negli ultimi dieci anni: il tibetano *vajrayana* ("veicolo del diamante") e lo *zen* giapponese. Entrambe si staccano, ciascuna a modo suo, dalla concezione generale del Buddhismo mahayana. Esamineremo ora più da vicino cosa rende particolari queste correnti.

Il Buddhismo tibetano

In Tibet il Buddhismo mahayana si è mescolato alla religione locale (chiamata *bon*), caratterizzata dalla fede in dèi e altri spiriti, adorati con sacrifici di sangue, culti misterici e danze rituali. Il culto di molte delle divinità originarie sussiste ancora oggi, ma con ruolo indubbiamente diverso: gli dèi, o spiriti, sono considerati custodi della dottrina buddhista, che al di là delle apparenze, è in realtà dominante. I buddhisti, in Tibet, si considerano i depositari della dottrina originaria del Buddha.

Oggetti di culto del Buddhismo tibetano sono le ruote e le bandiere di preghiera. Le ruote che girano mosse o dalla mano dell'uomo, o dall'aria, o dalle correnti d'acqua, e le bandiere che si agitano nel vento, significano la "ruota della dottrina" che si è messa in moto.

Il *mantra* (formula magica, parola o suono sacro) più usato nel Buddhismo tibetano è *Om mani padme hum*, che significa "O tu, che hai il gioiello nel tuo loto", oppure "Sia onore al gioiello nel loto". Questa formula si ritrova ovunque in Tibet, incisa nelle ruote della preghiera, sui muri e sulle rocce, ed è continuamente ripetuta dalla gente. Per facilitarne la recitazione si usa un "rosario" di centootto perle (centootto è un numero sacro).

Lamaismo

In nessun altro paese il Buddhismo mahayana ha influenzato la società così come è avvenuto in Tibet. Gran parte della popolazione, pur essendo affiliata a ordini monastici, è rimasta in costante contatto con la comunità laica. Numerosi conventi hanno ospitato più di mille monaci e vengono considerati i più grandi edifici monastici della storia mondiale.

Il Buddhismo in Tibet è spesso definito *lamaismo*, da *lama* ("maestro") titolo con cui si designano i capi spirituali, solitamente monaci.

Una peculiarità del lamaismo è la struttura della società. Fin dal XVII secolo il Tibet è stato retto da un gran lama o *Dalai Lama* ("oceano di conoscenza") che riuniva in sé il potere politico e religioso e risiedeva nella capitale Lhasa. Il Dalai Lama è considerato l'incarnazione del famoso bodhisattva Avalokiteshvara.

Quando uno di essi muore, i monaci cercano un bambino che sia la reincarnazione del Dalai Lama deceduto per farne, dopo averlo sottoposto a una serie di scrupolosi accertamenti, il suo degno successore.

Il Buddhismo tibetano oggi

A causa della sua posizione quasi inaccessibile, tra le più alte montagne del mondo, e per la sua cultura peculiare, il Tibet è stato a lungo ritenuto una sorta di paese da fiaba. Ma l'incantesimo della favola si è bruscamente rotto nel 1959, quando, dopo molti anni di pesante controllo politico, la Cina ha occupato militarmente e annesso il Tibet. Il XIV Dalai Lama ha dovuto rifugiarsi in India, dove gli è stato concesso l'asilo politico. Da allora migliaia di rifugiati tibetani si sono stabiliti in India e in Nepal, e lì hanno diffuso la loro dottrina. Anche in diversi paesi occidentali sono stati fondati monasteri sul modello di quelli tibetani, e numerosi scritti religiosi del Dalai Lama e molti testi sacri del Buddhismo vengono ora tradotti in tutte le lingue europee.

Il Buddhismo zen

Il fine ultimo di tutti i buddhisti è quello di sperimentare, prima o poi, il risveglio (*bodhi*) come accadde al Buddha duemilacinquecento anni fa. Tuttavia all'interno del Buddhismo stesso, per quanto riguarda la concezione di ciò che il risveglio comporta e il modo in cui vi si arriva, esistono notevoli varianti. Nell'ambito del Buddhismo mahayana sorse in Cina un particolare concetto di meditazione che, in misura maggiore rispetto ad altre correnti, poneva il momento del risveglio al centro dell'intera dottrina buddhista. Tale corrente si è poi gradualmente diffusa anche in Corea e soprattutto in Giappone ed è conosciuta in occidente con la denominazione giapponese di *zen*, che significa "meditazione". Questo movimento, in Giappone, dispone di circa ventimila templi e conta cinque milioni di adepti, tra monaci e laici.

L'"additamento diretto"

Fondamentale, nel Buddhismo zen, è la pratica del risveglio o dell'illuminazione. Ma alla conoscenza non si può giungere attraverso le parole, per le quali lo zen nutrì una profonda diffidenza. Tuttavia ciò che non si può comunicare a parole, può essere comunicato dall'"additamento diretto". Il Buddha avrebbe reso noto il proprio risveglio al suo migliore discepolo mostrandogli semplicemente un fiore, senza dire nulla. E così la pratica del risveglio è stata tramandata senza parole di generazione in generazione.

Lo zen insegna che il risveglio deve venire *dall'interno*, deve sgorgare dal cuore della persona. La dottrina del Buddha aiuta solo all'inizio del cammino: forse indica la giusta direzione, ma bisogna essere in grado di guardare oltre a quello a cui addita, cioè al risveglio stesso. Invece noi uomini siamo spesso come bambini, più attratti dal dito che indica che non dall'oggetto indicato. Tendiamo a interessarci più alle idee e ai rituali religiosi che non alla *esperienza* religiosa stessa che delle idee e dei rituali costituisce il fondamento. Il metodo dell'"additamento diretto" può contribuire a una improvvisa esperienza della realtà, un riconoscimento spontaneo che non ha nulla a che vedere con le parole.

Poiché il risveglio deve provenire dal di dentro, lo zen non fornisce ricette per ottenerlo. Esso può verificarsi in qualsiasi momento, e colpire come un fulmine. Tutt'a un tratto ci si risveglia, e si percepisce in modo del tutto nuovo di essere parte dell'universo infinito. Il risveglio non avviene per gradi e in un lungo arco di tempo: se si verifica, è immediato e totale. E non è nemmeno certo che si verifichi durante la meditazione. Quella che finalmente conduce alla meta può essere anche un'esperienza tra le più abituali e quotidiane.

La "terapia-shock" del Buddhismo zen

È stato detto che il Buddhismo theravada apre la porta del nirvana con la forza, mentre il mahayana a furia di girare e rigirare la chiave nella toppa. Questa spiegazione è forse più calzante per il Buddhismo zen che per le altre correnti del Buddhismo mahayana.

Abbiamo visto che idee e rappresentazioni condizionate dall'abitudine possono ostacolare il cammino verso il risveglio. Per ottenere la condizione indispensabile di una mente libera, è necessario quindi che sia smantellata nell'allievo ogni forma di logica e di ragionamento concettuale. Fin dall'epoca cinese antica, la tecnica impiegata dal maestro per raggiungere tale scopo è quella di porre e dare all'allievo domande e risposte sconcertanti. Un esempio può essere costituito dal seguente dialogo:

Allievo: «In quale modo posso essere liberato?»
Maestro: «Chi ti tiene prigioniero?»
Allievo: «Nessuno mi tiene prigioniero».
Maestro: «Allora perché vuoi essere liberato?»

Nello zen è diffusa anche la pratica del *koan*, l'indovinello apparentemente senza senso che l'allievo è invitato a risolvere, del tipo «Com'era il tuo volto prima di nascere?», «Qual è il suono di una mano?». La meditazione su siffatti enigmi a poco a poco conduce l'allievo a una schiacciante "sensazione di dubbio". E la sensazione di dubbio è necessaria per arrivare al contatto diretto con la realtà e al risveglio.

Lo zen nella vita di tutti i giorni

Se domandassimo ad un buddhista zen cosa comporta il risveglio, riceveremmo forse la seguente risposta: «Il cipresso nel giardino!». Ma se il nostro interlocutore è incline a giustificare la domanda sulla base delle nostre premesse, dirà forse che il risveglio consiste nel rendersi conto che non c'è nessun risveglio, poiché non esiste alcuna verità su cui aprire gli occhi né alcuna "illusione" da cui ridestarsi. Il risveglio significa semplicemente rendersi conto che il mondo è così come lo vediamo.

Ma stiamo usando parole e concetti, e in questo modo non facciamo che allontanarci dalla dottrina del Buddha. Forse potremmo asserire che l'unico modo per capire il significato della vita è *viverla*. Perciò molti buddhisti zen sono convinti che il lavoro quotidiano possa servire come esercizio di meditazione. La pratica cosciente di un lavoro manuale può essere una via per il risveglio allo stesso modo della preghiera e dei rituali religiosi. È il motivo per cui occupazioni apparentemente banali come bere il tè, seccare i fiori o coltivare il giardino hanno acquisito tanta importanza nel Buddhismo zen. Anche diverse discipline sportive ed artistiche come il tiro con l'arco, la lotta, la scherma, la drammaturgia, la lirica (poesia *haiku*), la musica e la pittura, in Giappone, sono fortemente caratterizzate dallo zen.

Rinnovamento nel Buddhismo

In tempi più recenti, e specialmente dopo la Seconda guerra mondiale, nel Buddhismo si è verificato un rinnovamento, soprattutto tra i buddhisti più colti. Caratteristiche importanti di questo rinnovamento sono l'impegno in favore dell'unità, l'incremento dell'attività missionaria e una più intensa attività sociale.

Maggiore unità

L'organizzazione di una serie di incontri internazionali tra buddhisti di diverse tradizioni e tendenze è finalizzata al raggiungimento di un accordo sulle questioni relative alla dottrina, così come il Concilio universale della Chiesa ha tentato di fare per il Cristianesimo.

Missioni

Un altro aspetto del rinnovamento buddhista è l'attività missionaria che si è organizzata, anche in Occidente. Sia negli Stati Uniti, sia nell'Europa occidentale vivono oggi migliaia di buddhisti, ed esistono numerosi centri missionari. Per contro, dopo la Seconda guerra mondiale, il Buddhismo ha perso terreno nei paesi asiatici, a causa soprattutto dell'avanzata del comunismo.

Attività sociale

Di recente nel mondo buddhista si è verificato un grande fermento intorno alle problematiche etiche. L'ideale buddhista originario, di impegnarsi per la propria liberazione attraverso la meditazione, non è ritenuto più sufficiente, e si parla sempre più frequentemente di un Buddhismo impegnato, anche in questioni sociali e politiche.

RELIGIONI DELL'ESTREMO ORIENTE

Elemento comune delle religioni praticate in Cina e Giappone compreso il Confucianesimo e lo Shinto, è il culto degli antenati.

Altra caratteristica comune è il sincretismo: le diverse religioni non sussistono semplicemente l'una accanto all'altra ma si mescolano tra loro e non è raro che un fedele si ispiri a più di una tradizione religiosa.

In Cina fin dai tempi antichi si praticano "tre vie": Taoismo, Confucianesimo e Buddhismo. Quest'ultimo, originario dell'India, si è diffuso anche in Giappone dove ha giocato un ruolo decisivo per la religione nazionale Shinto.

Il Giappone è stato definito un laboratorio di religioni, poiché dopo la guerra sono sorte innumerevoli nuove sette e comunità di fedeli sulla base dello Shinto, del Buddhismo e del Cristianesimo.

In Cina invece l'importanza della religione è diminuita sensibilmente negli anni del dopoguerra. Con la presa del potere, nel 1949, i comunisti di Mao Tse-tung imposero pesanti limitazioni alla libertà di culto, distrussero templi e confiscarono i luoghi destinati alla pratica religiosa. Dopo la morte di Mao, nel 1976, è iniziata una graduale liberalizzazione sia in campo religioso sia negli altri ambiti della vita sociale.

CONFUCIANESIMO

Premesse storiche

Fino al 1911 la Cina è stata un impero. L'Imperatore era investito della massima autorità e rappresentava il suo paese di fronte al dio supremo, il Cielo. Era considerato anzi il figlio del Dio del Cielo in terra, e come tale officiava il sacrificio nel Tempio del Cielo nella capitale Pechino; presentava offerte anche alle montagne e ai fiumi sacri della Cina.

L'Impero cinese era una società ben regolata e retta con fermezza da un solido potere politico. Alla guida della burocrazia stava un'élite di ufficiali molto preparati. L'ideologia a cui si ispiravano era il Confucianesimo, cioè un sistema di pensiero basato sulla codificazione di regole e strutture per la vita sociale, operata dal filosofo K'ung Fu-tzu (*Confucius* in latino). Questa dottrina influenzò il governo della Cina fino alla caduta dell'Impero. K'ung Fu-tzu aveva anche stabilito regole per la vita religiosa, le offerte e i sacrifici rituali. Ma si trattava di una sorta di religione di Stato praticata dall'élite e dalla classe dominante che non toccò mai gli strati più larghi della popolazione. Come l'Imperatore chiuso nel suo palazzo di Pechino era lontano dal popolo, così alle grandi masse di contadini cinesi anche il Dio del Cielo appariva come un'entità distante e indefinita. La loro religione si limitava piuttosto al culto degli spiriti e degli antenati, che in seguito fu influenzato anche da elementi di altre religioni. Il fatto che le potenze europee rappresentassero una minaccia all'indipendenza economica e politica del paese, assecondò la tendenza della Cina all'isolamento e al conservatorismo, incoraggiati dallo stesso Confucianesimo. Gli intellettuali attaccarono, perciò, la religione, responsabile di aver ostacolato lo sviluppo della scienza moderna e delle nuove idee politiche; di conseguenza, vi furono da una parte tentativi di rinnovamento e di modernizzazione delle vecchie religioni, dall'altra un accresciuto interesse per il pensiero non-religioso occidentale e in particolare marxista.

Nel 1911, l'inefficiente governo dell'Imperatore fu abbattuto e la Cina divenne una repubblica la quale fu dilaniata sia dalla guerra civile e sia dalla guerra contro il Giappone. Nel 1949 i comunisti assunsero il potere e crearono l'attuale Repubblica Popolare Cinese.

Confucio (551-479 d.C.)

Si suppone che Confucio provenisse da una famiglia aristocratica anche se non facoltosa. Dotato di buona istruzione, divenne un filosofo con molti discepoli e interpretò in modo innovativo precetti e tradizioni antichi, soprattutto per quanto riguardava le questioni etiche, filosofiche e sociali. Egli riteneva di essere stato incaricato dal Cielo di rinnovare la morale e la cultura dei suoi tempi rifacendosi alla saggezza del passato. Tuttavia, non diede mai al suo pensiero una struttura sistematica, per cui oggi conosciamo la sua dottrina solo attraverso la tradizione orale.

La tradizione confuciana

Confucio rivestì un'importanza decisiva per lo sviluppo della Cina. Dopo la sua morte, i discepoli iniziarono a diffondere e approfondire il suo pensiero, e a poco a poco il Confucianesimo, in Cina, divenne una sorta di religione di Stato, spesso in contrasto con il Buddhismo e il Taoismo. In onore di Confucio furono costruiti templi nei quali, in primavera e in autunno, si svolgevano riti sacrificali. Allo stesso tempo, però, occorre ribadire che il Confucianesimo non è mai esistito come religione a sé stante. È più corretto definirlo come un complesso di ideali filosofici e politici fondamentali per la vitsa dell'Impero e per la formazione della sua burocrazia, anche se poi l'etica confuciana si è diffusa tra larghi strati della popolazione cinese. Il Confucianesimo ha dimostrato sempre grande attenzione alla pratica politica e alle istanze sociali come l'istruzione, il ruolo del singolo nella comunità, le regole di vita, e così via. L'interesse dei confuciani per le questioni religiose e metafisiche, invece, è stato ed è abbastanza debole.

Concezione dell'uomo e della società

Il pensiero di base di Confucio è che la natura e l'universo sono in *armonia* tra loro, e che questo deve caratterizzare anche la vita dell'uomo. Il filosofo recupera due degli antichi principi della cultura cinese e li riutilizza dando loro un'impronta personale. Il primo è il *tao*, la grande armonia nell'universo, ossia il rapporto giusto e proporzionato tra tutte le cose. Questa armonia è un modello per la società, nella quale i singoli devono sforzarsi di vivere in accordo e comprensione reciproca. Quando il loro io interiore è in sintonia con il tao, si origina la forza vitale necessaria, *te*, o giusta condotta, che è l'altro concetto fondamentale della tradizione confuciana.

Per entrare in armonia con il tao, l'uomo ha bisogno di conoscenza e sapienza, che si ottengono con lo studio del passato, della *tradizione*. È quindi necessario applicarsi allo studio delle regole che assicurano un giusto comportamento relativo al posto che occupiamo nella società e il corretto adempimento dei rituali e delle cerimonie religiose.

Secondo Confucio l'uomo è *buono* per natura, e tutto il male proviene dalla mancanza di conoscenza. Educare significa perciò fornire all'uomo la giusta conoscenza.

Il ruolo del singolo nella società è regolato da cinque tipi di rapporto: il rapporto tra sovrano e suddito, tra padre e figlio, tra vecchio e giovane, tra marito e moglie, tra amico e amico. Il principe deve essere buono e il suddito leale: questo principio ha reso il Confucianesimo politicamente conservatore e ha frenato la ribellione all'autorità. Il padre deve essere amorevole e il figlio rispettoso: su questo concetto si basa l'importante culto degli antenati. L'uomo deve essere giusto e la donna obbediente: è un principio che giustifica il ruolo femminile subalterno tipico di questo sistema. *Venerazione, riverenza, rispetto,* sono i concetti più significativi del Confucianesimo.

Confucio e la religiosità

Confucio non era avverso alla religione e credeva nell'esistenza di dèi e spiriti. Egli anzi pensava di agire per ispirazione di un'entità soprannaturale: «Il Cielo ha concepito la virtù che è in me». Ma sebbene ne ricevesse ispirazione e guida, Confucio non ha mai basato la propria etica su regole dettate dal Dio del Cielo, perché non lo considerava un dio personale.

Per il filosofo era importante che gli dèi venissero adorati nel modo giusto, che si eseguissero rituali, sacrifici e cerimonie in maniera corretta. Tuttavia, non era interessato a tematiche religiose e metafisiche: «Mostra rispetto per gli spiriti, ma tienili a distanza» avrebbe detto e, interrogato sulla vita dopo la morte, avrebbe aggiunto: «Quando non si conosce la vita, come si può conoscere la morte?»

TAOISMO

I principi del Taoismo sono contenuti nel *Tao Te Ching* che significa "Il libro del Tao e del Te".

Tao (ordine, struttura del mondo) e *Te* (energia vitale) sono antichi concetti cinesi. K'ung Fu-tzu li interpreta in modo leggermente diverso.

Il *Tao Te Ching* è un libretto di non più di una ventina di pagine, diviso in ottantuno capitoli. Nessuno sa con sicurezza da chi sia stato scritto, ma secondo la leggenda l'autore fu il filosofo Lao Tzu vissuto nel sesto secolo a.C., quindi quasi contemporaneo di Confucio. Tanti e discordi sono gli aneddoti sulla vita di Lao Tzu, e gli storici dubitano persino che sia realmente esistito. Nonostante queste riserve, ci riferiamo qui comunque a Lao Tzu come all'autore del *Tao Te Ching*.

Tao – Il principio supremo

Per Confucio il Tao era il grande principio ordinatore e l'armonia dell'universo, secondo un modello a cui gli uomini dovevano tendere. Anche Lao Tzu concepiva il Tao come armonia nel mondo e soprattutto nella natura, ma si era spinto ad uno stadio successivo: il Tao è la stessa materia primordiale con cui tutte le cose sono state create o da cui hanno avuto origine. A volte viene menzionato come "Cielo", cioè come un'entità divina, anche se non si tratta di un dio personificato.

La differenza più significativa rispetto ad altre concezioni dello stesso principio è che il Tao, secondo Lao Tzu, non si può descrivere in modo semplice e razionale. «Il tao che viene descritto non è il vero Tao», afferma il filosofo.

Ne consegue che l'uomo non può studiare o ricercare la vera natura del Tao: per comprenderla non si deve usare la ragione. Occorre meditare, sprofondare in una sorta di tranquilla passività e scordare tutto ciò che riguarda il mondo esterno, il guadagno e il progresso. Solo così l'uomo raggiungerà l'unione con il Tao e dentro di lui entrerà l'energia vitale Te.

Vita sociale

Taoismo significa passività e non attività. L'azione più importante per un saggio taoista è la "non-azione", il che naturalmente si ripercuote sulla vita sociale. Confucio si ripropone di educare attraverso la conoscenza, Lao Tzu preferisce che l'uomo sia ingenuo e semplice, come un bambino; il primo stabilisce regole fisse e cura l'organizzazione politica, il secondo afferma che l'uomo dovrebbe farsi coinvolgere il meno possibile nell'incontrollato evolversi degli eventi; l'uno desidera un governo ben strutturato, l'altro sostiene che qualsiasi tipo di governo è male. «Maggiore è la quantità di regole e costrizioni, maggiore il numero di ladri e criminali», si legge nel *Tao Te Ching*.

Lo Stato ideale per Lao Tzu è quello che si identifica con la comunità ristretta (città, villaggio) com'era nei tempi antichi quando la popolazione viveva felice e in pace, senza guerreggiare in continuazione con i propri vicini, come in seguito si verificò tra gli Stati cinesi. A capo dello Stato dovrebbe esservi un filosofo, il quale, con l'esempio della sua passività e inattività dovrebbe rappresentare un ideale per tutti.

Per il taoista non esiste il concetto di amore attivo per il prossimo come lo si intende normalmente, ma la sua buona disposizione d'animo nei confronti degli altri è illimitata, siano questi buoni o malvagi.

IL TAOISMO COME RELIGIONE POPOLARE

Alcuni dei discepoli di Lao Tzu svilupparono il misticismo naturalistico con un forte orientamento alla magia, e furono proprio questi elementi magici a sedimentarsi più facilmente nella pratica religiosa delle masse, dove si mescolarono ad un substrato preesistente di superstizioni e di pratiche negromantiche. Un esempio: Lao Tzu sosteneva che quando l'uomo era passivo, la sua energia vitale durava più a lungo e si conservava sana e intatta. Un'interpretazione successiva e conseguente di tale principio fu che si sarebbe potuta prolungare la durata della vita, e ciò stimolò un grande interesse per il problema della longevità e dell'immortalità. I filosofi taoisti, perciò, oltre alla meditazione, eseguivano pratiche magiche e compivano esperimenti per scoprire la pozione dell'immortalità. E questo contribuì allo sviluppo, accanto al Taoismo filosofico, di una religione popolare che si basava sulla dottrina di Lao Tzu, ma che ammetteva anche propri dèi, templi, sacerdoti e monaci. I rituali, in parte ispirati alla pratica buddhista, erano fastosi, con processioni, offerte di cibo agli dèi e preghiere per i vivi e per i morti.

SHINTO

L'antica religione nazionale giapponese è lo Shinto, ma a partire dal 500 d.C. ha subito una forte concorrenza da parte del Buddhismo. Le due dottrine religiose si sono influenzate a vicenda, e non è raro che esse vengano praticate alternativamente anche dagli stessi individui. Si può ricevere la benedizione divina da bambino secondo il rituale shintoistico, celebrare il matrimonio in una chiesa cristiana, ed essere seppelliti con una cerimonia buddhista. Una simile promiscuità ha favorito l'origine di una serie di nuove sette e comunità religiose. Per questo il Giappone è considerato oggi un laboratorio di religioni.

Tratti distintivi dello Shinto

Lo Shinto non ha un fondatore, contrariamente al Cristianesimo e all'Islamismo. È una tipica religione nazionale che nel corso di molti secoli ha raccolto in sé diverse tradizioni e credenze. Non ha una dottrina né un'etica codificate. Un ruolo fondamentale svolgono le *cerimonie* e i *rituali* che mettono il fedele in contatto con le divinità.

Pare che nello Shinto vi siano diversi milioni di dèi, *kami*, che si manifestano attraverso le forme della natura, come alberi, montagne, fiumi, animali e uomini. Ma la parola giapponese *kami* si può anche tradurre come anima. Fin dal tempo in cui il Giappone era una società rurale si è praticato il culto delle anime degli antenati e della natura, culto che si è poi sviluppato ulteriormente sotto l'influenza del Confucianesimo cinese.

L'origine divina dei giapponesi

La mitologia giapponese racconta che in epoca primordiale, la coppia divina Izanagi e Izanami discese dal cielo e fece nascere le isole giapponesi, poi il resto del mondo e tutto ciò che vi si trova, e infine una serie di kami, prima fra tutti la dea del sole Amaterasu. Gli altri kami si stabilirono sulla terra e divennero i progenitori dei primi uomini. Ma la società degli uomini aveva bisogno di ordine e di una guida, perciò fu inviato sulla terra il nipote di Amaterasu. Uno dei suoi discendenti fu il primo Imperatore del Giappone. Tutti i giapponesi, quindi, sono di origine divina, soprattutto l'Imperatore che discende direttamente dalla stessa dea del sole.

Religione di Stato e culto dell'Imperatore

Poco a poco dall'adorazione dei kami degli imperatori deceduti si passò all'adorazione dell'Imperatore stesso, considerato un kami anche nel corso della sua vita terrena.

La situazione politica del secolo scorso ha giocato un ruolo determinante nel culto dell'Imperatore. Minacciato dall'espansione dell'Occidente, il Giappone si sentì costretto a rafforzare la propria identità nazionale, mentre l'Imperatore veniva relegato in secondo piano dai capi militari, gli *shogun*, che detenevano il potere effettivo.

Tuttavia, con un colpo di Stato, nel 1867, l'imperatore Meyi si assicurò il controllo del paese e mise in atto un rinnovamento politico e religioso. Lo Shinto divenne religione di Stato. Furono distrutti i templi buddhisti e cancellati gli elementi del Buddhismo presenti nella cultura shintoista.

L'effige dell'Imperatore fu esposta in tutti gli edifici pubblici, nelle scuole e nelle fabbriche, e la popolazione era tenuta ad inchinarsi rispettosamente davanti all'immagine.

Il culto dell'Imperatore era connesso a un forte nazionalismo, che costituì la base per la politica espansionistica giapponese fino alla Seconda guerra mondiale, quando il Giappone si alleò con la Germania.

La coscienza religiosa era inestricabilmente legata alla coscienza nazionale; ad esempio, lo Shinto costituì il fondamento ideologico per i piloti suicidi, *kamikaze* (il termine significa "vento divino"). Ogni soldato che perdeva la vita in guerra veniva immediatamente nominato kami e onorato con cerimonie nei templi shintoisti.

Dopo la sconfitta del Giappone, nell'agosto del 1945, l'Imperatore emanò un decreto con il quale negava la natura divina del sovrano. Lo Shinto fu soppresso come religione di Stato, ma lo Shinto popolare, che non aveva mai cessato di coesistere con il culto ufficiale dell'Imperatore, resistette, e acquistò vigore.

Il culto si svolge nelle case e nei templi, circa ventimila dei quali ancora esistono. L'organizzazione del tempio che una volta era prerogativa dell'Imperatore, ora dipende da comunità autonome con propri capi.

Il tempio – Dimora del kami

Un tempio shintoista non è un luogo di predicazione ma è la dimora del kami, dove lo si può adorare secondo rituali ben precisi.

Nella stanza più sacra del tempio si trova un oggetto che simboleggia la presenza del kami; è questo il simbolo che fa del tempio un luogo sacro. I tre simboli più importanti, conservati nei tre principali templi shintoisti in Giappone, sono uno specchio, un gioiello e una spada. Questi tre oggetti sono legati a un mito che riguarda la dea del sole Amaterasu e il primo imperatore del Giappone. Secondo una delle antiche leggende, una volta la dea, derisa, si era nascosta in una grotta. Per attirarla fuori dal suo rifugio, in modo che potesse di nuovo diffondere la sua luce sul mondo, fu usato lo stratagemma dello specchio.

La funzione sacerdotale

In origine le cerimonie venivano officiate dal capo di una famiglia o di un clan, e, più in alto nella scala sociale, da un principe o dall'Imperatore stesso.

Gradualmente si sviluppò una funzione sacerdotale più particolare spesso connessa a talune famiglie. Il sacerdozio ereditario fu abolito quando l'Imperatore elesse lo Shinto a religione di Stato e i sacerdoti divennero pubblici funzionari.

Oggi i sacerdoti sono nominati dalle organizzazioni dei templi. La maggior parte di essi sono sposati e svolgono una normale professione. Dopo la guerra il sacerdozio è stato reso accessibile anche alle donne.

La funzione dei sacerdoti è legata soprattutto all'aspetto rituale: devono conoscere le giuste modalità per lo svolgimento delle cerimonie quotidiane e presiedere quelle solenni in occasione delle grandi feste.

I quattro elementi fondamentali del culto

Le cerimonie hanno un ruolo centrale nello Shinto: contribuiscono ad allontanare le disgrazie, assicurano la collaborazione e il contatto con i kami e favoriscono felicità e pace per il singolo e per la comunità.

Le cerimonie variano dalle più semplici, compiute all'interno delle case, alle sontuose feste annuali nei templi, ma tutte hanno in comune i quattro elementi qui di seguito spiegati.

Purificazione

La purificazione serve per eliminare la presenza del male e dell'ingiustizia, che costituiscono una minaccia al rapporto con i kami. L'impurità è associata soprattutto alla malattia e alla morte. Ma anche tutte le abituali funzioni vitali sono fonte di impurità.

Ogni cerimonia religiosa inizia con la purificazione. Può trattarsi di un rito estremamente semplice, come sciacquarsi la bocca e versare un po' d'acqua sulla punta delle dita. Nel tempio, il sacerdote agita, davanti alle persone o alle cose che devono essere purificate, la "grande canapa", un'asta di legno sulla quale sono applicate striscioline di carta e funicelle di canapa che la fanno assomigliare a una specie di scopa.

Sacrificio

Se non si offrono sacrifici, si corre il rischio di perdere il contatto con i kami e di incorrere in incidenti e disgrazie. Le offerte possono essere in forma di denaro, cibo e bevande. In occasione delle solennità ufficiali, diverse attività artistiche o sportive assumono un significato religioso e vanno interpretate come una forma di offerta. Ciò vale per la danza, il teatro, la lotta e il tiro con l'arco che si eseguono in onore degli dèi.

Preghiera

Una preghiera si apre di solito con un inno di lode al kami e di ringraziamento per i suoi servigi. Vi è spesso anche un riferimento all'origine del rito che dà valore alla preghiera, e ne rivela il suo fondamento mistico. Poi si dichiara quali beni vengono offerti, il nome dell'offerente e infine si recita una preghiera particolare per qualcosa che si desidera ottenere.

Il pasto sacro

A conclusione della cerimonia si svolge un *naorai*, un pasto assieme ai kami. I presenti ricevono un assaggio di vino di riso, servito dai sacerdoti.

Gli atti di culto compiuti in casa

Nella maggior parte delle case si trova un piccolo altare, *kamidana*, su cui si dispongono oggetti simbolici: un amuleto per i kami, uno specchietto, una candela e un vaso con ramoscelli dell'albero di *sakaki*.

Il rito inizia con il lavaggio delle mani e il risciacquo della bocca. Poi viene depositata davanti all'altare un'offerta (che può essere semplicemente un po' di riso e una scodella d'acqua). Si sta in piedi o seduti su un tappetino e si china la testa verso l'altare in segno di deferenza. Dopo una breve preghiera si piega per altre due volte la testa, si battono due volte le mani, tenendole sollevate, e si termina con un altro inchino. Alla fine, si portano a tavola le offerte commestibili e si consumano.

Tenrikyo

Il Tenrikyo affonda le sue radici nella religione nazionale giapponese, lo Shinto, ma accoglie in sé anche spunti da altre religioni. Venne fondato nel 1838 da una donna, Miki Nakayama; in lei aveva preso dimora il dio Oya-gami, che le si era manifestato ripetutamente. Tali rivelazioni sono custodite in testi sacri, in uno dei quali si legge: «Ciò che io ora penso, dico per bocca di questa donna. Certo è un essere umano che parla, ma sono i pensieri di dio che formano il discorso».

Tenrikyo è una religione monoteista: il dio Oya-gami è l'unico vero dio che ha creato il mondo e tutto ciò che esso contiene. Gli uomini sono stati creati per la gioia e il godimento della vita; non mostrarsi grati dei doni di dio è peccato, mentre la salvezza consiste nel condurre una vita felice nell'immediato presente. Come recita una delle rivelazioni: «Il dio delle origini ha creato l'uomo per poter gioire della sua vita felice».

La creazione è un punto centrale nel Tenrikyo, come si può arguire dalla funzione religiosa in cui la creazione viene rappresentata in forma di danza rituale. Attraverso questa danza si invoca la benedizione di dio su tutto il creato. Come per lo Shinto, è importante che il dio provveda ad un rinnovamento di tutto ciò che è vivo, della vita umana come della natura.

Il Tenrikyo si concentra con particolare attenzione sul risanamento da malattia e sofferenze. Una benedizione impartita durante la cerimonia quotidiana al tempio recita pressappoco così: «Partecipa con impegno e passione alla funzione religiosa di ogni giorno, poiché ciò ti protegge da tutte le disgrazie. Se vi prendi parte attivamente, anche la malattia più grave sarà sconfitta».

Il fine del Tenrikyo è che tutti gli uomini accolgano il messaggio divino; allora il mondo entrerà in una fase di felicità permanente.

La città in cui la fondatrice Miki ricevette la manifestazione divina si chiama Tenri. Qui si trova la sede principale dell'organizzazione religiosa del Tenrikyo, un immenso edificio che può contenere venticinquemila persone (simili imponenti "quartier generali", spesso di pregevole architettura, sono abituali anche per altre delle "nuove religioni" giapponesi). Il Tenrikyo vanta una diffusa attività missionaria, tra l'altro negli U.S.A. e in molti paesi asiatici.

RELIGIONI DEL VICINO ORIENTE

Tre grandi religioni mondiali sono nate nel Vicino Oriente: Ebraismo, Cristianesimo e Islam. Tutte e tre le religioni hanno avuto un'importanza significativa nel bacino del Mediterraneo, ma ai nostri giorni Cristianesimo e Islam hanno una diffusione molto più ampia e sono a tutt'oggi le due più grandi religioni mondiali.

Mentre il Cristianesimo è soprattutto la religione dell'Occidente (tre quarti dei cristiani vivono in Europa, in Nordamerica e in Sudamerica), l'Islam è caratteristico dell'Asia (tre quarti dei musulmani abitano questo continente). In Africa le due religioni hanno più o meno pari diffusione. L'Islam è tuttora fortemente condizionato dalla cultura araba e domina nei paesi del Vicino Oriente, anche se soltanto una minoranza dei musulmani d'oggi sono arabi.

L'Ebraismo contrassegna lo Stato d'Israele, istituito nel 1948, ma qui vivono solo tre dei diciassette milioni di ebrei sparsi nel mondo: quasi la metà abita negli Stati Uniti.

EBRAISMO

La parola "giudeo" fu usata per designare, in origine, i membri della tribù di Giuda, Jehudad nell'antica Palestina, e in seguito gli abitanti della Giudea. La parola inglese per Ebraismo, *Judaism,* si richiama a questa prima denominazione. La religione è anche detta "di Mosè", in quanto Mosè ne è ritenuto il fondatore.

Lo Stato di Israele definisce un ebreo in questo modo: «chi è nato da madre ebrea e non appartiene ad alcuna altra religione». Questa definizione si allarga poi anche a comprendere i coniugi.

L'Ebraismo non rappresenta soltanto una comunanza religiosa, ma anche una comunanza storica e culturale. Nel corso della storia la parola "ebreo" è stata usata con connotazione razziale, ma tale concetto è privo di senso. Vi sono ebrei con la pelle di diversi colori.

Il patto di Dio con il popolo prescelto

Un tratto caratteristico della religione ebraica è il suo forte legame con la storia. I racconti dei testi sacri si basano sulla ferma convinzione che Dio abbia stretto un vincolo particolare, un patto o un'*alleanza* con il popolo da lui prescelto.

I Libri di Mosè iniziano col racconto di Adamo ed Eva e di una serie di avvenimenti drammatici tesi a dimostrare cosa accade quando gli uomini commettono un peccato e si ribellano a Dio. Adamo ed Eva vengono cacciati dal giardino dell'Eden, il Paradiso terrestre; mettono al mondo dei figli, ma Caino uccide suo fratello Abele, e viene confinato da Dio nella terra "a est dell'Eden". In seguito la Terra è distrutta da un diluvio universale, al quale scampano soltanto Noè con la sua famiglia e una coppia di tutti gli animali del mondo. Le città senza Dio, Sodoma e Gomorra, sono rase al suolo e la Torre di Babele, simbolo del tentativo dell'uomo di raggiungere il cielo, è distrutta.

I primi capitoli dei Libri di Mosè sono spesso considerati la "protostoria" del popolo ebraico. Gli autori della Bibbia considerano che tutto ciò che accade agli uomini sia frutto della volontà divina.

Da Abramo a Mosè

La fase successiva comincia con Abramo, il quale partì dalla città di Ur, nell'attuale Iraq meridionale, intorno al 1800 a.C. Nel primo Libro di Mosè si narra che Dio disse ad Abramo: «Lascia la tua terra e i tuoi parenti e la casa di tuo padre per la terra che io ti mostrerò! Farò di te un grande popolo». Questo popolo ricevette il proprio nome dopo che il nipote di Abramo, Giacobbe, ebbe sostenuto la sua drammatica lotta con Dio che gli diede l'appellativo di Israele. E i dodici figli di Giacobbe furono i progenitori delle dodici tribù di Israele.

Nel corso del viaggio verso la Terra Promessa alcune delle tribù israelitiche giunsero in Egitto, dove divennero schiave dei faraoni. Sotto il regno di Ramses II, intorno al 1100 a.C., Mosè condusse il suo popolo fuori dall'Egitto, e gli israeliti vagarono nel deserto per quarant'anni prima di raggiungere Canaan, la Terra Promessa.

Durante la permanenza nel deserto, Dio sul monte Sinai diede a Mosè e agli israeliti le tavole della Legge con Dieci comandamenti. Questo atto sanciva l'alleanza tra Dio e gli israeliti. L'alleanza prevedeva che gli israeliti avrebbero adorato un solo Dio, e che Dio, in cambio, ne avrebbe fatto il suo popolo eletto. Se essi si fossero attenuti alla Legge di Mosè avrebbero potuto contare sempre sulla sua protezione.

Intorno al 1200 a.C. gli israeliti conquistarono parte di Canaan, ma convissero per lungo tempo con altre popolazioni non israelite. I capi politici e religiosi erano i cosiddetti *giudici*, che avevano il compito di controllare che le leggi dettate da Dio fossero rispettate ed onorate. Ben presto però si sentì la necessità di un potere centralizzato, anche a causa della guerra contro i filistei.

ISRAELE, LA SUPERPOTENZA

Fu Saul a dare origine al regno, intorno all'anno 1000 a.C., ma il massimo splendore fu raggiunto con Davide e Salomone, al tempo in cui Israele era ciò che oggi chiameremmo una superpotenza politica. Davide, nato a Betlemme, fu il leggendario re che sconfisse i nemici di Israele e riunì le dodici tribù sotto il suo potere a Gerusalemme. L'Arca dell'alleanza con le tavole di Dieci comandamenti che, secondo la tradizione, gli israeliti avevano portato con loro dal Sinai, fu trasferita nella nuova capitale. Qui fu collocata nella sala più protetta e più sacra del nuovo tempio, che il successore di Davide, Salomone, fece erigere nel 900 a.C.

Nella sala più interna e scura del Tempio, venivano presentate a Dio offerte di incenso e di focacce. In un vestibolo esterno stavano i sacerdoti per compiere invece le offerte sacrificali che potevano essere costituite sia da animali uccisi sul posto sia da frutti della terra. In occasione del rito si eseguivano canti ed inni, che nella Bibbia sono tramandati come Salmi di Davide. Le offerte sacrificali dovevano essere presentate secondo un rituale preciso: esse servivano sia per rendere omaggio a Dio sia per espiare i peccati commessi dagli offerenti.

Ad un certo momento, però, i sacrifici divennero delle pure formalità poco sentite. Allo stesso tempo il governo del paese mostrava segni di decadenza morale e di sregolatezza politica. Questo scatenò veementi proteste da parte dei profeti del Tempio, tra cui Amos, che visse intorno al 750 a.C. Amos si scagliò contro la disparità sociale e l'oppressione che la classe dominante esercitava sugli strati più poveri della popolazione. Numerosi profeti si batterono in effetti più per la giustizia sociale e gli ideali etici che per ridare vigore e significato al culto dei sacrifici.

La cattività babilonese

I profeti predissero che Dio avrebbe punito Israele poiché non viveva nel rispetto della Legge. E per molti il declino e la rovina di Israele non fu che il compiersi di questa profezia. Il regno fu diviso in una regione settentrionale (Israele) e una meridionale (regno di Giudea). Nel 722 a.C. il regno del nord fu occupato dagli assiri e da quel momento cessò di rivestire importanza religiosa o politica.

Il regno del sud, con capitale Gerusalemme, fu conquistato dai babilonesi nel 587 a.C., gran parte della popolazione fu deportata in Babilonia, ed ebbe inizio la cosiddetta cattività babilonese. Ma nel 539 a.C. fu permesso, a coloro che lo desideravano, di far ritorno in patria. Da allora queste popolazioni furono chiamate *giudei* (ebrei).

L'Ebraismo e la sinagoga

Con la fine della cattività babilonese e il ritorno in patria, si sviluppò quella religione conosciuta come Ebraismo e in cui assunse un ruolo centrale la sinagoga: un edificio di culto dove i fedeli si ritrovano per pregare e leggere le Scritture. Questa funzione religiosa era nata in esilio, in condizioni di necessità, poiché a Babilonia gli ebrei non avevano un tempio in cui riunirsi. Rientrati in patria, conservarono questa forma di culto legata alle sinagoghe che nel frattempo erano sorte in molte città. Un ruolo importante in questo contesto svolgevano gli *scribi,* laici che custodivano le sacre scritture, le interpretavano e le spiegavano. La maggior parte di questi "dottori della legge" apparteneva al gruppo dei *farisei,* ai quali a poco a poco divenne abituale associarli e confonderli. I farisei, caratterizzati da grande senso della moralità e da forte coesione interna, attribuivano enorme importanza alla legge dei Libri di Mosè, soprattutto alle regole di purificazione; cercavano, inoltre, di interpretare la Legge in rapporto alle nuove situazioni che si venivano a creare, e formulavano commentari e spiegazioni della Torah. In questo contesto il ruolo del Tempio fu in qualche modo ridimensionato.

Il tempio, distrutto nella conquista babilonese del 587 a.C., fu ricostruito nel 516 a.C. Il Gran Sacerdote, i sacerdoti e i leviti erano i ministri del culto, che contemplava il sacrificio quotidiano di un agnello in espiazione dei peccati della popolazione. Dopo l'esilio il Gran Sacerdote assunse una posizione di rilievo, e divenne il capo del Gran Consiglio (*sanhedrin*), che in seguito accolse anche rappresentanti dei farisei.

Dal punto di vista politico, in questo periodo gli ebrei furono sempre più soggetti alla dominazione straniera. Nel 70 d.C. una rivolta contro i romani portò all'assedio di Gerusalemme e a una nuova distruzione del Tempio che aveva assunto proporzioni splendide sotto il re Erode. Tutto questo sancì la fine del tradizionale ruolo della classe sacerdotale. Da questo momento in poi fu il nuovo Ebraismo, che aveva il suo centro di culto nella sinagoga, ad avere il sopravvento. Molti ebrei si sparsero nei paesi intorno al Mediterraneo, e anche più lontano; e furono chiamati *ebrei della diaspora* perché vivevano lontano dalla propria terra.

Un popolo di cultura europea

Gli ebrei, in alcuni periodi storici, hanno occupato un posto preminente nei paesi in cui si erano stabiliti. La cultura ebraica raggiunse il suo apice in Spagna nei secoli XIII e XIV. Uno dei filosofi più eminenti fu il rabbino Mosheh ben Maimon (Maimonide), il quale tentò una sintesi tra la fede ebraica e la filosofia greca di Aristotele, pur rimanendo nel solco della tradizione ebraica, come dimostra nel suo trattato sui tredici articoli di fede dell'Ebraismo.

L'intellettuale e razionalista Maimonide si poneva in netto contrasto con la mistica ebraica, o *kabbalah,* che aveva conosciuto il suo massimo sviluppo nella Spagna medioevale. La mistica esisteva da tempo come una corrente sotterranea dell'Ebraismo parallelamente alla corrente dominante, più erudita, dei rabbini. La kabbalah, che significa "tradizione, trasmissione", era, secondo il Talmud, la dottrina segreta riguardante Dio e la creazione. I mistici si concentrarono sullo studio della Torah, portandone però alla luce (e sviluppandone) gli aspetti segreti e nascosti. Il testo principale della kabbalah è lo *Zohar*, "Lo splendore", opera di un ebreo spagnolo del XIII secolo. Questi descrive Dio come un principio eterno che dirige il suo sguardo di luce sul mondo spirituale, del quale il mondo materiale è soltanto un riflesso. I seguaci della kabbalah affermano di poter raggiungere l'unità con il principio divino, vivendo quindi una più intensa esperienza religiosa.

Persecuzioni e sterminio

Nel corso di tutto il Medioevo e fino ai giorni nostri gli ebrei sono stati oggetto di persecuzioni. La comunità cristiana ha, a più riprese, fatto cadere su di loro la responsabilità della crocifissione di Gesù e ha visto nel loro destino infelice la giusta punizione. Gli ebrei furono cacciati dalla Francia e dall'Inghilterra nei secoli XIII e XIV. E nel secolo XV in Spagna furono prima perseguitati, poi banditi. Ma un po' ovunque nell'Europa dell'età moderna, sono stati ghettizzati o perseguitati.

Tuttavia la più crudele persecuzione mai patita dagli ebrei è stata senza dubbio quella subita in Germania, tra il 1933 e il 1945. La filosofia razzista del nazismo riteneva gli ebrei una razza inferiore e li faceva responsabili di tutte le disgrazie della Germania e del mondo per cui dovevano essere eliminati. Durante la dittatura nazista gli ebrei sterminati furono sei milioni. Fino a quel momento, essi si erano integrati nella vita culturale mitteleuropea, a cui avevano significativamente contribuito con l'opera di artisti, registi cinematografici, scrittori e scienziati. Giornali e libri, film e testi teatrali venivano pubblicati in yiddish, una lingua per molti aspetti affine al tedesco medievale, fortemente caratterizzata da elementi ebraici.

Anche senza una vera e propria forma di persecuzione diretta gli ebrei vennero spesso emarginati dalla società. Fu loro imposto di modificare il proprio nome per renderlo immediatamente riconoscibile, e furono confinati in particolari quartieri della città, i *ghetti*. Al tempo in cui l'agricoltura era la loro unica fonte di sostentamento, non potevano possedere terra, e per questa ragione prosperarono come mercanti. Al contrario di cristiani e musulmani potevano prestare denaro a interesse, e molti di loro divennero potenti banchieri.

L'attesa del Messia e il sionismo

Per mille anni gli ebrei hanno atteso il Messia, che avrebbe creato un regno di pace sulla Terra. Le premesse storiche per queste aspettative risalgono al tempo dello splendore di Israele sotto Davide, quando il re veniva unto e consacrato al momento dell'insediamento. Messia infatti significa letteralmente "colui che è stato unto". Fin dai tempi della cattività babilonese gli ebrei hanno nutrito la speranza e la fede nella venuta di un Messia, un nuovo re della stirpe di Davide. Questo re ideale avrebbe dovuto ristabilire la potenza di Israele e garantire un futuro felice alla popolazione.

Anche oggi rimane viva tra gli ebrei la speranza nella venuta del Messia. Ma non tutti concepiscono il Messia come una persona. Molti parlano piuttosto di un tempo messianico, cioè una condizione di pace sulla terra, in cui Israele è destinato a occupare una posizione di eminenza. Alcuni ebrei sostengono perciò che la creazione dello Stato di Israele nel 1948 abbia esaudito le aspettative del Messia tramandate di generazione in generazione.

Lo Stato di Israele fu creato al termine di un processo iniziato alla fine dell'Ottocento, quando tra gli ebrei si cominciò a considerare la possibilità di far ritorno alla vecchia patria. Questa prospettiva concretizzava l'antica aspirazione che si rinnova ad ogni Pasqua: «L'anno prossimo a Gerusalemme». Lo scrittore Theodor Herzl (1860-1904), in un libro intitolato *Lo stato ebraico*, sottolineò come integrazione e assimilazione non avessero posto fine alle persecuzioni degli ebrei e proponeva quindi come unica alternativa la creazione di un proprio Stato. Questo concetto fu ribattezzato *sionismo*, dal nome della montagna su cui sorge Gerusalemme, Sion appunto.

A quel tempo vivevano in Palestina soltanto venticinquemila ebrei, ma in seguito iniziò una grande ondata immigratoria, soprattutto di ebrei russi. Il progetto di uno Stato ebreo languiva, anche a causa della dominazione coloniale inglese della Palestina. Tuttavia, le persecuzioni naziste durante la Seconda guerra mondiale, dimostrarono la necessità di una terra in cui gli ebrei potessero sentirsi a casa e al sicuro. Nel 1948 fu proclamata la nuova repubblica di Israele. Molti sionisti aspiravano ad uno Stato laico, in contrasto con gli ebrei ortodossi convinti che ciò equivalesse a farsi carico del ruolo che spettava al Messia e invocavano invece uno Stato basato sulla religione ebraica. Questa seconda linea finì per prevalere, ma la disputa sul grado di influenza che la religione dovrebbe (o non dovrebbe) avere nella vita sociale in Israele è tuttora in corso.

Il nuovo Stato è vissuto e vive in costante conflitto con il mondo arabo, da quando tutti i palestinesi, al momento della costituzione di Israele, sono dovuti andarsene. In seguito, Israele ha accolto immigranti ebrei provenienti da tutto il mondo.

Le sacre scritture

Il libro sacro degli ebrei è la Bibbia, una raccolta di scritti di natura storica, letteraria e religiosa. Il contenuto della Bibbia ebraica corrisponde all'Antico Testamento nella Bibbia cristiana, ma la suddivisione presenta alcune differenze. Il canone ebraico fu stabilito da un sinodo a Javne intorno all'anno 100 a.C. In totale comprende ventiquattro scritti, divisi in tre gruppi:

La legge *(Torah)*: i cinque Libri di Mosè

I profeti *(Nebiim)*: libri storici e profetici
Le scritture *(Ketubim)*: i libri rimanenti

Se si uniscono le iniziali dei nomi ebraici di queste tre parti, si ottiene la parola *Tanak*, la comune designazione ebraica della Bibbia. La parola Bibbia deriva in realtà da un termine greco che significa "libri", ma è usata allo stesso modo da ebrei e cristiani.

La legge

I cinque Libri di Mosè sono stati considerati come un tutt'uno fin dal tempo di Gesù e questi testi furono chiamati "Legge" in quanto contenevano le norme giuridiche e morali e le regole relative al culto. Trattano della scelta e dell'educazione di un popolo speciale ad opera di Dio: il popolo d'Israele. Le ripartizioni dei cinque Libri di Mosè sono dovute alla traduzione greca del testo di base ebraico compiuta intorno al 200 a.C.

Non è stato un solo autore a scrivere i cinque Libri di Mosè. I numerosi racconti che li compongono sono stati tramandati oralmente per molto tempo, e poi trascritti nell'arco di un lungo periodo. L'intero processo si è concluso intorno al 400 a.C.

I libri storici e profetici

Caratteristica di questi testi è la concezione degli avvenimenti politici come espressione del rapporto tra Dio e il popolo di Israele, a seconda delle varie circostanze. L'intera storia di Israele viene descritta come regolata dalla legge del contrappasso: l'obbedienza al volere di Dio comporta benedizione, la disobbedienza e l'apostasia provocano condanna e infelicità. In questi libri si può quindi trovare la giustificazione sia della distruzione del Tempio di Gerusalemme sia della deportazione a Babilonia. In questo gruppo di testi si trova la narrazione delle sorti del popolo dallo stanziamento nella terra di Canaan (1200 a.C. circa) fino alla cattività babilonese. Nel panorama mondiale, questi libri rappresentano l'esempio più antico del loro genere: sono stati scritti molto prima della nascita dei concetti di storiografia e dello studio delle fonti.

L'intento dei libri storici dell'Antico Testamento, infatti, non era quello di registrare gli avvenimenti per conservarne la testimonianza storica, ma piuttosto quello di fornire un'interpretazione religiosa della storia.

Due dei libri storici hanno per protagoniste due donne e perciò sono indicati con il loro nome: il *Libro di Rut* e il *Libro di Ester*.

I libri profetici sono quelli di Isaia, Ezechiele e quelli relativi ai "dodici profeti minori".

I profeti, secondo le loro stesse affermazioni, erano chiamati da Dio ad annunciare al Popolo eletto il suo volere e spesso premettevano alle proprie dichiarazioni la formula «Parola di Yahaveh».

Quando un messaggero doveva trasmettere un messaggio, per esempio da parte di un re, cominciava in questo modo: «Parola del re», per cui risultava chiaro che non parlava di propria iniziativa. In un certo senso, una simile formula corrisponde alla firma o al timbro sulla nostra corrispondenza. Allo stesso modo i profeti ritenevano di essere inviati da Dio per trasmettere la sua volontà agli uomini. Se questi non avessero adempiuto al suo ordine, la giustizia divina li avrebbe puniti. Proprio per questo, i profeti erano spesso chiamati "profeti del giudizio".

Numerosi profeti si batterono in effetti più per il trionfo della giustizia e degli ideali etici che per il culto del sacrificio. «A che mi servono tanti vostri sacrifici?» dice il Signore. «Sono sazio d'olocausti di montoni e del grasso dei giovenchi; il sangue di tori, agnelli e capri non lo gradisco... cessate dal presentare vuote offerte: l'incenso lo abbomino! Novilunio, sabato, sacra adunanza, non le sopporto più, né digiuno o solennità... Smettete dal fare il male, imparate a fare il bene (Isaia, 1).

Oltre ai profeti del giudizio esiste un altro gruppo di profeti, cosiddetti "della salvezza", che con parole di consolazione annunciano che Dio salverà una parte del popolo dal giudizio e dalla distruzione, e invierà un principe o un re salvatore della stirpe di Davide, un Messia, che risolleverà la potenza di

Israele e donerà al suo popolo un futuro di felicità. Le profezie di salvezza sono contenute soprattutto nei capitoli 7, 9 e 11 del libro di Isaia: «Il popolo che cammina nell'oscurità vede una grande luce; e su coloro che abitano la terra delle ombre, la luce risplende».

Un terzo tipo di "profezia" è costituito dal discorso ammonitorio, che rappresenta una via di mezzo tra i due tipi già descritti. In questo caso i profeti dichiarano che l'uomo può raggiungere la salvezza solo se si rivolge a Dio e vive secondo la sua volontà: «Cercate il bene e non il male, se volete vivere, e così il Signore, Dio degli eserciti, sia con voi, come voi dite. Odiate il male e amate il bene e ristabilite nei tribunali il diritto; forse il Signore, Dio degli eserciti, avrà pietà del resto di Giuseppe» (Amos 5,14-15).

Gli scritti poetici

Il Libro dei salmi è, tra gli scritti poetici del Vecchio Testamento, un testo di particolare rilevanza. La maggior parte dei salmi (in tutto centocinquanta) risale al periodo dei re, cioè antecedente alla distruzione di Gerusalemme del 587 a.C. Essi venivano utilizzati principalmente in occasione delle cerimonie o delle feste celebrate nel Tempio di Gerusalemme. Vi sono tuttavia anche salmi adatti alla recita personale. In base al contenuto, possiamo distinguere tipi diversi di salmi: i più importanti sono i canti di lode, le lamentazioni e i canti di ringraziamento.

Circa la metà dei salmi è attribuita a Davide, ma non è certo che ne sia stato l'autore effettivo poiché la composizione di molti canti risale ad una data chiaramente posteriore. Non è comunque improbabile che alcuni dei salmi più antichi siano stati scritti proprio da lui.

Il Libro di Giobbe è considerato una delle perle della letteratura mondiale. Nel testo si dibatte, con toni drammatici e una precisa struttura narrativa, la questione del significato della sofferenza e della giustizia divina. Giobbe è un uomo giusto e timorato di Dio, e Satana ottiene il permesso di metterlo alla prova. Gli viene sottratto tutto ciò che possiede e l'intera sua vita va in rovina. Giobbe accusa Dio della propria sventura: perché proprio lui, uomo giusto e pio, merita un destino tanto amaro? Dio gli risponde che l'uomo non può e non deve opporsi alla volontà del suo creatore, perché non può vantare alcun diritto nei suoi confronti. In conclusione, Giobbe accetta il proprio destino e si sottomette a Dio: dunque è Dio e non Satana a vincere la "scommessa". E alla fine, a Giobbe verrà restituito tutto ciò che gli era stato tolto, anzi, "il doppio di prima".

Il Cantico dei cantici è una raccolta di poesie sull'amore tra uomo e donna, spesso interpretato come metafora del rapporto tra Dio e Israele.

Una posizione di rilievo occupa la più recente delle scritture, il Libro di Daniele, composta intorno al 165 a.C. Il libro fa parte della letteratura *apocalittica* tipica del tempo. (Apocalittico deriva da una parola greca che significa "rivelare" o "manifestare"; la letteratura così definita intende infatti rivelare o manifestare le intenzioni di Dio riguardo alla sorte del mondo).

Il Talmud – L'"apparato critico" della legge

Accanto alla Torah, vi sono anche regole e comandamenti tramandati in forma orale. Secondo la tradizione ebraica, Mosè, sul Sinai, non ricevette da Dio soltanto la "dottrina scritta", ma anche la "dottrina orale". Quest'ultima, secondo una precisa proibizione, non poteva essere messa per iscritto in quanto essa doveva adattarsi alle condizioni di vita delle diverse epoche della storia di Israele. Tuttavia, dopo che gli ebrei si furono sparsi per il mondo, sorse il timore che la dottrina orale potesse andare perduta. Così, nel secolo successivo alla distruzione di Gerusalemme, fu deciso di fissarla in forma scritta. Questo testo è chiamato *Talmud*, una parola ebraica che significa "studio". Il *Talmud* contiene leggi, regole, considerazioni giuridiche, commentari, precetti morali, ma anche racconti e leggende che rimettono in discussione tutto. È dunque importante sottolineare che il *Talmud* non è soltanto un trattato, ma anche un testo che i rabbini usano nel loro insegnamento e per affrontare le circostanze della vita reale.

Dottrina religiosa

La professione di fede ebraica suona così: «Ascolta, Israele! Il Signore è il nostro Dio, il Signore è uno solo» (Deuteronomio 6,4). Essa viene recitata dagli ebrei osservanti la mattina e la sera.

Questa formula enfatizza il monoteismo ebraico. Esiste un solo Dio, onnipresente e onnisciente, signore e re del mondo, da cui tutto dipende. Egli è il Dio che incute timore, il giusto giudice che punisce i disobbedienti e premia gli obbedienti; ma è anche il Dio che sa essere misericordioso e amorevole nei confronti del suo popolo. In ebraico il termine "misericordioso" rimanda ad un sentimento materno, perché Dio può, come una buona madre, temperare la giustizia con la pietà.

Il termine ebraico per indicare Dio è Yahweh, e tale nome è così sacro da non potersi pronunciare. Al suo posto si usa solitamente il termine "Signore" (in ebraico si usano le quattro lettere YHWH, senza alcuna indicazione di pronuncia; ai Samaritani si deve la conservazione della pronuncia Yahweh, mentre Jehowah risale ad epoca medievale). Yahweh è colui che ha creato e mantiene l'ordine nel mondo. È inconcepibile per un ebreo negare l'esistenza di Dio. Dice Ela Wiesel, vincitore del premio Nobel: «Si può essere *con* Dio, si può essere *contro* Dio, ma non si può essere *senza* Dio».

Ogni momento della vita dell'uomo deve essere ispirato al principio che Dio è uno e unico. Quindi per un ebreo non c'è alcuna distinzione tra un settore sacro e uno profano; il compito principale dell'uomo su questa terra è quello di adempiere ai propri doveri verso Dio e il prossimo.

La sinagoga e lo shabbath

Nella sinagoga non ci sono immagini religiose o pale d'altare, come conseguenza del divieto (il secondo comandamento) di raffigurare Dio. Rilievo di centrale importanza assume quindi in una sinagoga ebraica l'arca o custodia della Torah, situata sulla parete orientale in direzione di Gerusalemme, dove appunto si conservano i rotoli della Torah. In segno di rispetto essi sono spesso avvolti nella seta o in altre stoffe pregiate e decorate. Di fronte all'arca arde ininterrottamente una lampada.

La lettura della Torah ha luogo in maniera solenne durante la funzione religiosa del sabato mattina nella sinagoga: l'arca viene aperta, il rotolo portato attraverso la sala fino al pulpito; e qui viene letto un brano del testo in ebraico. Passi dalla Torah sono letti anche di giovedì e di lunedì, in modo che, nel corso di un anno, sia completata la lettura dell'intero testo.

La funzione religiosa consiste anche in preghiere, salmi e benedizioni che il fedele può seguire su un proprio libro, il *Siddur*. La preghiera più importante è la preghiera delle Diciotto Benedizioni che vanta una tradizione di duemila anni. Altro momento centrale è la professione di fede, *shema*.

Sebbene la funzione sia guidata da un cantore, che è un semplice fedele, la preghiera e l'insegnamento della dottrina sono invece riservati ai rabbini e agli scribi con una profonda erudizione scelti dalle singole comunità.

La cerimonia della preghiera nella sinagoga può svolgersi per tre volte ogni giorno, a condizione che siano presenti almeno dieci adulti (si diventa adulti con la cerimonia *bar mitzwah* all'età di tredici anni). Le donne non hanno alcun ruolo attivo nella funzione religiosa, e nelle comunità ortodosse siedono separate dagli uomini, spesso in una galleria assieme ai bambini.

Le tre preghiere quotidiane si possono recitare anche in casa. In una casa ebraica la religione occupa un posto rilevante e le donne hanno una funzione più attiva, soprattutto in occasione dello *shabbath* e delle grandi solennità.

Lo shabbath dura dal tramonto del venerdì al tramonto del sabato in ricordo del giorno, il settimo, in cui Dio si riposò dopo aver creato, nei sei precedenti, il mondo. Allora anche lo shabbath celebra settimanalmente la vita che si rinnova ed è la festa della casa e della famiglia. La padrona di casa, che ha un'importanza decisiva nella conservazione delle tradizioni ebraiche, benedice e accende le candele dello shabbath sulla tavola imbandita. Il padrone di casa benedice il vino e taglia il pane dello shabbath. La condivisione del cibo è sacra e ha un grande significato per la coesione interna della famiglia ebrea.

Il ciclo della vita

Gli ebrei hanno conservato riti molto antichi per celebrare le più importanti tappe della vita: nascita, aggregazione alla comunità, matrimonio e sepoltura.

Circoncisione

Otto giorni dopo la nascita i bambini maschi vengono circoncisi, così come è prescritto dalla Torah: «Farete tagliare il prepuzio, e questo sarà il segno del patto tra me e voi. Generazione dopo generazione, ogni vostro figlio maschio sarà circonciso all'età di otto giorni». La circoncisione è eseguita da specialisti autorizzati. Il neonato ha un padrino e una madrina, che lo consegnano al padre. Questi lo tiene in braccio durante la cerimonia mentre si recitano le preghiere e nel momento dell'imposizione formale del nome. Si tratta di una cerimonia religiosa solenne e festosa che spesso si conclude con un banchetto.

Anche alle femmine viene imposto il nome nella sinagoga a una settimana dalla nascita. In questa occasione il padre è chiamato di fronte alla Torah e recita una preghiera per la madre e per la figlia.

Bar mitzwah e bat mitzwah

All'età di tredici anni un ragazzino ebreo diventa un *bar mitzwah*, espressione ebraica che significa "figlio del precetto". La cerimonia ha luogo nella sinagoga lo shabbath successivo al compimento del tredicesimo anno. Nel corso dei dodici mesi precedenti, il ragazzo è stato allievo di un rabbino o di uno scriba e ha appreso le regole e le leggi ebraiche. Ha imparato inoltre il testo della Torah che si riferisce allo shabbath attuale e durante la cerimonia egli deve cantarlo in piedi di fronte alla comunità. Questo gli permette di diventare un membro della comunità a tutti gli effetti, con la responsabilità che ne consegue. Dopo la cerimonia si festeggia solitamente con parenti e amici.

Una ragazzina diviene automaticamente una *bat mitzwah*, "figlia del precetto", quando compie dodici anni. In occasione della cerimonia, è usanza studiare alcune parole da recitare al momento dell'inno di lode (*qiddushen*) dopo la funzione religiosa. All'età di quindici anni alle ragazze ebree vengono impartite lezioni sulla storia e le tradizioni ebraiche, soprattutto per quanto riguarda le prescrizioni relative al cibo al quale è compito della donna provvedere.

Matrimonio

L'Ebraismo assegna alla famiglia un ruolo speciale, poiché è all'interno di essa che gli ebrei ricevono i primi rudimenti d'istruzione e il senso della propria identità. Il matrimonio è considerato come modello ideale di vita, istituito da Dio, e unica forma permessa di convivenza. Un ebreo è tenuto a sposarsi con un appartenente alla stessa religione, ma il matrimonio misto sta diventando sempre più comune, causando alcuni problemi all'interno delle comunità ebraiche.

Qualche giorno prima della celebrazione del matrimonio, la donna deve fare un bagno rituale. Il giorno della cerimonia, poi, i futuri sposi restano a digiuno fino alla conclusione di essa. Il rito può avere luogo ovunque, ma normalmente avviene nella sinagoga, sotto un baldacchino (*chuppah*) che simboleggia il cielo. Di solito officiante è il rabbino che poi dà lettura delle benedizioni. Gli sposi bevono del vino dallo stesso bicchiere, a significare che tutti i fardelli della vita verranno condivisi in egual misura. Quindi lo sposo infila l'anello al dito della sposa dicendo in ebraico: «Con questo anello mi sei consacrata secondo la legge di Mosè e di Israele».

A questo punto si legge la *ketubbah* e la si consegna alla sposa. La ketubbah è un contratto di matrimonio che sancisce i doveri dell'uomo nei confronti della donna, firmato dallo sposo prima della cerimonia.

Quello che ha avuto luogo fino a questo momento è in realtà un fidanzamento, ma è tradizione che sia incluso nei riti del matrimonio. Il matrimonio vero e proprio è celebrato nel momento in cui, data lettura di sette speciali benedizioni, la coppia beve un altro sorso di vino e lo sposo infrange il bicchiere in ricordo della distruzione del tempio. Dopo la consacrazione, gli sposi sono condotti in una stanza appartata dove possono rompere il digiuno e rimanere soli. Nelle comunità strettamente ortodosse, questa è la prima volta che la coppia viene lasciata sola. Solitamente alla cerimonia del matrimonio segue una grande festa.

Il divorzio è consentito, anche se, per essere valido, deve essere riconosciuto da un tribunale ebraico e confermato da un attestato di divorzio che l'uomo consegna alla donna.

Riti funebri

La sepoltura deve aver luogo il più presto possibile, per motivi igienici. La cremazione non è permessa. Il defunto è lavato e rivestito di un abito bianco, dopodiché viene deposto in una semplice cassa di legno. Gli uomini vengono avvolti nel loro scialle di preghiera.

Non sono ammessi né fiori né musica durante la cerimonia, che è officiata dal cantore. Questi getta tre palate di terra sulla cassa, mentre dice: «Il Signore ha dato e il Signore ha tolto, benedetto sia il nome del Signore». Il rabbino tiene un discorso di commemorazione, mentre il figlio o il più prossimo parente maschio legge un inno di lode: la preghiera *qaddish.* Dopo il funerale la famiglia osserva una settimana di lutto. Ogni anno, nell'anniversario della morte, i parenti più stretti accendono una candela sulla tomba e leggono la preghiera qaddish.

Gli ebrei hanno una grande cura dei loro cimiteri dove riposano i morti in attesa del giorno della risurrezione.

Le solennità annuali

Le solennità ebraiche sono legate al calendario ebraico e spesso hanno una motivazione storica. Il computo del tempo comincia con la creazione del mondo, che secondo la nostra cronologia equivale al 5 ottobre del 3761 a.C. Il calendario ebraico è costruito sull'anno lunare e si compone di dodici mesi con ventinove o trenta giorni, per un totale di trecentocinquantaquattro giorni. Nell'arco di diciannove anni, per stare al passo con l'anno solare, viene inserito, per sette volte, un mese aggiuntivo. In conseguenza di ciò le date delle feste cambiano di anno in anno, come la Pasqua cristiana. Tre delle solennità sono feste che si ispirano al pellegrinaggio e che affondano le loro radici nella storia di Israele. Nei tempi antichi, tutti i maschi dovevano recarsi al tempio di Gerusalemme con le proprie offerte. Altre festività si ispirano a eventi storici.

Capodanno (*Rost Hashanah*). La festa di Capodanno ha luogo in settembre/ottobre. Un mese prima, tutti gli ebrei si sforzano di osservare con estremo rigore i doveri religiosi e di dedicarsi alla beneficenza. Scopo della festa è ripensare alle proprie azioni, promettere di migliorarle e fare penitenza. Ma con il Capodanno si festeggia anche Dio come creatore e re. La funzione religiosa in questa occasione consiste in preghiere nelle quali è preminente l'aspetto penitenziale. Durante il rituale, che si svolge nella sinagoga, si soffia in un corno di capro. Il corno simboleggia l'animale che Abramo sacrificò al posto di Isacco e sta a ricordare la bontà di Dio. Nelle case si organizza un grande pranzo con numerose pietanze ricche di valore simbolico, tra le quali mele tuffate nel miele che si mangiano augurandosi a vicenda «un anno buono e dolce».

Il giorno della riconciliazione (*Yom Kippur*) conclude il periodo di penitenza di dieci giorni che contraddistingue l'inizio del nuovo anno. In origine la festa della riconciliazione era il giorno dell'anno in cui il Gran Sacerdote entrava nella sala più sacra del tempio dopo aver sacrificato un capro in segno di espiazione per i peccati del popolo. Oggi i credenti riconoscono i propri peccati nella sinagoga e chiedono il perdono di Dio dopo essersi a loro volta riconciliati gli uni con gli altri. La cerimonia si conclude con il suono del corno e il saluto «l'anno prossimo a Gerusalemme». Per gli ebrei questa è la solennità più importante e quella che tocca maggiormente la sfera personale.

La festa delle capanne (*Sukkoth*) cade a soli cinque giorni di distanza dal giorno della riconciliazione e dura una settimana. Per l'occasione si costruiscono capanne di foglie e frasche nei giardini o presso la sinagoga: si vuole così ricordare i rifugi approntati dagli ebrei durante il pellegrinaggio nel deserto, e la bontà dimostrata allora da Dio nei loro confronti; ma la festa è anche un gioioso ringraziamento per il raccolto dell'autunno. Con l'ultimo giorno si conclude la lettura annuale della Torah e si ricomincia da capo con il primo Libro di Mosè. I rotoli della Torah si estraggono dalla custodia e si portano in festosa processione.

La festa della consacrazione del tempio (*Chanukkah*) si celebra in novembre/dicembre e dura otto giorni, durante i quali si accende quotidianamente una candela in uno degli otto bracci del candelabro *chanukkah.* La festa commemora la consacrazione del tempio a Gerusalemme avvenuta nel 165 a.C. In quell'epoca Gerusalemme si trovava ancora sotto il giogo dei siriani, che profanavano i templi e ostacolavano la religione ebraica. Questa solennità ha caratteristiche simili al Natale cristiano. Si scambiano doni, ed è una festa che coinvolge soprattutto i bambini.

La festa della Pasqua (in ebraico *Pesach,* significa "passaggio"). La Pesach si festeggia in marzo/aprile e ricorda la fuga degli ebrei dall'Egitto dopo che Dio aveva inflitto la decima piaga agli egiziani che tenevano schiavo il suo popolo. In quell'occasione l'angelo mandato da Dio a far morire i primogeniti degli egiziani aveva risparmiato le case abitate dagli ebrei, passando oltre. In occasione di questa solennità, in casa si fanno grandi pulizie, si usa un particolare servizio di piatti e argenteria, e non si può mangiare o bere nulla che contenga mais o farina lievitati. La Pasqua è spesso denominata anche "festa del pane azzimo", per ricordare come gli ebrei fuggiti dall'Egitto non avessero avuto il tempo di far lievitare la pasta. Durante gli otto giorni della Pasqua si mangia solo pane non lievitato, o *matzah.*

Quando la famiglia è seduta attorno al tavolo per la cena pasquale, uno dei bambini chiede: «Perché questa sera è così diversa da tutte le altre?» e il padre racconta della fuga dall'Egitto e degli ebrei che divennero un solo popolo.

Il pasto pasquale si chiama *seder,* termine ebraico che significa ordine, e segue un preciso rituale di pietanze fisse con valenza simbolica: il prezzemolo immerso in una ciotola d'acqua salata, simbolo delle lacrime degli ebrei in Egitto; erbe amare che ricordano la dura schiavitù sotto il faraone; una mistura di mele, noci, vino e miele simboleggia l'impasto d'argilla usato per i lavori di muratura. Un cosciotto d'agnello arrosto è la vera e propria offerta pasquale; uova sode rappresentano il sacrificio per la festa nel tempio. Infine si beve vino, simbolo della gioia.

La festa delle settimane o Pentecoste ebraica (*Shavout*) si celebra in maggio/giugno, a ricordo della Rivelazione della legge sul Sinai. Nella sinagoga viene data lettura dei Dieci comandamenti e del Libro di Rut. L'azione nel Libro di Rut si svolge durante la mietitura del frumento, e nell'antico Israele i pellegrini usavano recarsi al Tempio con ceste ricolme dei frutti del primo raccolto. Oggi si usa allestire decorazioni di fiori e frasche a ricordo della vegetazione che cresceva sul Sinai. Il pasto consiste principalmente di frutta, pesce e piatti leggeri a base di latte, come torte di formaggio e omelette. L'origine di tale usanza risale al momento in cui gli ebrei, sul Sinai, dopo aver ricevuto la Torah, che proibiva di mangiare allo stesso tempo carne e latticini, scelsero di astenersi dalla carne.

ISLAM

COSA SIGNIFICA LA PAROLA ISLAM?

L'Islam nasce in Arabia ed è tuttora strettamente connesso alla cultura araba, anche se soltanto una minoranza dei musulmani d'oggi sono arabi. Uno dei motivi di tale legame è che il testo sacro dei musulmani, il Corano, è scritto in arabo.

L'Islam è diffuso in vaste regioni dell'Asia e dell'Africa, e ne fa parte un settimo della popolazione mondiale. È la seconda religione del mondo, dopo il Cristianesimo, e in Europa, a causa delle grandi ondate immigratorie è la più diffusa delle religioni minori.

La parola araba *islam* significa sottomissione o abbandono, termine che enuclea un tratto essenziale della religione stessa: l'uomo deve rimettersi completamente nelle mani di Dio e sottomettersi al suo volere in tutti i settori o attività della vita. Solo così si può essere *musulmani*, una parola araba con la stessa radice di *islam*.

L'Islam non riguarda solamente la fede e la sfera religiosa, ma domina tutti i settori della vita privata e sociale. La questione della fede in fondo ha minore importanza che nel Cristianesimo; mentre, nella storia dell'Islam, l'interpretazione della legge ha sempre occupato un ruolo preponderante. Nella maggior parte dei paesi islamici sono i giuristi a detenere la leadership religiosa. Non vi è una struttura clericale organizzata.

Tre sono gli aspetti da prendere in considerazione per spiegare l'Islam:

* La dottrina della fede (monoteismo e rivelazione)
* I doveri religiosi (i cinque pilastri)

* I rapporti tra gli uomini (etica e politica).

Ma prima di esaminare questi aspetti basilari, occorre raccontare qualcosa del fondatore dell'Islam: Maometto.

MAOMETTO

Nel mondo occidentale, l'Islam è stato per lungo tempo chiamato Maomettanesimo, per il ruolo fondamentale svolto dal profeta Maometto all'interno di questa religione.

L'origine dell'Islam, la più giovane delle religioni mondiali, si può dunque far risalire a Maometto, che nacque in Arabia, nella città della Mecca, attorno al 570 d.C. Apparteneva a una delle famiglie più in vista nella fiorente città mercantile, importante nodo commerciale nel traffico delle carovane nella penisola arabica, e rimase ben presto orfano di entrambi i genitori. Fu preso sotto tutela da uno zio, Abu Talib, figura che influenzò in modo significativo la vita del giovane nipote. Grazie allo zio, Maometto venne assunto come capocarovana dalla ricca vedova di un mercante, Kadigia, di quindici anni più anziana di lui, con la quale in seguito si sposò. Quando Maometto espose le sue rivelazioni, Kadigia divenne la sua prima discepola, e contribuì attivamente allo sviluppo del percorso religioso del marito. Maometto non ebbe altre mogli.

Le basi religiose di Maometto

La Mecca non era soltanto un importante centro commerciale, ma anche religioso. La pietra nera che vi era custodita era una reliquia sacra anche per le tribù nomadi che vivevano fuori delle sue mura. E già molto tempo prima di Maometto la città era stata meta di pellegrinaggi. Ma sia in città sia tra le tribù dei beduini si era diffuso il culto di dèi ed entità sovrannaturali. Spesso si trattava di divinità tribali, poiché la tribù e la discendenza erano alla base del sistema di vita nomade. Non vi era alcuna legge al di fuori delle antiche usanze della tribù: chi le infrangeva, veniva espulso e dichiarato fuorilegge.

La coesione delle tribù dipendeva da legami di sangue. Se

uno dei suoi membri veniva ucciso, la discendenza della tribù subiva una perdita che andava compensata. Si perpetravano quindi vendette cruente, che costituivano il motivo di aspre faide tra beduini.

Quando nelle comunità si attenuò il nomadismo a favore di una maggiore sedentarietà, in molti luoghi questi aspetti della tradizione si indebolirono, mentre cresceva l'influenza delle due grandi religioni, Ebraismo e Cristianesimo. Maometto abbracciò con il monoteismo la concezione della fine del mondo e di un giudizio universale.

Dopo la caduta di Gerusalemme e la distruzione del tempio nell'anno 70 d.C. gli ebrei si erano stabiliti in tutta l'Arabia, e si erano gradualmente assuefatti alla lingua e allo stile di vita arabo pur conservando la propria fede e il culto di Mosè.

Anche il Cristianesimo nei primi secoli dell'era cristiana, si era diffuso rapidamente in tutto il Vicino Oriente e aveva dato origine a stati di fede cristiana come l'Abissinia (oggi Etiopia). Anche molte tribù di beduini si convertirono al Cristianesimo che, alla Mecca, attecchiva soprattutto tra gli schiavi e le classi più basse della società.

Ciò che forse influenzò maggiormente Maometto furono i monaci e gli eremiti cristiani, che vivevano in totale solitudine nella vastità del deserto arabo. Il Corano ha parole di lode per questi cristiani, che attribuivano più importanza alle preghiere che al commercio e che aiutavano i viaggiatori nel deserto con amore e umiltà.

Un simile substrato religioso in Arabia è importante per la comprensione del successivo sviluppo dell'Islam.

Dio si rivela a Maometto

Maometto ogni anno si ritirava in una grotta fuori della città per meditare. Era una consuetudine invalsa anche tra i monaci e gli eremiti cristiani, ma mentre questi per la propria meditazione potevano servirsi di un testo, o di un brano tratto dai Vangeli, Maometto non disponeva di testi scritti. Poi all'età di quarant'anni, mentre meditava ebbe una visione: gli apparve l'arcangelo Gabriele con un rotolo di pergamena, e lo invitò a leggere. Maometto rispose di non saper leggere, e l'angelo disse:

> Leggi nel nome del tuo Signore!
> Colui che creò,
> Creò gli uomini da un grumo di sangue,
> Leggi! Il tuo Signore è il misericordioso
> Che insegnò con l'aiuto della penna,
> Insegnò all'uomo ciò che egli non
> Sapeva.

La parola *leggi!* in arabo ha la stessa radice di *corano* che significa lettura o declamazione. Il Corano è la raccolta delle rivelazioni ricevute da Maometto nel corso degli anni successivi. E quindi, anche i musulmani come gli ebrei e i cristiani hanno un testo sacro di ispirazione divina. Il Corano fu trascritto per la prima volta dopo la morte di Maometto. I 114 capitoli (sure) che costituiscono il Corano, nella loro stesura definitiva non sono stati disposti in ordine cronologico ma in ordine di lunghezza: dai più lunghi ai più corti. Fa eccezione a questa regola la sura che apre il Corano.

Dalla Mecca a Medina

Dopo la rivelazione, Maometto cominciò a predicare alla Mecca. Tuttavia, il suo definirsi profeta o inviato di Dio fu interpretato dalle famiglie influenti come un tentativo di impadronirsi del potere politico della città. Inoltre le autorità reagirono con sdegno alla concezione di Allah come unico e vero Dio. Sbarazzarsi degli antichi dèi e dee venerati dagli antenati suonava come un'accusa di paganesimo agli antenati stessi.

L'opposizione a Maometto andava crescendo. Dopo la morte dello zio e della moglie, alla Mecca la situazione per il profeta e i suoi discepoli divenne sempre più difficile, mentre i numerosi adepti della città di Medina si dichiararono pronti ad accoglierlo presso di loro. Nell'anno 622 il profeta abbandonò la Mecca in tutta segretezza e, qualche giorno più tardi, giunse a Medina, dove si era già radunata la maggior parte dei suoi discepoli.

L'"emigrazione" di Maometto fu chiamata in arabo *higira*, che significa infrazione alla legge o partenza. Il profeta aveva spezzato il legame con la comunità alla quale in origine apparteneva, con i parenti e con la città natale. Non si trattò di una fuga: fu considerato come il gesto compiuto da Abramo quando, su esortazione di Dio, lasciò la sua dimora di Ur, in Mesopotamia.

Maometto come leader religioso e politico

A Medina Maometto divenne presto un leader non solo religioso ma anche politico. Gli assalti alle carovane dirette alla Mecca gli procurarono una solida base economica. Allo stesso tempo però lottava anche per la conquista del potere alla Mecca, e quindi per l'accesso al santuario della Ka'ba. Era anche una battaglia per diffondere la nuova religione; il termine che designa questa lotta è lo stesso che più tardi venne usato per designare la guerra santa (*jihad*). La guerra in nome di Allah era più importante di qualsiasi altro principio morale e religioso.

Nel corso dei dieci anni successivi Maometto conquistò la Mecca e, con la guerra o con azioni diplomatiche, riunì sotto il suo potere vaste regioni dell'Arabia. Prima della sua morte, avvenuta nel 632, aveva unificato il paese in un solo vasto regno sulla base di vingoli religiosi che erano divenuti più importanti degli antichi legami di discendenza e di tribù.

Conflitti interni all'Islam dopo Maometto

Dopo la morte di Maometto i musulmani furono governati da *califfi*, o reggenti. I primi tre erano o imparentati con Maometto o facevano parte del gruppo dei suoi primi discepoli; il quarto califfo fu Alí. Era figlio dello zio Abu Talib e quindi cugino di Maometto. Allo stesso tempo ne era anche il genero, in quanto si era sposato con sua figlia Fatima.

Con Alí ebbe inizio la divisione del mondo islamico: il califfo, inviso a molti, fu assassinato dai suoi oppositori. I suoi fautori avevano sostenuto, fin dalla morte di Maometto, che Alí, il parente più prossimo del profeta, ne era il naturale successore. Il partito di Alí, Shi'at Alí, fu responsabile di quella ramificazione dell'Islam che oggi è chiamata *Shi'a*, e che, tra l'altro, è la religione di stato in Iran.

La spaccatura all'interno dell'Islam, dunque, non era dovuta a controversie religiose, ma alla diatriba su chi dovesse detenere il potere. Il ramo *Shi'a* sosteneva che il leader dovesse essere un diretto discendente del profeta, mentre i *Sunniti* che rappresentavano la corrente principale, pensavano che il potere spettasse a chi lo deteneva di fatto.

Dopo la morte di Alí, la sede del califfo restò per un certo periodo a Damasco, poi fu trasferita a Bagdad dove rimase per i successivi cinquecento anni. Infine, quando il capo religioso dell'Islam divenne il sultano turco, la sede fu spostata a Istanbul. Dopo la deposizione dell'ultimo sultano nel 1924 nessun califfo è stato più a capo del mondo arabo.

Diffusione dell'Islam

Nonostante la spaccatura interna, l'Islam si diffuse molto in fretta. Nel secolo successivo alla morte di Maometto, incominciò la decandenza del Regno persiano e dell'Impero bizantino. Ne approfittarono i conquistatori arabi. La loro avanzata si spinse dal nord Africa all'Europa attraverso lo stretto di Gibilterra, e si arrestò a Poitiers in Francia. Per molti secoli gli arabi dominarono la regione meridionale della penisola iberica, l'Andalusia, dove ancora oggi permangono tracce della loro cultura.

Fino ai nostri giorni l'Islam è stata la religione dominante nel nord Africa, nonostante il colonialismo europeo del secolo scorso; da qui l'Islam si è poi diffuso in vaste regioni dell'Africa occidentale e orientale.

L'Islam arrivò anche in Estremo Oriente: in India e in Indonesia. Quando l'ex colonia britannica conquistò l'indipendenza, per evitare i contrasti tra indù e musulmani furono creati due stati separati: l'India prevalentemente induista e il Pakistan prevalentemente musulmano. In seguito il Pakistan orientale è divenuto indipendente con il nome di Bangladesh.

Il mondo dell'Islam è oggi diviso in stati che lottano sia per favorire una maggiore unità tra i paesi islamici, sia per assicurarsi un ruolo di preminenza politica.

Nel corso degli ultimi anni, l'Europa ha accolto un grande flusso di immigrati musulmani dall'Africa e dall'Asia, e l'Islam è a oggi al secondo posto tra le religioni più diffuse nel nostro continente.

Dottrina religiosa

La dottrina religiosa islamica è riassunta nella sintetica professione di fede: «Non c'è altro dio al di fuori di Allah, / E Maometto è il suo profeta».

Monoteismo e rivelazione attraverso Maometto costituiscono l'essenza della fede islamica.

Monoteismo

Quando si dice che il dio dei musulmani è Allah, è importante ricordare che Allah non è un nome proprio, ma il termine arabo per "Dio". Prima di Maometto, cristiani ed ebrei arabi utilizzavano questo termine, che designava anche un dio del cielo adorato nell'Arabia antica.

La parola araba Allah è, da un punto di vista semantico, imparentata al termine ebraico *El*, usato nella Bibbia per definire Dio.

Maometto rifiutò categoricamente il politeismo arabo, e predicò invece la fede in un solo Dio. Dio è creatore e giudice: ha creato il mondo e tutto ciò che esiste e nell'ultimo giorno risveglierà tutti i morti e li giudicherà.

Non vi è alcun divieto nell'Islam di godere le gioie della vita terrena, ma non si deve dimenticare che la fase terrena non è che una preparazione alla vita che comincerà dopo il giudizio di Dio. Questa vita – all'inferno o in paradiso – è descritta in dettaglio nel Corano; se la si debba interpretare in senso letterale o figurato, è una questione aperta e tuttora dibattuta.

La credenza in un giudizio dopo la morte – punto centrale nella predicazione di Maometto – è necessaria, secondo molti musulmani, per sviluppare nell'uomo il senso di responsabilità delle proprie azioni. L'idea di un giudizio sancisce un dovere morale importante per il buon funzionamento della società.

Dio non è però soltanto un giudice onnipotente; è anche amorevole e misericordioso. Le sure nel Corano vengono introdotte con le parole «In nome di Dio, il Clemente, il Misericordioso». Anche se Dio esige la sottomissione, egli è anche colui che perdona e aiuta gli uomini.

Una frase, che viene sempre pronunciata al momento dell'esortazione alla preghiera, è «*Allahu akbar*», «Dio è il più grande» o «Dio è più grande». Ciò implica tra l'altro che Dio è più grande di quello che pensiamo. Il linguaggio umano non può descriverlo; non si può paragonare a nulla, nulla è simile a Lui.

L'uomo non può vantare meriti di fronte a Dio; non può invocare giustizia. Salvezza e fede sono una grazia di Dio in cui è dato solo di sperare.

«Dio è più grande» significa anche che nessuna delle concezioni umane è in grado di spiegarlo e questa argomentazione è spesso usata dai musulmani per chiarire alcune contraddizioni nel Corano.

Rivelazione

Dio ha comunicato la sua parola agli uomini attraverso il suo profeta Maometto. Maometto è stato l'ultimo di una lunga serie di profeti che Dio ha inviato sulla terra: Adamo, Abramo, Mosè, Davide, Gesù. Inizialmente Maometto si considerava appartenente alle tradizioni giudaica e cristiana; in seguito prese le distanze da entrambe. Secondo gli ebrei, la sua interpretazione dei racconti dell'Antico Testamento era errata, e Maometto non poteva accettare una simile accusa. Le sue rivelazioni erano la parola stessa di Dio ed erano quindi gli ebrei ad aver frainteso il contenuto delle Sacre Scritture.

Per creare un fondamento storico alla sua nuova religione, Maometto si rifece ad Abramo e al figlio di lui Ismaele, progenitore degli arabi, e insegnò che Abramo e Ismaele avevano ricostruito il santuario Ka'ba, eretto in origine da Adamo, ma distrutto dal diluvio universale al tempo di Noè. Ebrei, cristiani e politeisti avevano, secondo Maometto, distorto l'originario monoteismo di Abramo.

Quando giunse a Medina – dove si trovava una grossa comunità ebraica – Maometto introdusse la pratica di rivolgersi verso Gerusalemme durante la preghiera. Dopo la rottura con gli ebrei decise invece che i suoi seguaci dovevano pregare rivolti in direzione della Mecca. Infine stabilì che il giorno festivo della settimana dovesse essere il venerdì e non lo *shabbat* ebraico.

L'attacco più duro al Cristianesimo da parte di Maometto riguarda il concetto di Trinità, che il profeta ha considerato come una forma di politeismo.

Per l'Islam, il Corano è la parola di Dio in senso assolutamente letterale. Per illustrare meglio tale concetto, possiamo stabilire un paragone con il Cristianesimo. La nostra religione ci insegna che «Il Verbo si fece carne e prese dimora in mezzo a noi». La Rivelazione avviene con Gesù, è Gesù stesso. Nell'Islam, Maometto è solo un tramite, e la vera Rivelazione è contenuta nel Corano. Cioè nel Cristianesimo la parola di Dio è un uomo, nell'Islam è un libro. Perciò non è del tutto corretto paragonare Gesù a Maometto e la Bibbia con il Corano. È più giusto dire che Gesù è un parallelo del Corano.

I doveri religiosi – I cinque pilastri

I doveri religiosi dei musulmani si riassumono solitamente nei cinque pilastri:

* professione di fede
* preghiera
* digiuno
* elemosina
* pellegrinaggio alla Mecca.

1) Professione di fede

«Non c'è alcun dio all'infuori di Dio, e Maometto è il Suo profeta».

Questa professione di fede viene recitata dal credente più volte al giorno, ed è gridata dai minareti nell'ora della preghiera. È scritta sui muri della moschea. Sono le prime parole che si sussurrano all'orecchio di un bambino appena nato e le ultime che si mormorano a un moribondo. È con questa professione di fede che si entra a far parte della comunità islamica.

2) Preghiera

L'Islam prescrive la preghiera cinque volte al giorno. Prima di ciascuno dei cinque momenti stabiliti nel corso della giornata, dai minareti, le torri che si trovano a fianco delle moschee, giunge l'invito alla preghiera. Un tempo era un uomo, il *muezzìn*, che chiamava i fedeli alla preghiera, mentre oggi l'invito è registrato e diffuso da un altoparlante:

Dio è il più grande.
Io proclamo che non vi è alcun dio all'infuori di Dio.
Io proclamo che Maometto è il profeta di Dio.
Vieni alla preghiera.
Vieni alla salvezza.
Dio è il più grande.
Non vi è alcun dio all'infuori di Dio.

Prima di iniziare a pregare, il fedele deve compiere un rito purificatorio. I musulmani ritengono che le fruizioni biologiche rendono l'uomo impuro – anche quelle sessuali – e che egli debba quindi sottoporsi a purificazione, cioè a un lavaggio completo del corpo in acqua corrente. Nella pratica, di solito basta lavarsi le mani e il viso. Comunque nelle vicinanze di alcune moschee sono predisposti dei bagni. Tali regole nei paesi islamici comportarono di conseguenza una condizione di accurata e scrupolosa igiene.

La preghiera nell'Islam è in primo luogo una preghiera rituale, con formule e gesti rigorosamente prescritti, e che prima di tutto è un inno di lode a Dio. Un elemento invariabile nella preghiera è la recita della sura numero 1:

In nome di Allah, il Clemente, il Misericordioso
La lode [appartiene] ad Allah, Signore dei mondi,
il Clemente, il Misericordioso,
Re del Giorno del Giudizio.

Te noi adoriamo e a Te chiediamo aiuto.
Guidaci sulla retta via,
la via di coloro che hai colmato di grazia, non di coloro che [sono incorsi] nella [Tua] ira,
né degli sviati.

Si possono recitare le cinque preghiere quotidiane in qualsiasi luogo. La maggior parte dei fedeli dispone di speciali tappetini su cui pregare, inginocchiarsi e inchinarsi in direzione della Mecca. I gesti hanno non meno significato delle parole: ribadiscono la sottomissione dell'uomo, *islam*, ed esprimono l'uguale importanza di corpo e anima.

I fedeli, almeno una volta alla settimana dovrebbero pregare insieme, nella moschea, soprattutto la mattina del venerdì, giorno in cui si tiene una funzione religiosa con un sermone. «O voi che credete! Allorché il giorno dell'Adunanza udite l'invito alla preghiera, accorrete alla menzione del nome di Dio e lasciate ogni occupazione. Questo è meglio per voi, se lo sapeste!» (Corano, sura 62,9)

Chi si reca alla moschea deve essere vestito in modo dignitoso, togliersi le scarpe prima di entrare e seguire i gesti del celebrante con ordine e disciplina. Anche il celebrante è rivolto verso la Mecca e gira le spalle ai fedeli.

Abitualmente solo gli uomini pregano nella sala principale della moschea; le donne si riuniscono in un loggione o in un locale nascosto da una tenda, nel fondo della sala.

Qualunque musulmano adulto può essere un celebrante, o *imam*. Anche se nell'Islam non esiste una struttura clericale organizzata, solitamente il celebrante – o predicatore – è una persona con una buona istruzione teologica, spesso impiegato come funzionario nella moschea.

3) *Elemosina*

L'elemosina è in realtà una piccola tassa pari a un quarantesimo, o al 2,5 per cento, del capitale e della proprietà, ma chiunque è libero di donare di più. Secondo Maometto, queste somme devono essere esatte dai ricchi e date ai poveri: «Le donazioni di elemosina sono per i poveri e i bisognosi, per coloro che lavorano assieme ad essi, per coloro il cui cuore deve essere placato, per comprare la libertà di schiavi e debitori, per promuovere la causa di Dio, e per il viaggiatore».

Il termine "elemosina" non esprime bene il senso del termine arabo, poiché si tratta di un atto rituale e di un vero e proprio dovere imposto dal Corano.

Questa tassa, esatta dallo stato islamico e reinvestita in opere sociali, favorisce l'armonia e riduce il divario tra poveri e ricchi senza alterare il principio della proprietà privata.

L'obbligo dell'elemosina ha svolto inoltre in alcuni paesi un ruolo significativo nella formazione di un socialismo islamico.

4) Digiuno

Il Corano proibisce ai musulmani di mangiare carne di maiale perché il maiale è un animale impuro. È proibito anche bere alcool. Peraltro l'Islam non tende ad alcuna forma di ascetismo; al contrario, il Corano dice che «Dio non desidera rendere la vita difficile agli uomini, ma renderla facile». Fa eccezione il digiuno nel *ramadan,* che cade al nono mese dell'anno lunare: tra il sorgere e il tramontare del sole è proibito mangiare, bere, fumare e avere rapporti sessuali. Bambini, viaggiatori, malati, donne incinte o in allattamento dovranno osservare il digiuno in un periodo successivo.

Quando al calar del sole cessa il divieto, molti si scatenano in un'intensa vita notturna e abbondanti cene; altri, invece, si radunano nella moschea a leggere il Corano. Il *ramadan* è il mese in cui Maometto ricevette la prima rivelazione, e la pratica del digiuno rituale dovrebbe favorire in ogni musulmano l'esperienza del sacrificio compiuto da Maometto in quell'occasione.

5) Pellegrinaggio alla Mecca

Per ogni musulmano adulto è un preciso dovere recarsi alla Mecca almeno una volta nella vita. Qui si trova il santuario islamico più antico, la Ka'ba: una costruzione rettangolare, rivestita di stoffa nera. In un angolo della Ka'ba è murata una pietra nera che ha un grande significato simbolico.

La Mecca e la Ka'ba sono il centro del mondo per i musulmani, che verso la Mecca non si rivolgono solo quando pregano, ma in quella direzione seppelliscono anche i morti e costruiscono le moschee. La Mecca è, naturalmente, la meta del pellegrinaggio. Qui giungono ogni anno circa un milione e mezzo di pellegrini, la metà dei quali proviene da paesi al di fuori dell'Arabia; il loro numero è aumentato sensibilmente in seguito allo sviluppo dei voli charter. La moschea principale della Mecca è stata enormemente ampliata, ed ora è in grado di contenere seicentomila persone. Solo chi può dimostrare di essere musulmano riceve il permesso di entrare nella città sacra.

I pellegrini che si avvicinano alla Mecca indossano l'abito bianco che li contraddistingue; nei giorni successivi compiono una serie di riti in città e nei dintorni. La maggior parte di questi riti sottolinea il rapporto di continuità con Abramo e Isacco, che diedero prova di grande obbedienza a Dio. Il primo rito consiste nel girare sette volte attorno alla Ka'ba e baciare il punto in cui è murata la pietra nera. Secondo la tradizione la Ka'ba è stata eretta da Abramo e da suo figlio Ismaele, avuto dalla schiava Hagar.

Altro momento importante è il giorno in cui i pellegrini si radunano, da mezzogiorno al tramonto, ai piedi della montagna Arafat, luogo in cui Adamo ed Eva si ritrovarono dopo la cacciata dal paradiso. In questa occasione agli uomini non è permesso coprirsi la testa per ripararsi dal sole bruciante. Così raccolti, i pellegrini rafforzano la propria fede in un solo ed unico Dio e il patto che con Lui hanno stretto.

La festa sacrificale è il punto culminante. Viene macellato un animale (pecora, capra, cammello, bue o altro). Il sacrificio serve a ricordare ai musulmani l'obbedienza di Abramo a Dio, così assoluta da arrivare a sacrificare il proprio figlio (in questo caso si intende Ismaele, e non Isacco come nei libri di Mosè). Ma Dio è stato misericordioso, e ha poi suggerito ad Abramo di sacrificare al posto del giovane un animale. E questo riassume il significato religioso del pellegrinaggio: l'adempimento del comando di Dio.

Rapporti tra gli uomini – Etica e politica

Tradizionalmente l'Islam non distingue tra religione e politica, tra fede e morale.

I doveri religiosi, morali e sociali degli uomini sono tutti stabiliti nella legge sacra dei musulmani, *shari'a.*

Shari'a significa "la via per l'abbeveratoio", cioè la giusta condotta di vita che Dio ha indicato agli uomini. La legge sacra è contenuta nel Corano, che rappresenta molto più di un testo sacro. Il Corano è un codice di regole e istruzioni per la gestione della società, dell'economia, del matrimonio, del ruolo della donna, e così via.

Nei casi in cui il Corano non dia indicazioni concrete, i musulmani si rivolgono alla tradizione (*sunna*, cioè "pratica", "usanza"), e si rifanno ad esempi forniti da Maometto o dai primi califfi. I racconti della vita e dell'operato del profeta sono stati trascritti, nei secoli successivi alla sua morte, in raccolte dette *hadith* ("conversazione" o "comunicazione").

Sia il Corano sia le *hadith* fanno riferimento a una forma di società che non corrisponde a quella attuale, per cui le regole vanno adattate alle esigenze contingenti. Questo processo può avvenire in due modi: o per il principio di somiglianza o analogia, oppure in base al principio del comune accordo.

Principio di somiglianza o analogia. Per risolvere i nuovi problemi presentati dalla vita moderna, si ricercano casi simili (o analoghi) nel Corano o nella tradizione, e si esaminano le decisioni prese in quella occasione.

Principio del comune accordo. Maometto asseriva che i credenti non sarebbero mai stati unanimamente d'accordo su qualcosa di sbagliato; perciò una decisione adottata in comune dai fedeli, in presenza dei loro rappresentanti, gli interpreti della legge, può ritenersi ufficialmente valida e creare un precedente. Ad esempio, quando i capi religiosi dichiararono il caffè bevanda proibita, la protesta della popolazione fu così imponente che alla fine si decise di permetterne il consumo.

Gli appartenenti alla scuola della *Shi'a* si basano inoltre su un terzo principio, in linea con il proprio concetto di rivelazione. Mentre i Sunniti ritengono che questa sia avvenuta una sola volta, nella sua forma definitiva, i musulmani sciiti sono invece convinti che la rivelazione si perpetui attraverso i loro capi, gli *imam*. Ciò significa che possono esservi nuove interpretazioni della legge in base alla "comprensione personale" dell'*imam*.

Tradizione e riforma

Maometto e i primi califfi erano sia leader politici sia leader religiosi e riuscirono a imporre il Corano come strumento normativo in tutti i settori della vita sociale.

In tempi più recenti, il contatto con la cultura e l'economia occidentale ha portato ad alcuni cambiamenti. Nel corso del XIX secolo, la Turchia operò riforme giuridiche con l'intento di facilitare la collaborazione con l'Europa occidentale e garantire maggiore sicurezza legale ai non-musulmani all'interno delle frontiere del paese. Venne quindi a svilupparsi una "doppia" prassi giuridica: da una parte il diritto sacro, che regolava la vita privata; dall'altra il diritto secolare che regolava quella pubblica.

Questa distinzione si accentuò in alcuni degli stati nazionali più sviluppati i cui governanti erano spesso influenzati dalla cultura occidentale.

Accanto ad un diritto pubblico, fondato sul diritto internazionale, in molti paesi esiste anche un diritto privato affidato a speciali tribunali religiosi, soprattutto per quanto concerne il diritto familiare ed ereditario. Ma allo stesso tempo si registra una sempre maggiore esigenza che i principi islamici si estendano al diritto pubblico, per esempio in campo penale. Dal 1972, in Libia, è entrata in vigore una legge penale basata sulla *Shari'a*, che comporta, tra l'altro, il divieto di servire o consumare alcool, l'amputazione della mano di chi è riconosciuto colpevole di furto.

Anche in Pakistan e in Iran i disordini politici degli anni Settanta hanno portato a un rafforzamento del potere islamico nella vita della società.

Si è visto tuttavia che perfino in Arabia Saudita, dove la *Shari'a* è dominante, la coerenza è difficile. In diversi settori, specialmente in quelli economici, la *Shari'a* non viene osservata in modo sistematico.

La Turchia all'interno del mondo islamico è un paese a sé stante. Dopo la deposizione del califfo Mustafa Kemal "Ataturk" e dei suoi seguaci, venne a formarsi uno stato moderno su modello occidentale, con netta separazione tra potere religioso e potere secolare. Nel 1962 la *Shari'a* è stata sostituita con un codice di diritto laico che giudica gli imputati secondo il diritto comune, indipendentemente dalla loro religione.

Economia

Il Corano ha una visione positiva dell'attività economica; soprattutto per quanto riguarda il commercio, che, all'epoca di Maometto, era la principale fonte di prosperità per una città di transito come la Mecca. Il Corano non ha pregiudizi sulla proprietà privata, anche se, nel tempo sono state introdotte regole per imporre qualche limite al capitale e alla proprietà. Nella tradizione islamica, per esempio, è vietato esigere interessi. Questa prassi però non viene applicata coerentemente nei rapporti economici internazionali. L'obbligo religioso all'elemosina si è trasformato, in pratica, in una tassa o imposta sulla proprietà. Del resto, il Corano ammonisce in più punti che la ricchezza è una tentazione che allontana l'uomo da Dio.

La filosofia sociale che sostiene la pratica dell'elemosina "istituzionale" è che i ricchi debbano dare ai poveri. Politici riformisti hanno utilizzato questo principio come base per un'economia di stato ispirata al socialismo; nella maggior parte dei paesi arabi, tuttavia, è in vigore una libera economia di mercato.

Le donne nell'Islam

Due passi del Corano, riguardanti la posizione della donna all'interno della società, esprimono concetti contraddittori. «Gli uomini sono preposti alle donne, a causa della preferenza che Allah concede agli uni rispetto alle altre» (sura 4, 34); «Le donne devono avere nei confronti degli uomini gli stessi diritti che gli uomini nei confronti delle donne» (sura 2, 228).

La differenza nel trattamento di uomini e donne si manifesta in diversi momenti della vita sociale, ma emerge con inconfutabile chiarezza nella normataiva che regola il matrimonio, anche se, come sottolineano molti eruditi islamici, proprio nell'ambito del matrimonio esiste una serie di leggi che proteggono la donna. Nel momento in cui si stipula il contratto di matrimonio, l'uomo versa una dote che rimane proprietà della donna e che non può essere usata senza il suo consenso.

Alle donne è imposta la monogamia, mentre l'uomo può avere fino a quattro mogli. La poligamia maschile era diffusa nel Medio Oriente al tempo di Maometto; la proibizione del profeta di prendere più mogli di quante un uomo potesse mantenere ebbe un effetto per molti versi positivo nel contesto storico. Oggi il divieto di poligamia è in vigore in Turchia e in Tunisia.

Il divorzio è possibile, ma solo per iniziativa dell'uomo che ha la responsabilità economica della famiglia. Esistono comunque regole e condizioni che impediscono un ricorso indiscriminato al divorzio, che, secondo Maometto, è «ciò che tra le cose permesse piace meno a Dio».

L'uomo ha anche il diritto di punire la donna se questa è disobbediente: «Ammonite quelle di cui temete l'insubordinazione, lasciatele sole nei loro letti, battetele», è detto nella sura 4.

La circoncisione per le donne non è obbligatoria come per gli uomini, e il Corano non ne fa menzione. Tuttavia è un'usanza praticata in alcune regioni del nord Africa, anche se negli ultimi anni è stata duramente criticata per gli effetti negativi sulla vita sessuale delle donne.

Neppure l'usanza tradizionale del velo che copre il volto deriva dal Corano, ma si è diffusa in vaste aree indipendentemente dalla religione. Originariamente si trattava di una moda ristretta alla classe superiore, e non riguardava le comunità agricole dove la donna doveva prendere parte attivamente al lavoro nei campi. La battaglia contro il velo ha rappresentato una questione primaria nel processo di modernizzazione di molti paesi arabi, ma parallelamente al rinnovamento islamico degli ultimi anni si è anche risvegliato un nuovo interesse per questa usanza.

La filosofia nell'Islam

L'Islam si è diffuso sia in Asia sia in Africa, e, per quanto riguarda l'Europa, è stata importante soprattutto la conquista della Spagna. Dal 700 al 1400 gli Arabi dominarono la parte meridionale della penisola Iberica con un proprio califfato a Cordova. Qui si formò un centro culturale con eruditi provenienti da tutto il mondo musulmano, caratterizzato da una notevole tolleranza nei confronti di ebrei e cristiani. La cultura arabo/ispanica esercitò una grande influenza in Europa, non solo nel campo dell'architettura e della letteratura, ma anche della filosofia. Furono gli Arabi della Spagna meridionale a far conoscere la filosofia di Aristotele, che giocò un ruolo di fondamentale importanza nella formazione del pensiero cattolico medievale.

Averroè

Il più eminente filosofo arabo a Cordova fu Ibn Rushd, o Averroè (1126-1198), che difese l'autonomia della filosofia e della scienza in un periodo in cui potenti forze interne all'Islam premevano per soffocare le libertà di pensiero. Averroè era un musulmano credente, riconosceva l'autorità di Maometto e non metteva in dubbio la verità del Corano. Ma sosteneva che le affermazioni del Libro sacro potevano essere interpretate in modi diversi. Il Corano è stato scritto per tutti gli uomini, colti e ignoranti, e perciò spesso è costretto a ricorrere all'uso di immagini: per questo Dio è raffigurato come un essere umano e il paradiso come un luogo di piacere materiale. Ma, sosteneva Averroè, gli uomini illuminati devono saper cogliere il significato spirituale al quale immagini e simboli rinviano.

Lo scopo del filosofo era quello di favorire l'armonia tra il pensiero religioso e il pensiero filosofico e scientifico. Nei secoli successivi ad Averroè gli eruditi musulmani si concentrarono sullo studio del testo e della tradizione. Nel nostro secolo sono invece fiorite nuove idee di riforma e liberalizzazione. I musulmani si sono sforzati di adattare la religione alle condizioni di vita attuali e alla scienza moderna.

Il sufismo – La mistica dell'Islam

I primi secoli della storia dell'Islam furono caratterizzati da un'intensa attività di diffusione della nuova religione attraverso la guerra e iniziative diplomatiche. Poi si sviluppò una corrente che considerava fondamentali la meditazione e il ritiro spirituale. Tale corrente è stata definita sufismo, forse in riferimento al mantello di lana indossato dagli adepti (lana in arabo si dice *suf*).

Anche se l'ascetismo non ha mai rappresentato un ideale per l'Islam, i fedeli sono sempre stati esortati a una condotta semplice e responsabile. Perciò molti musulmani a un certo punto si ribellarono alla pratica di vita caratterizzata dal lusso che aveva preso piede alla corte del califfo a Bagdad e si rivolsero a un modello di vita puritana che assegnava importanza e spazio al digiuno, alla preghiera e alla meditazione.

Allo stesso tempo cambiò anche la concezione del divino. I Sufi sostenevano che Dio fosse prima di tutto un Dio amorevole, con cui gli uomini potevano raggiungere un'unione mistica. Queste idee contrastavano fortemente con l'immagine tradizionale di Dio giudice supremo e inavvicinabile, a cui gli uomini devono sottomettersi. I primi mistici, quindi, entrarono in conflitto con l'Islam ufficiale. In alcuni casi furono addirittura accusati di blasfemia, e uno dei Sufi più famosi, Hallaj, fu condannato a morte. Egli sentiva che Dio aveva preso dimora in lui, in un rapporto di totale unità e armonia. Per Hallaj, Gesù aveva la stessa importanza di Maometto; molte delle parole che sono state attribuite al Sufi ricordano le parole di Gesù così come le hanno tramandate i vangeli. «Io sono la verità», «Se tu vedi me, vedi Lui», e, al momento della crocifissione: «Perdonali, Signore, e abbi pietà di loro». Non v'è dubbio che Gesù abbia rappresentato un importante ideale ascetico per il primo sufismo.

Centocinquant'anni dopo Hallaj, Ghazali tentò la mediazione tra la pratica del sufismo e la teologia ufficiale. Ghazali è uno dei più eminenti pensatori di tutti i tempi; dopo essere stato deluso sia dallo studio della teologia, che del diritto, si incamminò sulla via della mistica sostenendo che tutti i desideri e le preoccupazioni devono essere messi da parte per poter concentrare il pensiero solo su Dio. Secondo Ghazali, la verità ultima può essere raggiunta solo attraverso l'estasi e l'unione mistica con Dio.

L'essenza della mistica sufica ha dei punti in comune con la mistica di altre religioni. Il sufismo prevede anche speciali esercizi di meditazione: ad esempio, la ripetizione prolungata di una preghiera o di una parola, a cui si possono associare precisi movimenti o esercizi di respirazione. "Strumenti" usuali sono una sorta di rosario e la ripetizione dei "novantanove nomi più belli" che si usano per definire Dio.

Il Sufismo non è un movimento organizzato; tuttavia, si ritrovano sufi sia tra i musulmani sciiti sia tra i musulmani sunniti.

CRISTIANESIMO

Il Cristianesimo è la concezione di vita che più caratterizza la società occidentale: per duemila anni si è intessuto con la storia, la letteratura, la filosofia, l'arte e l'architettura europee. Conoscere il Cristianesimo è quindi condizione necessaria per comprendere la società e la cultura nella quale viviamo.

La Bibbia è da sempre il libro più letto nel mondo. Nessun altro testo ha avuto maggior influenza letteraria: perfino poeti non cristiani hanno indicato nella Bibbia la loro più importante fonte di ispirazione.

Dio come creatore

In principio Dio creò il cielo e la terra (Genesi 1,1).

Il primo avvenimento di cui tratta la Bibbia è la creazione del cielo e della terra ad opera di Dio; "cielo e terra" è l'espressione ebraica per "universo". La creazione è descritta in due modi diversi nel Libro della Genesi.

A

In principio Dio creò il cielo e la terra. Ora la terra era informe e deserta e le tenebre ricoprivano l'abisso e lo spirito di Dio si librava sulle acque. Dio disse: «Sia la luce!». E la luce fu. Dio vide che la luce era cosa buona e separò la luce dalle tenebre e chiamò la luce giorno e le tenebre notte. E fu sera e fu mattina: primo giorno.

Dio disse: «Sia il firmamento in mezzo alle acque per separare le acque dalle acque». Dio fece il firmamento e separò le acque che sono sotto il firmamento dalle acque che sono sopra il firmamento. E così avvenne. Dio chiamò il firmamento cielo. E fu sera e fu mattina: secondo giorno.

Dio disse: «Le acque che sono sotto il cielo si raccolgano in un solo luogo e appaia l'asciutto». E così avvenne. Dio chiamò l'asciutto terra e la massa delle acque mare. E Dio vide che era cosa buona» (Genesi 1,1-10).

B

Queste le origini del cielo e della terra, quando vennero creati. Quando il Signore Dio fece la terra e il cielo, nessun cespuglio campestre era sulla terra, nessuna erba campestre era spuntata, perché il Signore Dio non aveva fatto piovere sulla terra e nessuno lavorava il suolo e faceva salire dalla terra l'acqua dei canali per irrigare tutto il suolo (Genesi 2,4-6).

Se confrontiamo i due racconti della creazione, ci accorgiamo subito che nel primo racconto c'è troppa acqua e nel secondo troppa siccità. Si può pensare che l'autore del racconto A sia vissuto in un ambiente soggetto a costanti inondazioni, per esempio in Mesopotamia, la terra tra il Tigri e l'Eufrate; l'autore del racconto B potrebbe essere vissuto in un'area desertica. Sulla base delle condizioni geografiche dei paesi in cui vivevano gli autori è stato immaginata la creazione come descritta nei due racconti.

Il racconto della creazione cosmocentrico e antropocentrico

I due racconti della creazione sono dunque dissimili, in quanto hanno avuto origine in momenti e ambienti diversi. Al racconto A, che possiamo definire cosmocentrico in quanto offre una rappresentazione sistematica di come l'intero cosmo sia stato creato, è stata data la forma attuale nel V secolo a.C. Qui si sottolinea come il mondo sia stato creato per ordine di Dio: è dalla sua parola che tutto ha avuto origine. La frase «Dio disse» viene ripetuta più volte, accentuando il ruolo sovrano di Dio rispetto alla sua creazione: egli è al di sopra di tutto ciò che è terreno.

Il racconto B è molto più antico: forse ha ricevuto la sua forma attuale già nel IX secolo a.C., e possiamo quindi definirlo un racconto antropocentrico (dal greco *antropos*, "uomo") perché si concentra sulla creazione dell'uomo e sulle sue condizioni nel creato.

Miti e fede nella creazione

I racconti della Genesi intendono illustrare ciò che accadde in tempi primordiali quando furono creati il cielo e la terra. Siamo soliti chiamare simili descrizioni miti o racconti figurati, la cui verità è accettabile solo da chi possiede la fede in Dio. Non è possibile far corrispondere il materiale mitico dei racconti della creazione a una coerente configurazione del mondo.

Un nodo centrale nella teologia della creazione secondo la Bibbia è che il mondo non esiste da sempre. Il verbo ebraico per "creare" è *bará,* che significa "donare l'esistenza a qualcosa" o "fare qualcosa dal nulla", mentre quando noi diciamo che un artista "crea" qualcosa, intendiamo normalmente riferirci al processo di dare forma a un materiale preesistente.

In tal modo, la fede biblica nella creazione si distingue dai miti della creazione di altre culture, in cui l'uomo ha immaginato che diversi dèi abbiano dato un ordine al mondo a partire da un'informe materia primordiale. Nella Bibbia tutto viene ricondotto al volere di un Dio in forma di persona: «Perché egli parla e tutto è fatto, comanda e tutto esiste» (Salmi 33,9).

Il mondo non è il risultato di un caso

I racconti della creazione non danno alcuna risposta agli interrogativi scientifici del tipo come il mondo abbia avuto origine, in quanto tempo si sia formato e come sia caratterizzato dal punto di vista fisico e biologico. Ciò che viene ribadito nella Genesi non è *come* Dio abbia creato il cielo e la terra, ma il fatto che *egli* ne sia stato il creatore. Il mondo in cui viviamo, dunque, non è affatto il risultato di un caso. La Bibbia sottolinea come vi sia una volontà divina dietro l'esistenza dell'universo: il mondo ha avuto origine e continua ad esistere grazie a un'entità che sta al di fuori del mondo stesso e che non è una forza impersonale, ma un Dio-persona onnipotente.

Quando la moderna scienza fornisce le prove di uno sviluppo graduale dell'universo dai primordi fino ai giorni nostri, il cristiano è convinto che questa sia una descrizione in termini umani dell'operato di Dio come creatore. Dio non solo ha creato *qualcosa dal nulla*, ma ha fatto sì che la sua opera avesse in sé la possibilità di svilupparsi: l'evolversi stesso è parte dell'opera della creazione. Se rileggiamo il racconto cosmocentrico, notiamo che ci dà un quadro *dinamico* degli eventi.

Dio disse: «La terra produca esseri viventi secondo la loro specie: bestiame, rettili e bestie selvatiche secondo la loro specie». E così avvenne: Dio fece le bestie selvatiche secondo la loro specie e il bestiame secondo la propria specie e tutti i rettili del suolo secondo la loro specie. E Dio vide che era cosa buona (Genesi 1,24-25).

La creazione dell'uomo

E Dio creò l'uomo a sua immagine (Genesi 1,27).

Anche la creazione dell'uomo è descritta in due modi diversi nei capitoli 1 e 2 del primo Libro della Genesi.

A

E Dio disse: «Facciamo l'uomo a nostra immagine, a nostra somiglianza, e domini sui pesci del mare e sugli uccelli del cielo, sul bestiame, su tutte le bestie selvatiche e su tutti i rettili che strisciano sulla terra». Dio creò l'uomo a sua immagine; a immagine di Dio lo creò; maschio e femmina li creò (Genesi 1,26-27).

B

Allora il Signore Dio plasmò l'uomo con polvere del suolo e soffiò nelle sue narici un alito di vita e l'uomo divenne un essere vivente.

Poi il Signore Dio disse: «Non è bene che l'uomo sia solo: gli voglio fare un aiuto che gli sia simile». Allora il Signore Dio plasmò dal suolo ogni sorta di bestie selvatiche e tutti gli uccelli del cielo e li condusse all'uomo, per vedere come li avrebbe chiamati: in qualunque modo l'uomo avesse chiamato ognuno degli esseri viventi, quello doveva essere il suo nome. Così l'uomo impose nomi a tutto

il bestiame, a tutti gli uccelli del cielo e a tutte le bestie selvatiche, ma l'uomo non trovò un aiuto che gli fosse simile.
Allora il Signore Dio fece scendere un torpore sull'uomo, che si addormentò; gli tolse una delle costole e richiuse la carne al suo posto. Il Signore Dio plasmò con la costola, che aveva tolta all'uomo, una donna e la condusse all'uomo.
Allora l'uomo disse: «È carne dalla mia carne e osso dalle mie ossa. La si chiamerà donna perché dall'uomo è stata tolta. Per questo l'uomo abbandonerà suo padre e sua madre e si unirà a sua moglie e i due saranno una sola carne».
Ora tutti e due erano nudi, l'uomo e sua moglie, ma non ne provavano vergogna (Genesi 2,7 e 18-25).

Antropologi, filosofi, scienziati e poeti hanno contribuito ciascuno a modo suo a descrivere l'entità "uomo". Tutte le religioni hanno una propria concezione dell'uomo; basilare per quella cristiana è che l'uomo non è stato creato a caso, come un prodotto di coincidenze: già nei racconti della creazione si ribadisce che l'uomo è il risultato della volontà e del potere di Dio. Ciò costituisce parte del fondamento su cui poggia la fede cristiana nel valore del singolo uomo. Gli uomini hanno un padre comune in Dio e poiché ciascuno di noi è stato da lui creato, abbiamo tutti uguale valore.

Concezione cristiana dell'uomo

Lo status dell'uomo

I racconti della creazione mettono in risalto da un lato che l'uomo è collegato all'opera superiore della creazione: «Allora il Signore Dio plasmò l'uomo con polvere del suolo e soffiò nelle sue narici un alito di vita e l'uomo divenne un essere vivente» (Genesi 2,7). La componente "naturale" dell'uomo viene anche espressa dal gioco di parole tra *adam* (uomo) e *adamah* (terra) nel testo ebraico originale. L'uomo è fatto della stessa materia di piante e animali; dalla polvere siamo venuti, alla polvere ritorneremo. Ma, d'altro canto, l'uomo è posto al vertice della creazione, per cui possiamo affermare che l'uomo è allo stesso tempo natura e più che natura.

L'uomo è creato a immagine di Dio

L'espressione «creato a immagine di Dio» sottolinea che all'uomo è stato assegnato un posto d'onore nella creazione. L'uomo è sì parte del grande contesto della natura, ma l'ultima creatura a cui Dio ha dato vita è stata provvista di risorse particolari e ha ricevuto un proprio compito che la distingue da tutto il resto del creato. Si è soliti affermare che Dio ha creato l'uomo per amore, per condividere il mondo con noi. L'uomo infatti non è solo un essere vivente come tutte le altre creature: è una persona e un individuo.

Se l'uomo è creato ad immagine di Dio, ciò significa anche che è creato per vivere in contatto con il suo Creatore; infatti gli è stata concessa la facoltà di percepire il sacro e di compiere atti religiosi.

L'uomo è una totalità

Un concetto centrale nella concezione cristiana è che l'uomo non è un insieme di parti diverse, come anima e corpo (concetto che si ritrova, invece, nella filosofia greca e nelle religioni indiane). Secondo la Bibbia l'uomo è un tutt'uno generato da Dio e immortale in se stesso, come totalità. Quando il Cristianesimo annuncia la speranza di una salvezza, è l'"intero uomo" ad essere salvato. Nella professione di fede, il cristiano afferma di credere nella «resurrezione dei morti» e nella «vita eterna».

Gli uomini sono creati per vivere in comunità

L'uomo non è stato creato solo per vivere in comunione con Dio, ma anche con i suoi simili nella società. Sia nell'Antico che nel Nuovo Testamento si ribadisce che dobbiamo amarci l'un l'altro come Dio ha amato noi. Entrambi i racconti della creazione evidenziano il fatto che siamo stati creati uomo e donna: si può quindi dire che famiglia e matrimonio siano parte integrante del "piano" del Creatore; per questo motivo il matrimonio è considerato un'istituzione sacra.

L'uomo è collaboratore di Dio nella creazione

Dio ha affidato agli uomini un duplice compito: di popolare la terra e di prendersi cura del creato. Il creato appartiene a Dio, spetta agli uomini governarlo. Ciò sta a fondamento del valore positivo del lavoro. Gli uomini sono stati creati per realizzare se stessi e completare la creazione. La storia quindi non è soltanto opera di Dio ma anche degli uomini. Noi siamo i co-creatori e i collaboratori di Dio.

L'uomo è provvisto di libero arbitrio

L'uomo è stato dotato anche della facoltà di distinguere tra giusto e ingiusto. Un concetto fondamentale nella Bibbia è che l'uomo è responsabile delle proprie azioni. Quando sceglie di ignorare la volontà divina e abusa della libertà datagli da Dio, l'uomo commette peccato.

Le diverse definizioni di Dio nella Bibbia

> Al tempo stabilito [la manifestazione del Signore nostro Gesù Cristo] sarà a noi rivelata dal beato e unico sovrano, il re dei regnanti e signore dei signori, il solo che possiede l'immortalità, che abita una luce inaccessibile; che nessuno fra gli uomini ha mai visto né può vedere. A lui onore e potenza per sempre. Amen (Timoteo 6,15f).

Nella Bibbia Dio è descritto non solo attraverso le sue azioni (come creatore e salvatore), ma anche con diverse definizioni che mettono in risalto determinati attributi della divinità. Sono espressioni del linguaggio umano per descrivere ciò «che non è di questo mondo». Per comprenderle dobbiamo rifarci alla cultura che le ha prodotte. Che la nostra interpretazione debba tener conto della cultura del tempo in cui è stata composta la Bibbia, lo vediamo per esempio a proposito del significato, apparentemente non problematico, della definizione di Dio come "nostro padre". Il senso vero dell'espressione lo si può cogliere solo se si tiene presente che ai tempi della Bibbia il termine "padre" designava non solo colui che amava i propri figli, ma anche colui che sui figli esercitava un'autorità piena e dai quali esigeva un'obbedienza assoluta.

L'espressione biblica quindi ci vuol dire che l'amore di Dio è infinito nella sua bontà e assoluto nelle sue richieste.

Il Dio pieno di amore

Nella Bibbia l'espressione più usata per definire Dio è che egli è "amore". Ciò significa che l'amore non è una delle tante qualità di Dio, ma che Dio e l'amore sono la stessa cosa. Tutto ciò che un cristiano crede di poter dire di Dio sono variazioni su quest'unico grande tema. Inoltre la Bibbia afferma che l'uomo non può conoscere – o amare – Dio, se non ama anche il suo prossimo. Perché Dio *è* amore.

Per capire il significato con cui la parola "amore" viene usata nella Bibbia, bisogna rifarsi al greco antico, la lingua originale del Nuovo Testamento. Vi sono due termini in greco che si possono tradurre con "amore", *eros* e *agápe*. *Eros* si può rendere con "inclinazione", "desiderio" o "brama sensuale". Il filosofo greco Platone (400 a.C. circa) usa la parola *eros* a proposito dell'aspirazione dell'uomo alla bellezza, alla bontà, alla conoscenza e all'eternità. Per Platone *eros* è un richiamo interno all'uomo; è espressione dell'origine ultraterrena dell'anima, e si manifesta come un irresistibile bisogno di mettersi in cammino verso la dimora celeste. *Eros* è l'aspirazione dell'uomo, creatura transitoria, all'eternità. Possiamo aggiungere che il termine indica l'amore dell'uomo per ciò che è degno di essere amato, e quindi per ciò che è prezioso. (Oggi invece le parole "eros" e "erotico" si limitano al campo dell'amore fisico).

Il termine *agápe* indica in qualche modo l'esatto contrario. Nel Nuovo Testamento la parola viene usata in riferimento all'amore misericordioso, del tutto disinteressato, di Dio per l'uomo: un amore spontaneo e sollecito, che non si pone il problema se l'uomo lo meriti o meno. Non ha origine dalla povertà, ma dalla ricchezza e si rivolge anche a chi non è degno d'amore. In questo senso l'amore di Dio è lo specchio dell'amore cristiano per il prossimo. I primi cristiani usavano la parola *agápe* per definire i pasti in comune, che si concludevano con la celebrazione dell'Eucarestia.

Pochi brani della Bibbia illustrano la misericordia di Dio e il suo amore sempre disposto al perdono meglio della parabola del Figliol prodigo, nel Nuovo Testamento.

Il Dio eterno e santo

In molti punti la Bibbia ribadisce che Dio esiste «nei secoli dei secoli». Esisteva prima che fosse creato il mondo e continuerà ad esistere in eterno, immutabile.

Quando Mosè domandò che cosa avrebbe dovuto rispondere a chi gli avesse chiesto il nome di colui che lo inviava a liberare gli Israeliti dalla schiavitù in Egitto, Dio rispose: «Io sono colui che sono». Così risponderai agli Israeliti: «Io Sono mi ha mandato qui» (Genesi 3,14). In un altro passo dell'ultimo libro della Bibbia viene detto: «Io sono l'Alfa e l'Omega, il Principio e la Fine» (Apocalisse 21,6).

In entrambi i testi appare chiaro che Dio travalica i normali concetti di spazio e di tempo; al contrario dell'uomo, soggetto alla morte e alla transitorietà, egli è immutabile ed eterno.

Con un linguaggio più moderno, possiamo dire che la sua esistenza non è legata a una realtà quadridimensionale: Dio non è qui o lì, poiché non è una parte del mondo, come le stelle, i fiori e gli animali. Egli si eleva al di sopra del mondo e dei processi che vi si svolgono, in quanto del mondo egli è il creatore e il sovrano.

La Bibbia afferma anche che Dio – a differenza degli uomini e del mondo – è «Il Santo». Il termine che designa ciò che è santo o sacro, ciò che appartiene alla sfera divina, è una parola chiave in tutte le religioni. Mircea Eliade descrive il sacro come qualcosa di completamente diverso dal profano. Il sacro è qualcosa di misterioso e inspiegabile dinanzi a cui l'uomo trema e dal quale è attratto nello stesso tempo.

Altre descrizioni di Dio

La Bibbia ci fornisce anche altri attributi di Dio: egli è padre, signore, onnipotente, omniscente, buono, misericordioso, giusto e personale. Le diverse designazioni hanno sempre origine da un'esperienza: perché il Dio cristiano è qualcosa di più di un principio filosofico. È una *persona* che ascolta le preghiere e le invocazioni degli uomini, ed è il signore della storia che conduce il progresso del mondo verso lo scopo che egli ha stabilito: il Regno di Dio.

Nella Bibbia non vi è una trattazione sistematica della natura e delle caratteristiche di Dio. Molti cristiani potrebbero sostenere che la descrizione più importante di Dio ci viene da Gesù Cristo e dalla sua predicazione. Si dice normalmente che la fede in Dio non può essere separata dalla fede in Cristo.

Fin dal Medioevo si ritiene che l'uomo possa avvicinarsi a Dio secondo due modalità diverse: la fede o il pensiero. Lutero sosteneva per esempio che possiamo immaginarci l'esistenza di una potenza sovrumana che ha creato il mondo anche senza ricorrere alla Bibbia. Ma come sia fatta in realtà questa potenza ci rimane ignoto. Tutto ciò che di Dio possiamo conoscere con sicurezza ci è stato rivelato da Gesù per mezzo della sua vita e della sua parola.

A questo proposito la teologia cattolica distingue tra una rivelazione generale e una speciale. Con *rivelazione generale*, o "comune", si intende quella che è alla portata di tutti in quanto Dio si rivela, parzialmente, attraverso la natura da lui creata e l'aspirazione religiosa che ha posto nell'uomo. La *rivelazione speciale*, o "soprannaturale" è quella specificamente cristiana.

Per mezzo del mondo – e con l'uso della ragione – possiamo raggiungere solo una conoscenza indiretta di Dio. La conoscenza piena e diretta è quella che proviene dalla fede in Cristo.

Sollecitudine di Dio – Responsabilità dell'uomo

Il Padre mio opera sempre e anch'io opero (Giovanni 5,17).

Il fatalismo è un atteggiamento di vita che ha giocato un ruolo decisivo, ad esempio, per gli antichi greci o per gli antenati delle popolazioni nordiche. Il destino era una forza, o una potenza, cieca e impersonale a cui sia gli dèi sia gli uomini dovevano sottostare nella loro esistenza.

Il Cristianesimo introduce un nuovo importantissimo concetto: la fede nella Provvidenza. Secondo la Bibbia Dio rimane in costante contatto con la sua creazione.

Dio crea e conserva la creazione

Per il Cristianesimo è fondamentale il concetto che Dio continui a governare il mondo. Se si fosse "ritirato" dopo la creazione, l'intero creato sarebbe andato in pezzi. Ma il Dio cristiano è il signore della storia e guida il mondo verso la sua salvezza.

Uno dei motivi per cui i cristiani esprimono così spesso la loro gratitudine a Dio è che hanno sperimentato la sua amorevole attenzione e la sua opera di guida. Ma per capire fino in fondo questa costante presenza di Dio nella vita del mondo e di ogni creatura, l'uomo deve solo seguire il suo volere. Perciò Gesù ci ha insegnato a pregare Dio così: «Sia fatta la tua volontà, come in cielo così in terra», perché la volontà di Dio non si realizza automaticamente, e ha bisogno del nostro contributo e della nostra preghiera.

Gesù ha invitato ad avere fiducia nell'amore di Dio ma non per questo siamo esentati dai doveri e dalle responsabilità nei confronti del prossimo e della società in cui viviamo. Dio infatti ha creato l'uomo perché fosse il suo collaboratore nell'opera della creazione, il suo *co-creatore.*

La Bibbia insegna anche che l'attività pianificatrice del Dio onnipotente si realizza nella battaglia contro ciò che ostacola la sua volontà. Il perfetto Regno di Dio appartiene comunque al futuro e si concretizzerà prima o poi con un drastico intervento del Signore del mondo. Ma in ogni momento della nostra vita e della storia del mondo si può cogliere la presenza di Dio.

Secondo il Cristianesimo, inoltre, la sollecitudine e la premura di Dio per il creato sono universali e non limitati ad alcuni popoli prescelti. Dio può usare tutti gli uomini, siano o non siano cristiani, per realizzare il suo piano salvifico del mondo.

L'uomo come collaboratore di Dio

All'inizio della Bibbia si trova un breve passo (Genesi 1,28) in cui si dice che Dio benedisse i primi uomini con questa formula: «Siate fecondi e moltiplicatevi, riempite la terra; soggiogatela e dominate sui pesci del mare e sugli uccelli del cielo e su ogni essere vivente che striscia sulla terra».

Se consideriamo la crescita della popolazione mondiale in tempi recenti, possiamo affermare, senza ombra di dubbio, che gli uomini si sono moltiplicati. Ed è altrettanto inconfutabile che abbiano ridotto la Terra in loro potere. Ciò che non sono riusciti a fare è gestire il dominio delle risorse, quelle dei «pesci del mare e sugli uccelli del cielo» e di «ogni essere vivente che striscia sulla terra». Anzi l'uomo è ormai prossimo a svuotare il mare dei suoi pesci e a cancellare dalla faccia della Terra molte altre specie di animali.

La cultura occidentale deve assumersi gran parte della responsabilità per i gravi danni subiti dalla natura negli ultimi secoli. Dobbiamo ammettere che non ci siamo presi cura del creato come avremmo dovuto. Il problema dell'inquinamento oggi è divenuto così pressante che occorre stanziare enormi somme per non essere avvelenati dall'aria e dai prodotti dell'acqua e della terra.

Un altro campo in cui abbiamo fallito è quello della distribuzione delle ricchezze sulla terra. E anche in questo caso la responsabilità è in gran parte dell'Occidente. La iniqua ripartizione delle risorse della terra è una vera e propria infrazione al comandamento cristiano dell'amore per il prossimo. L'uomo è stato creato per essere il collaboratore di Dio, ma questi comportamenti ne fanno un nemico e un oppositore di Dio perché contrastano il suo disegno a favore dell'umanità.

L'uomo è buono o cattivo?

E non c'è distinzione: tutti hanno peccato e sono privi della gloria di Dio (Romani 3,22-23).

Abbiamo detto in precedenza che l'uomo è stato creato a immagine di Dio e che ha ricevuto dal Creatore la facoltà di poter decidere liberamente come vivere la propria vita. Ma c'è "qualcosa" che contrasta il piano immaginato da Dio a favore della vita. Secondo il Cristianesimo, questo è il peccato.

Cos'è veramente il peccato?

Per definire il peccato, il Nuovo Testamento usa la parola greca *hamartia*. Questo sostantivo deriva da un verbo che significa "perdere qualcosa", "sbagliare strada" , "non raggiungere il bersaglio" oppure – in senso traslato – "abbandonare la propria risoluzione". Possiamo di conseguenza affermare che "peccato" indica ciò che si pone in contrasto con lo scopo che Dio ha predisposto per la vita umana. Il termine, quindi, riveste un significato molto più complesso del semplice "fare qualcosa di sbagliato".

Il peccato è prima di tutto un concetto religioso. Essere un peccatore non significa necessariamente e solo condurre una vita apertamente immorale. Si può essere comunque stimati e rispettati come uomini, ma essere peccatori dinanzi a Dio.

La volontà del Creatore è che l'uomo sia in sintonia con lui, che è signore della vita, e che diriga la propria esistenza verso lo scopo da lui indicato. Dunque l'uomo pecca quando vuole agire di propria iniziativa ritenendo di potercela fare senza Dio. Ciò che la Bibbia chiama infrazione alla legge, empietà, ingiustizia e apostasia è il non vivere in comunione con Dio. Possiamo forse dire che il peccato è ciò che fa sì che l'uomo sia diverso da Dio. E Dio è amore. Peccato è quindi anche mancanza di amore verso il prossimo. Nei confronti di Dio e degli altri uomini il peccato conduce a egoismo ed egocentrismo. Lutero usa un'espressione calzante per indicare l'uomo che si macchia di peccato: *incurvatus in se*, cioè "ripiegato su se stesso".

Il peccato non è solo l'infrazione occasionale alla legge divina, o all'etica cristiana. È molto peggio: il peccato ha radici più profonde, nel "cuore" o nella volontà malvagia dell'uomo. Ed è questa direzione della volontà – o disposizione complessiva – che porta a ciò che possiamo chiamare il peccato vero e proprio. Da un punto di vista teologico, quindi, è importante distinguere tra "il peccato" e "i peccati"; questo implica che il peccato è nello stesso tempo qualcosa che "siamo" e qualcosa che facciamo.

Per molti uomini il problema è che essi non hanno alcuna coscienza di colpa e di peccato. Ritengono di condurre una vita morale, né più né meno degli altri. È il caso ad esempio della parabola dell'uomo ricco come ci viene raccontata dall'evangelista Matteo (19,16-26):

> Ed ecco un tale gli si avvicinò e gli disse: «Maestro, che cosa devo fare di buono per ottenere la vita eterna?» Egli rispose: «Perché mi interroghi su ciò che è buono? Uno solo è buono. Se vuoi entrare nella vita eterna, osserva i comandamenti». Ed egli chiese: "Quali?". Gesù rispose: «Non uccidere, non commettere adulterio, non rubare, non testimoniare il falso, onora il padre e la madre, ama il prossimo tuo come te stesso». Il giovane gli disse: «Ho sempre osservato tutte queste regole; che mi manca ancora?» Gli disse Gesù: «Se vuoi essere perfetto, va, vendi quello che possiedi, dallo ai poveri e avrai un tesoro nel cielo; poi vieni e seguimi». Udito questo, il giovane se ne andò triste, poiché aveva molte ricchezze. Gesù allora disse ai suoi discepoli: «In verità vi dico: difficilmente un ricco entrerà nel regno dei cieli. Ve lo ripeto: è più facile che un cammello passi per la cruna di un ago, che un ricco entri nel regno dei cieli». A queste parole i discepoli rimasero costernati e chiesero: «Chi si potrà dunque salvare?» E Gesù, fissando su di loro lo sguardo, disse: «Questo è impossibile agli uomini, ma a Dio tutto è possibile».

L'uomo del racconto evangelico era in tutti i sensi integro da un punto di vista morale, e Matteo scrive che Gesù lo aveva accolto con benevolenza. Ma lui non era riuscito ad instaurare un rapporto completo con Gesù, e quindi con Dio. Non per la ricchezza in sé, poiché questa spesso veniva considerata in Israele come una benedizione, se non era usata per sfruttare gli altri. Il testo citato non spiega come l'uomo avesse ottenuto la propria agiatezza, ma Gesù mette questa a confronto della povertà altrui. Il peccato del ricco è stato quello di essere talmente legato ai propri averi da violare di fatto il comandamento fondamentale: «Ama il prossimo tuo come te stesso».

Il peccato originale

L'espressione "peccato originale" non si trova nella Bibbia, ma è usata dai teologi per indicare il peccato con cui tutti gli uomini nascono. Ciò vuol dire che dentro ciascuno di noi alberga la tentazione di disobbedire a Dio.

Che tutti gli uomini abbiano una tendenza innata al peccato non è però l'unico aspetto del peccato originale. Non è solamente la capacità o il desiderio di commettere peccato che si tramanda di generazione in generazione, ma anche, e con non minor peso, le conseguenze del peccato degli uomini sui propri simili e sul mondo intero. Sappiamo che, a valle, le azioni di un singolo individuo possono ricadere su altri uomini. In un contesto più ampio, questo è vero anche per le decisioni dei politici e le scoperte degli scienziati.

Non è difficile per l'uomo moderno trovare, in situazioni della vita attuale, elementi per capire il concetto di peccato che va al di là del singolo e, come quello originale, coinvolge l'intera comunità umana. Ad esempio, negli ultimi anni abbiamo assistito ad una corsa agli armamenti che minaccia la continuità della vita sulla terra. L'uomo è in grado di distruggere il mondo nel giro di poche ore. Una simile sinistra prospettiva ci può chiarire come il peccato può essere una questione collettiva.

Il problema del male

Sia il racconto della caduta dell'uomo (Genesi 3) sia la dottrina cristiana del peccato originale sollevano la questione dell'origine del male. Il primo capitolo della Bibbia si conclude con queste parole: «Dio vide quanto aveva fatto, ed ecco, era cosa molto buona» (Genesi 1,31).

Ma poi leggiamo di Adamo ed Eva che vengono cacciati dal paradiso, della morte che sopraggiunge nel mondo, della donna che deve partorire con dolore, di Caino che uccide suo fratello e del male che si diffonde sulla terra. Si arriva addirittura al punto in cui Dio si rammarica di ciò che ha creato:

> Il Signore vide che la malvagità degli uomini era grande sulla terra e che ogni disegno concepito dal loro cuore non era altro che male. E il Signore si pentì di aver fatto l'uomo sulla terra e se ne addolorò in cuor suo (Genesi 6,5-8).

Allo stesso tempo, nella professione di fede diciamo che Dio è onnipotente. Come si può spiegare tutto ciò? Come può

Dio essere sia onnipotente sia eternamente buono quando c'è così tanto dolore nel mondo?

Il problema del male ha da sempre rappresentato un tema di profondo interesse per l'uomo. È stato affrontato anche numerosi autori biblici, come ad esempio Giobbe e Qohelet. Con questo problema hanno dovuto scontrarsi teologi e pensatori nel corso dell'intera storia della Chiesa. Molti lo hanno sentito in maniera così drammatica da interrogarsi sulla stessa esistenza e natura di Dio. La bontà di Dio e la sua onnipotenza sembrano contrastare in modo drastico: se Dio è onnipotente, non può essere buono; e se Dio è buono, non può essere onnipotente.

Il problema potrebbe sembrare insolubile. Ma cosa si intende esattamente con "onnipotenza"? Se si intende che Dio è causa di tutto ciò che succede nel mondo, allora sia il racconto della caduta dell'uomo, sia la dottrina cristiana della riconciliazione appaiono privi di senso. D'altra parte nella Bibbia non si trova traccia di una simile dottrina, mentre dal primo all'ultimo libro vi si trovano riferimenti all'esistenza di una forza in antagonismo con Dio.

La Bibbia afferma che il male è presente nel mondo e nell'uomo. Gli uomini hanno contribuito a provocare inimicizie, guerre e sofferenze sulla Terra. Alcuni hanno costruito campi di concentramento, altri hanno ucciso con il gas e le bombe al napalm. La Bibbia parla di una potenza che si oppone a Dio e che con il linguaggio figurato della Genesi viene chiamato il "serpente" e in altri luoghi Satana, che era stato il più bello di tutti gli angeli (Lucifero, l'angelo della luce), e che fu sprofondato da Dio nell'inferno a causa della sua ribellione. Si parla di un contropotere personale di Dio, il Diavolo.

Dunque Dio non è onnipotente? Anche se tutti noi sperimentiamo il male come parte dell'esistenza umana, il Cristianesimo sostiene che prima o poi il male verrà sconfitto. Il male, concepito come forza personale o impersonale, esisteva fin dall'inizio. Il serpente esisteva prima della caduta dell'uomo. Tuttavia, il Cristianesimo annuncia la speranza di «un nuovo cielo e di una nuova terra» che si realizzerà quando

«Dio sarà in tutto e in tutti». In un certo senso possiamo dire che l'onnipotenza di Dio – nel significato di "potenza ineguagliabile" – si manifesterà pienamente nel futuro.

Eppure, per molti il problema del male è stata la causa principale del rifiuto del Cristianesimo. È facile dire che il male un giorno sarà sconfitto. Ma dov'era Dio ad Auschwitz? Dov'era a Hiroshima? La stessa domanda si pone Gesù sulla croce: «Dio mio, Dio mio, perché mi hai abbandonato?»

Il Cristianesimo non ha una risposta chiara alla domanda «Da dove viene il male?» Ma forse, come afferma Bo Giertz, «Il Cristianesimo non è un insieme di teorie prive di contraddizioni interne, ma rispecchia una realtà di fatto con tutti i suoi enigmi e le sue questioni irrisolte».

Chi era Gesù?

Dio infatti ha tanto amato il mondo da dare il suo Figlio unigenito, perché chiunque crede in lui non muoia, ma abbia la vita eterna (Giovanni 3,16).

Di nuovo Gesù parlò loro: «Io sono la luce del mondo; chi segue me, non camminerà nelle tenebre, ma avrà la luce della vita» (Giovanni 8,12).

Forse non c'è un altro uomo che abbia significato tanto per la storia dell'umanità quanto Gesù di Nazareth. Per quasi duemila anni gli intellettuali occidentali si sono chiesti chi fosse veramente Gesù.

Era un visionario religioso? Oppure un uomo pio che voleva insegnare ai propri simili come vivere? Lo si deve paragonare ai molti ebrei che, in quel tempo, si presentavano alla gente come il Messia promesso? O era il Figlio di Dio e il Salvatore degli uomini?

Possiamo tentare di rispondere a queste domande attraverso la lettura dei racconti biblici relativi a Gesù, e lo studio del periodo in cui egli visse. Le risposte che daremo saranno comunque basate sulla fede. La fede nel Figlio di Dio risorto è il fondamento del Cristianesimo. D'altro canto, nessuno storico d'oggi potrebbe negare la reale esistenza di Gesù. La storiografia del primo e del secondo secolo dopo Cristo (ad opera per esempio dello storico ebreo Giuseppe Flavio e dei romani Tacito e Svetonio) contiene brevi riferimenti a Gesù. Non si tratta di un personaggio immaginario.

Gesù di Nazareth (5 a.C. circa - 30 d.C. circa)

Gesù nacque prima della morte di Erode il grande, probabilmente nell'anno 749 del calendario romano. Quando si adottò il computo attuale del tempo, si credette che la nascita di Gesù fosse avvenuta nel 754.

Gesù era ebreo e, nell'epoca in cui visse, il regno ebraico era sotto il diretto controllo dell'Impero romano. L'attività di Gesù era simile a quella di un profeta errante, e i suoi insegnamenti si basavano sulle Sacre Scritture. Ma ben presto fu chiaro che egli andava sviluppando una dottrina indipendente, come del resto facevano capire anche certe formule che lui usava per introdurre i suoi insegnamenti: «Voi avete sentito ciò che è stato detto ai padri; ma io vi dico...»

Nell'anno 29 o 30 dell'era cristiana, Gesù fu accusato di bestemmia e processato da un tribunale religioso ebraico. Il procuratore romano della Giudea, Ponzio Pilato, su richiesta dei capi ebrei, lo processò a sua volta e lo condannò a morte per crocifissione riconoscendolo colpevole del reato di insurrezione contro lo Stato romano.

Il Gesù storico

A causa di una serie di discordanze tra i vangeli è quasi impossibile ricostruire una biografia dettagliata di Gesù. Inoltre i vangeli ci trasmettono la concezione di Gesù propria della Chiesa cristiana, la quale lo considera il Messia annunciato nell'Antico Testamento.

I vangeli non sono un testo storico. Il loro scopo è quello di diffondere il messaggio di Gesù e di spiegare il perché della sua morte.

È importante mantenere la distinzione tra racconto evangelico e narrazione storica.

Gli storici possono sostenere, su basi documentali, che Gesù era un uomo il quale affermava di agire investito di autorità divina, e che in seguito molti credettero che egli fosse risuscitato. Il vangelo e la Chiesa proclamano invece, con assoluta certezza, che Gesù *aveva* un'autorità divina, e che in effetti *è* risuscitato. Ma non è possibile né dimostrare né demolire la fede cristiana sulle basi della scienza storica.

Più volte si è tentato di identificare il Gesù dei vangeli con il "Gesù storico". Ma rimane insoluto il problema se, con metodi scientifici, sia possibile approdare a nuove conoscenze sull'"uomo di Nazareth".

Messia, Figlio dell'Uomo, Figlio di Dio

E il verbo si fece carne (Giovanni 1,14).

Nel Nuovo Testamento Gesù viene definito in vari modi e sebbene queste definizioni siano derivate dall'Ebraismo e dalla storia di Israele, nel Cristianesimo assumono un nuovo significato.

Messia

Messia significa esattamente "colui che è unto", e si riferisce all'usanza di consacrare con l'unzione il re d'Israele. In origine dunque il termine è un appellativo reale. Dopo i re Davide e Salomone, Israele andò progressivamente indebolendosi. Ma gli ebrei continuarono a sperare nella venuta di un nuovo Messia, di un nuovo re della stirpe di Davide.

La traduzione greca della parola Messia è Cristo. Il nome Gesù Cristo, dunque, conferma che Gesù è il Messia annunciato. Anche se Gesù, secondo i vangeli, in più occasioni ha riconosciuto di essere il Messia, tuttavia non ha mai usato apertamente questa definizione per sé; forse appariva ai suoi discepoli come Messia, ma egli mai ha usato per sé questo termine in pubblico, probabilmente perché La ragione può essere che non voleva essere considerato come un liberatore politico.

Figlio dell'Uomo

Gesù si è quasi sempre definito Figlio dell'Uomo. Questo epiteto è tratto dall'Antico Testamento, dove viene usato a proposito del Salvatore mandato da Dio atteso dagli ebrei. A differenza del Messia inteso in senso nazionale e politico, il Figlio dell'Uomo era una figura celeste che sarebbe arrivata «sulle nuvole del cielo» per donare la salvezza ai giusti. Quando Gesù si dichiara Figlio dell'Uomo, implicitamente si considera un'essere divino.

Secondo i vangeli Gesù collega la concezione di Figlio dell'Uomo alle profezie di Isaia del "servo sofferente" che, offrendo se stesso in espiazione, avrebbe risanato il rapporto tra Yahaweh e il suo popolo.

Figlio di Dio

In più punti del Nuovo Testamento Gesù viene chiamato anche Figlio di Dio. Come egli concepisse questo rapporto filiale è tema di discussione, e tutto indica che usasse il termine non nell'accezione comune. Gesù si rivolge a Dio chiamandolo *Abba*, termine ebraico che significa padre, e ciò costituisce un caso unico nel contesto ebraico di quel tempo.

È soprattutto nel vangelo di Giovanni che Gesù presenta se stesso come Figlio di Dio. In questo caso è evidente lo scopo di esprimere la comunione tra Gesù e Dio. In un passo Gesù lo afferma con queste parole: «Io e il padre siamo una cosa sola». Quindi Gesù è stato mandato nel mondo per rivelare Dio agli uomini: «Chi ha visto me, ha visto il Padre» (Giovanni 14,9).

La predicazione di Gesù e l'etica cristiana

Già adesso e non ancora

Secondo il vangelo più antico (Marco), Gesù inizia la sua attività di predicatore con questo messaggio: «Il tempo è arrivato, il regno di Dio è vicino. Convertitevi e credete al Vangelo!»

Anche l'espressione «Regno di Dio» deve essere interpretata in relazione alla speranza di un futuro re salvifico. Il Regno di Dio si sarebbe realizzato alla fine del tempo quando fosse arrivato il Messia. Alcuni lo ritenevano un regno terreno, politico, incentrato su Gerusalemme e sul popolo d'Israele; altri un regno dell'aldilà, in cui i salvati avrebbero ricevuto la vita eterna. Tutto ciò si sarebbe avverato dopo una catastrofe mondiale e dopo la sconfitta di tutti i nemici di Dio. Non vi è tuttavia una chiara distinzione tra le due concezioni; spesso sono entrambe presenti all'interno dello stesso contesto.

L'affermazione «il Regno di Dio è vicino» era piuttosto diffusa al tempo di Gesù. Prima di lui Giovanni il Battista – e altri – avevano annunciato lo stesso messaggio: questo mondo si avvicina alla fine e Dio prenderà il potere in qualità di re. Ciò che è radicalmente nuovo nella predicazione di Gesù è che l'avvento del Regno di Dio è collegato alla persona di Gesù stesso: egli infatti non si limita ad annunciare che la venuta del regno è imminente, ma in più occasioni afferma che il Regno di Dio è già giunto.

Questa ambivalenza è da ricollegarsi al modo in cui Gesù concepisce se stesso. È lui che rivela e attua il Regno di Dio: attraverso la sua predicazione e le sue opere le forze del regno di Dio sono già attive. Il tempo nuovo – il tempo messianico – è già cominciato.

Parimenti alcune affermazioni di Gesù indicano che il Regno di Dio è qualcosa che appartiene al futuro; il trionfo definitivo di Dio sul male si compirà quando il Figlio dell'Uomo verrà «sopra le nubi del cielo con grande potenza e gloria» (Matteo 24,30).

Questa alternanza tra un "già adesso" e un "non ancora" ha caratterizzato il Cristianesimo e la sua dottrina fino ai giorni nostri.

Gesù come maestro

Gesù veniva chiamato rabbi, cioè maestro. E molti uomini in tutto il mondo – cristiani e non cristiani – sono rimasti affascinati dal suo carisma come predicatore. Si possono individuare quattro diverse tipologie del suo insegnamento:

* Gesù si è espresso a volte con *brevi frasi.* Spesso queste sono dei paradossi (cioè contraddizioni apparenti), come ad

esempio: «Chi vorrà salvare la propria vita, la perderà; ma chi perderà la propria vita per causa mia, la troverà» (Matteo 16,25).

* Componente significativa della predicazione di Gesù erano le sue frequenti *conversazioni* con i discepoli, gli scribi o altre persone da lui incontrate. Si veda ad esempio il dialogo di Gesù con il ricco già citato (Matteo 19,16-26).

* Una terza forma di insegnamento è costituito dai numerosi *discorsi, o prediche,* ai discepoli o alla folla. Uno dei discorsi più lunghi e più importanti è quello tenuto ai discepoli poco prima di essere arrestato a Gerusalemme, sul tema degli "ultimi tempi", prima che il Figlio dell'Uomo compaia nel giorno del Giudizio.

* L'uso di *parabole,* spesso inserite in discorsi o dialoghi più lunghi sono un'altra caratteristica peculiare della predicazione di Gesù. Una parabola è un paragone o un discorso per similitudine che mira a illustrare una verità più profonda.

Le parabole di Gesù possono essere molto brevi e trarre le proprie immagini dalla natura (si veda per esempio la parabola del tessitore in Matteo 13,3-9 e 18-23); ma possono anche assumere la forma di lunghi racconti i cui temi attingono alla vita quotidiana (come nella parabola del Figliol prodigo, Luca 15,11-32, e in quella dei Lavoratori nella vigna, Matteo 20,1-16).

Il Sermone della Montagna

Quando Gesù descrive il Regno di Dio emerge con chiarezza che non gli attribuiva il significato politico che gli davano invece molti ebrei suoi contemporanei. Nelle sue parole questa espressione ha un significato completamente diverso. Per questo egli ha potuto dire, dinanzi a Pilato, che il suo regno non era «di questa terra». Ciò non significa che Gesù avesse voltato le spalle al mondo, ma semplicemente che il Regno di Dio non ha origine terrena. Ha origine in Dio. E Gesù intendeva rendere effettivo il potere di Dio sulla Terra.

L'espressione che traduciamo con Regno di Dio significa in realtà "governo di Dio". In altre parole, il luogo in cui Dio esercita il suo potere e in cui il male deve arrendersi. Come ciò si possa attuare nella realtà, Gesù lo spiega nel Sermone della Montagna, in cui viene descritta la nuova vita nel Regno di Dio.

Caratteristiche del Sermone della Montagna sono le forti esigenze etiche e l'affermazione dell'assoluta necessità dell'amore per il prossimo. In contrasto con tutte le regole e i divieti dell'Ebraismo del suo tempo, Gesù sostiene il dovere incondizionato di amare Dio e il prossimo. Con questo egli non intende annullare gli antichi precetti; al contrario, ne estende la loro validità. Ad esempio, non basta amare il nostro prossimo; bisogna amare anche i nostri nemici.

Poiché i principi sono formulati in modo così incisivo, e le condizioni appaiono così assolute, il Sermone della Montagna è stato interpretato in molti modi diversi. Uno dei doveri più discussi è quello di ricambiare il male con il bene.

> Avete inteso che fu detto: «Occhio per occhio e dente per dente»; ma io vi dico di non opporvi al malvagio; anzi se uno ti percuote la guancia destra, tu porgigli anche l'altra; e a chi ti vuol chiamare in giudizio per toglierti la tunica, tu lascia anche il mantello. E se uno ti costringerà a fare un miglio, tu fanne con lui due. Dà a chi ti domanda e a chi desidera da te un prestito non volgere le spalle (Matteo 5,38-42).

Queste e altre simili affermazioni hanno rappresentato per molti una lezione difficile: è in effetti possibile vivere secondo l'etica del Sermone della Montagna? E, in caso contrario, come dev'essere altrimenti interpretato?

Interpretazioni del Sermone della Montagna

* Fin dagli inizi della storia della Chiesa, molti hanno ritenuto che il Sermone della Montagna dovesse essere interpretato alla lettera. Albert Schweitzer afferma, in un saggio teologico, che i primi cristiani credevano in un prossimo ritorno di Gesù; il Sermone quindi era per loro un'etica da applicare durante l'attesa. Ma con il passare del tempo le concezioni sul ritorno di Gesù sono cambiate, e questo ha portato ad altre interpretazioni. Tuttavia, anche in tempi più recenti vi è

stato chi ha voluto interpretare il Sermone in senso letterale; uno di questi è lo scrittore russo Lev Nikolaevič Tolstoj (1828-1910).

* Secondo la Chiesa cattolica il Sermone della Montagna si rivolge soprattutto a coloro che hanno una vocazione speciale, ai religiosi, preti, monaci e suore, ai quali chiede celibato e povertà personale.

* L'interpretazione luterana si è basata sul principio che i precetti del Sermone sono inapplicabili in questa vita. Ma quando l'uomo capisce di non essere in grado di rispettare questi precetti, si rende conto dei propri limiti e capisce di essere un peccatore che ha bisogno del perdono di Dio e del suo aiuto per vivere. Più di recente, i teologi luterani hanno sottolineato come il Sermone della Montagna costituisca una parte dell'annuncio del Regno di Dio proclamato da Gesù. L'etica che vi è contenuta, quindi, diviene un qualcosa che l'uomo si può sforzare di mettere in pratica nella vita privata e sociale. Ma la realizzazione ultima dei precetti ideali avrà luogo soltanto con la venuta del Regno di Dio.

* Nella teologia protestante si è sviluppata anche un'altra interpretazione, la cosiddetta "etica delle intenzioni", basata sull'importanza centrale data alle buone intenzioni, o buona disposizione, che stanno dietro le azioni. Questa interpretazione è stata molto criticata in quanto riduce la morale a qualcosa di esclusivamente interiore.

* E, infine, una quinta spiegazione sostiene che Gesù abbia inteso lanciare una condanna al fariseismo non solo del suo tempo, ma anche a quello di tutte le epoche a venire.

Il precetto centrale

Molto famoso è il passo del Sermone della Montagna che contiene la cosiddetta "regola d'oro": «Tutto quanto volete che gli uomini facciano a voi, anche voi fatelo a loro: questa infatti è la Legge ed i Profeti» (Matteo 7,12).

In tutta la predicazione di Gesù, l'amore per il prossimo emerge come il comandamento fondamentale: «Ama il prossimo tuo come te stesso» (Matteo 22,39). Di volta in volta viene ribadito che il nostro amore non deve essere rivolto solo a coloro che ci piacciono, o che si trovano in una situazione difficile. Tutti gli uomini vanno accolti con amore, anche chi, secondo il giudizio comune, non meriterebbe comprensione. Come abbiamo già visto, Gesù quindi sostiene che dobbiamo amare anche i nostri nemici.

È importante però essere consapevoli del fatto che con la parola amore Gesù non allude solo a un sentimento o a un'intenzione, e lo ribadisce più volte nei suoi discorsi (l'esempio migliore è la parabola del Buon Samaritano); l'esortazione all'amore per il prossimo deve condurre all'*azione*. Da questo precetto nasce tutta una serie di altri valori: fedeltà, bontà, giustizia, verità e onestà. Questi, tuttavia, rimarranno pur sempre ideali astratti se non ci sforziamo di applicarli nella vita concreta di ogni giorno.

«Così come io ho fatto con voi»

Gesù non si è limitato ad annunciare il vangelo del Regno di Dio, lo ha anche messo in pratica.

Con il suo comportamento ha dimostrato cosa intendesse per "amore per il prossimo". Anche le guarigioni degli ammalati da lui operate rientrano in questo contesto; non erano infatti solo espressione della sua bontà, ma anche un segno che le forze del Regno di Dio erano all'opera.

E proprio l'amore incondizionato per il prossimo è stato causa del dissidio tra Gesù e gli scribi e i farisei. Fu contestato perché mangiava assieme a peccatori e pubblicani, perché liberava gli uomini da spiriti malvagi e, con particolare acrimonia, perché perdonava i peccati. Con quale diritto?!

Gesù affidò la difesa del proprio operato a una serie di parabole, che contenevano anche una critica diretta al tipo di religiosità rappresentata dagli scribi. Essi ritenevano che si potesse stabilire un buon rapporto con Dio attraverso le opere individuali e che solo chi osservava la legge aveva diritto di far parte del popolo di Dio, mentre chi la infrangeva meritava il castigo divino. Accompagnarsi a "peccatori pubblicani", secondo gli scribi, significava trasgredire le regole della purezza e della vita morale, l'osservanza delle quali era ritenuta condizione necessaria per la venuta del Regno di Dio.

Gesù prende le distanze da tutte queste pratiche formali con le quali l'uomo crede di potersi guadagnare la salvezza. L'amore di Dio offre perdono senza domandarsi se l'uomo sia meritevole o meno.

L'episodio della lavanda dei piedi, nel Nuovo Testamento, dimostra come Gesù mettesse in pratica quest'amore incondizionato. Durante l'Ultima cena assieme ai suoi discepoli, Gesù si inginocchia davanti a loro e lava loro i piedi. Un fatto inaudito, poiché un simile compito era solitamente riservato ai servi, mentre Gesù era signore e maestro!

Questo episodio dimostra che il Regno di Dio non è soltanto un dono che Dio fa agli uomini, ma piuttosto una condizione che gli uomini sono chiamati a realizzare. Gesù infatti pensava che il suo compito non fosse solo quello di dare agli uomini una più giusta immagine di Dio, ma anche di guidarli verso una comunione con lui. L'amore di Dio impegna gli uomini a praticare la stessa forma di amore.

Una lettera di Giovanni sottolinea lo stretto rapporto tra l'amore di Dio per gli uomini e l'amore degli uomini l'uno per l'altro con queste parole:

> Noi amiamo, perché egli ci ha amati per primo. Se uno dicesse: «Io amo Dio», e odiasse il suo fratello, è un mentitore. Chi infatti non ama il proprio fratello che vede, non può amare Dio che non vede. Questo è il comandamento che abbiamo da lui: chi ama Dio, ami anche il suo fratello (Giovanni 4,19-21).

Gesù nella dottrina della Chiesa

> E ci ha ordinato di annunziare al popolo e di attestare che egli è il giudice dei vivi e dei morti costituito da Dio (Pietro, Atti 10,42).

Come i primi cristiani recepirono la predicazione di Gesù

I primi cristiani non continuarono la predicazione di Gesù, ma cominciarono ad annunciare Gesù stesso, come è espresso chiaramente nelle lettere che Paolo scrisse alle prime comunità cristiane a soli venti-trenta anni dalla morte di Cristo.

Gesù aveva annunciato il vangelo (la "buona novella"),

cioè che il Regno di Dio è vicino. Sia negli Atti degli Apostoli sia nel Nuovo Testamento il termine *evangelium* continua ad essere una parola chiave, ma dopo la morte di Gesù assume un significato diverso: ora la "buona novella" è il Cristo risorto. Il vangelo si identifica con lo stesso Cristo, il Figlio di Dio mandato sulla terra per il bene dell'umanità. Di grande rilevanza è il ruolo salvifico di Gesù e il significato che questo ha per l'uomo. Tale spostamento di accento non comporta tuttavia un contrasto con la dottrina di Gesù e la sua concezione di se stesso e del proprio ruolo. Come abbiamo visto, Gesù considerava sé e il suo annuncio la stessa cosa; e in questo senso deve essere interpretata la metafora contenuta nel Vangelo di Giovanni: «In verità, in verità vi dico: se il chicco di grano caduto in terra non muore, rimane solo; se invece muore, produce molto frutto» (Giovanni 12,24).

Nella predicazione cristiana dei primi tempi Gesù è il Signore vivente che ha sconfitto la morte e che presto verrà a giudicare i vivi e i morti. I fedeli di Cristo, infatti, non vivevano solo nel ricordo del Gesù terreno o dell'"uomo di Nazareth"; vivevano con la coscienza di trovarsi in comunione con lui. Ed è decisiva la fede in Gesù come Signore e salvatore: «Poiché se confesserai con la tua bocca che Gesù è il Signore, e crederai con il tuo cuore che Dio lo ha risuscitato dai morti, sarai salvo» (Romani 10,9).

Professione di fede

Nei primi secoli dell'era cristiana crebbe l'esigenza di una "professione di fede" chiara e solida. Quell'epoca era fortemente caratterizzata dal sincretismo religioso favorito dall'Impero ro nano.

Per evitare che anche il Cristianesimo venisse snaturato, era necessario che la Chiesa stabilisse con fermezza gli elementi distintivi della fede cristiana. Tale provvedimento serviva anche a combattere le spaccature interne alla Chiesa e tra le comunità cristiane. Ma era altrettanto necessaria una revisione dei contenuti della catechesi del battesimo.

E così si crearono i *dogmi.* La parola dogma significa "proposizione o principio tenuto per verità incontrastabile" e un dogma cristiano stabilisce quale sia la giusta dottrina cristiana. In seguito i singoli dogmi furono riuniti in una più estesa professione di fede, la più antica delle quali è il Credo apostolico, che nella sua forma originale si fa risalire alla comunità di Roma del II secolo dopo Cristo. In seguito i dogmi cristiani furono riformulati anche nel Credo niceno (IV secolo) e atanasiano (VI secolo).

Vero Dio e vero uomo

Il dogma di Gesù afferma che egli era vero Dio e vero uomo. Cristo, quindi, non è soltanto il Figlio di Dio: è Dio stesso. Nella professione di fede atanasiana è detto: «È dunque la giusta fede credere e proclamare che il nostro Signore Gesù Cristo, Figlio di Dio, è Dio e uomo: pienamente Dio, pienamente uomo».

Ma come poteva l'"uomo di Nazareth" essere Dio? Una questione, questa, molto dibattuta nelle controversie che caratterizzarono i primi secoli del Cristianesimo.

Che Gesù fosse un uomo, emerge chiaramente nei quattro vangeli: Gesù prova gioia e dolore, è mite e misericordioso, ma anche severo nei rimproveri; come ogni uomo, è soggetto alle tentazioni e nelle ultime ore della sua vita terrena combatte una battaglia interiore contro la paura della morte. Questa battaglia è così dura da provocare in lui la più atroce disperazione per essere stato abbandonato da Dio. Anche Paolo, dà particolare rilievo all'umanità di Gesù.

D'altra parte, Gesù afferma più volte la sua identità con Dio: «Io e il padre siamo una cosa sola» (Giovanni 10,30) e «Chi ha visto me, ha visto il Padre» (Giovanni 14,9).

All'inizio del vangelo di Giovanni è detto inoltre che «il Verbo si fece carne e venne ad abitare in mezzo a noi»; e nella teologia cristiana si parla di *incarnazione* per indicare che Dio è divenuto uomo.

La Chiesa dei primi secoli dibatté a lungo il problema di come si dovesse comprendere e spiegare che Dio si era fatto uomo. Alcuni accentuavano la natura umana di Gesù, altri quella divina. In realtà Gesù non aveva una doppia natura, ma era ad un tempo "vero Dio" e "vero uomo".

Salvezza – Riconciliazione, liberazione e guarigione

Cristo ci ha liberati perché restassimo liberi (Galati 5,1).

Se, come sostiene il Cristianesimo, Dio si è fatto uomo, significa che Dio partecipa attivamente alla lotta tra il bene e il male nel mondo. Egli ripara ciò che si è incrinato nel rapporto tra l'uomo e Dio e tra gli uomini stessi. L'uomo viene liberato da ciò che lo incatena, e guarito da ciò che lo affligge. La passione, la morte e la risurrezione di Gesù danno quindi al cristiano una nuova vita, una vita eterna.

Riconciliazione

La croce è il simbolo più importante del Cristianesimo. I quattro evangelisti riferiscono con precisione di dettagli ciò che accadde nei giorni immediatamente prima e dopo la morte di Gesù. Anche la teologia di Paolo si concentra sulla crocifissione e la risurrezione di Gesù. Il salvatore degli uomini è il Gesù crocifisso.

Cosa significano dunque, per la fede cristiana, la passione, la morte e la risurrezione di Gesù?

Abbiamo visto che il peccato guasta il rapporto dell'uomo con Dio. Il Cristianesimo insegna che Gesù Cristo, innocente, si è fatto carico dei peccati degli uomini e ha pagato al loro posto. Per mezzo del sacrificio espiatorio di Cristo, Dio si riconcilia con il mondo e il rapporto tra l'uomo e Dio viene ripristinato.

Paolo sottolinea che l'opera di riconciliazione compiuta da Gesù è un dono fatto all'uomo senza che questi se ne sia reso meritevole. Contrariamente alla comune credenza ebraica, l'evangelista ribadisce che l'uomo da solo non può fare nulla per riconciliarsi con Dio. La riconciliazione è messa in atto da Dio stesso, cioè dalla parte innocente. L'opera di redenzione di Cristo – aver donato la propria vita per il bene dell'uomo peccatore – è quindi un atto di pura grazia. Possiamo dire che Dio preferisce la clemenza alla giustizia. La grazia è fondamentale anche nella predicazione di Gesù: ne è esempio la parabola del Figliol Prodigo.

Per Paolo l'uomo è peccatore e non può da sé in nessun modo rendersi meritevole della grazia divina. Ma se l'uomo accoglie la grazia che Dio liberamente gli dona, la sua colpa sarà cancellata. Dio «rende giusto l'empio», dice Paolo. In ciò consiste il perdono dei peccati. Anche la dottrina che l'uomo sarà redento pur senza averlo meritato è al centro della predicazione di Gesù.

Attraverso la risurrezione di Gesù, Dio ha trionfato sul male e sulla morte. L'uomo ha ricevuto una nuova possibilità, una nuova speranza. La risurrezione di Gesù è il momento più importante nel Cristianesimo; perciò la Pasqua è la più grande solennità dell'anno liturgico. Paolo afferma categorico: «Ma se Cristo non è risuscitato, allora è vana la nostra predicazione ed è vana anche la vostra fede» (1 Corinzi 15,14).

Salvezza

Principio fondamentale del Cristianesimo è che l'uomo non possa salvarsi da sé: la salvezza è qualcosa che viene data gratuitamente all'uomo per il tramite della fede in Cristo e nella sua opera di riconciliazione. «Per questa grazia infatti siete salvi mediante la fede; e ciò non viene da voi, ma è dono di Dio», scrive Paolo nella lettera agli Efesini (Efesini 2,8).

Solo mediante la fede in Gesù l'uomo può salvarsi. Questo pensiero percorre come un leitmotiv tutte le lettere di Paolo. Anche Gesù ha ripetutamente sottolineato l'importanza della fede per la salvezza: «La tua fede ti ha salvato», dice in molte occasioni. Ma la fede, non è un atto umano? Non secondo il Nuovo Testamento: anche la fede è un dono di Dio. Quando Paolo accentua l'importanza della fede per la salvezza, non intende parlare di "ortodossia religiosa". La fede appartiene alla sfera dei sentimenti e non a quella della ragione. Oggi in molti tradurrebbero il verbo credere con "avere una convinzione" o "ritenere vero qualcosa". Nel contesto cristiano è più giusto invece parlare di fiducia o confidenza. La parola latina *fides*, da cui deriva l'italiano fede, implica questo significato.

Salvezza – Da che cosa?

Da che cosa dev'essere salvato l'uomo? La Bibbia indica che salvezza significa liberazione dal potere che il peccato esercita sull'uomo. Al peccato segue spesso un senso di colpa.

Ai giorni nostri sia il peccato sia la colpa vengono spesso concepiti in modo più collettivo che individuale. Ma anche questo è un concetto biblico: agli occhi di Dio siamo colpevoli singolarmente e anche in quanto apparteniamo ad una stirpe di colpevoli.

Molte persone oggi soffrono per il vuoto e per la mancanza di senso che sperimentano nella propria vita, e non tanto per il sentimento del peccato e della colpa. Sono l'assenza di radici, l'estraniamento e l'angoscia che caratterizzano la situazione psicologica di molti di noi. La sensazione di vuoto e di inutilità dell'esistenza è spesso strettamente collegata all'idea della morte. Numerosi psicologi sostengono che l'ansia esistenziale è in realtà espressione di angoscia della morte. Ma l'intera storia del Cristianesimo concepisce la salvezza come liberazione dalla transitorietà.

Salvezza – Verso che cosa?

Un'altra parola che si usa spesso per indicare la salvezza procurataci da Cristo è *liberazione*. «Se dunque il Figlio vi farà liberi, sarete liberi davvero», dice Gesù (Giovanni 8,36); «Cristo ci ha creato perché restassimo liberi», scrive Paolo nella lettera ai Galati (Galati 5,1). «Non sono forse libero, io?» esclama in un altro passo (1 Corinzi 9,1). E nella lettera ai Romani scrive che Cristo lo ha liberato dalla legge della morte e del peccato (Romani 8,2).

In tutta la Bibbia la morte è considerata qualcosa di negativo. Paolo la definisce l'«ultimo nemico». La vittoria di Gesù sulla morte, cioè la sua risurrezione, costituisce la base della fede cristiana nella vita eterna. È questo che Paolo ha in mente quando, con la consapevolezza del trionfatore, afferma: «La morte è annientata, la vittoria conquistata. Dov'è, o morte, la tua vittoria? Dov'è, o morte, il tuo pungiglione?» Corinzi 15,55).

La speranza cristiana

Il cristiano spera e attende il momento in cui tutto ciò che ora è imperfetto cesserà e l'amore di Dio regnerà assoluto e incontrastato. Il Cristianesimo insegna che una nuova epoca è iniziata nel momento in cui Gesù ha trionfato sulle forze distruttrici dell'esistenza terrena. Dio ha ottenuto una vittoria decisiva, che però non è ancora una vittoria finale. Questa si realizzerà soltanto con il ritorno di Gesù alla fine della storia del mondo.

Quando annuncia il Regno di Dio, Gesù si riferisce a qualcosa che va ben oltre una salvezza puramente individuale. La speranza cristiana non ha dunque soltanto una *valenza personale*; ne ha anche una *sociale* o *collettiva*, cioè mira ad una nuova forma di comunità tra gli uomini, una nuova forma di società o un nuovo mondo. La speranza cristiana ha, infine, una *valenza cosmica*: verrà «un nuovo cielo e una nuova terra».

Il giudizio

Chi è partecipe della salvezza cristiana? Nel Nuovo Testamento, a proposito di coloro che faranno parte del Regno di Dio, sono testimoniate due differenti posizioni.

Da un lato si afferma che la via per la vita eterna passa attraverso una «porta stretta». Per poter ottenere di vivere nel nuovo regno l'uomo deve «rinnegare se stesso» e volgersi a Dio. Non di rado il singolo è posto di fronte a una scelta che richiede forza di volontà per eliminare ciò che ostacola la vera comunione con Dio. Non si tratta solamente di liberarsi del proprio egocentrismo, ma di scegliere una vita di obbedienza, umiltà e amore. Quindi non è soltanto la porta ad essere stretta: lo è anche la via per arrivarci.

Accanto a queste parole ammonitrici se ne incontrano altre che definiscono il Regno di Dio come un dono. Alcune delle Beatitudini nel Sermone della Montagna indicano esplicitamente che l'entrata è ampia e che vi possono accedere tutti gli uomini che ritengono di non essere degni e tutti coloro che sono aperti a Dio e che accettano il suo dono senza riserve.

Due degli evangelisti annunciano che alla fine dei tempi

arriverà il «giorno del Signore» o «giorno del Giudizio», in cui tutti gli uomini saranno giudicati per le proprie azioni. Ecco che cosa dice, a questo proposito il vangelo di Matteo·

Quando il Figlio dell'uomo verrà nella sua gloria con tutti i suoi angeli, si siederà sul trono della sua gloria. E saranno riunite davanti a lui tutte le genti, ed egli separerà gli uni dagli altri, come il pastore separa le pecore dai capri, e porrà le pecore alla sua destra e i capri alla sinistra.

Allora il re dirà a quelli che stanno alla sua destra: «Venite, benedetti del Padre mio, ricevete in eredità il regno preparato per voi fin dalla fondazione del mondo. Perché io ho avuto fame e mi avete dato da mangiare, ho avuto sete e mi avete dato da bere; ero forestiero e mi avete ospitato, nudo e mi avete vestito, malato e mi avete visitato, carcerato e siete venuti a trovarmi». Allora i giusti gli risponderanno: «Signore, quando mai ti abbiamo veduto affamato e ti abbiamo dato da mangiare, assetato e ti abbiamo dato da bere? Quando ti abbiamo visto forestiero e ti abbiamo ospitato, o nudo e ti abbiamo vestito? E quando ti abbiamo visto ammalato o in carcere e siamo venuti a visitarti?» Rispondendo, il re dirà loro: «In verità vi dico: ogni volta che avete fatto queste cose a uno solo di questi miei fratelli più piccoli, l'avete fatto a me».

Poi dirà a quelli alla sua sinistra: «Via, lontano da me, maledetti, nel fuoco eterno, preparato per il diavolo e per i suoi angeli. Perché ho avuto fame e non mi avete dato da mangiare; ho avuto sete e non mi avete dato da bere: ero forestiero e non mi avete ospitato, nudo e non mi avete vestito, malato e in carcere e non mi avete visitato». Anch'essi allora risponderanno: «Signore, quando mai ti abbiamo visto affamato o assetato o forestiero o nudo o malato o in carcere e non ti abbiamo assistito?» Ma egli risponderà: «In verità vi dico: ogni volta che non avete fatto queste cose a uno di questi miei fratelli più piccoli, non l'avete fatto a me». E se ne andranno, questi al supplizio eterno, e i giusti alla vita eterna (Matteo 25,31-46).

Il concetto centrale in questo brano evangelico è che il giudizio di Dio è definitivo. Dio consegna l'uomo alla salvezza eterna o lo condanna all'eterna perdizione. Ma il testo sottolinea anche che le azioni dell'uomo sono decisive nel meritare la salvezza o la condanna eterna; un'idea ribadita nelle epistole del Nuovo Testamento: «Non vi fate illusioni; non ci si può prendere gioco di Dio. Ciascuno raccoglierà quello che avrà seminato. E non stanchiamoci di fare il bene; se infatti non desistiamo, a suo tempo mieteremo» (Galati 6,7 e 9).

In altri punti si sottolinea invece che determinante nel giudizio finale sarà la posizione che l'uomo avrà assunto nei confronti di Gesù Cristo. Come abbiamo già spiegato, secondo la teologia cristiana l'uomo non può guadagnarsi la salvezza solo per mezzo delle buone azioni. In questo caso le buone azioni sono considerate come espressione e affermazione della fede in Cristo, come afferma Giacomo: «Infatti come il corpo senza lo spirito è morto, così anche la fede senza le opere è morta» (Giacomo 2,26).

Il concetto, più volte ribadito del Nuovo Testamento, è che l'uomo è responsabile della sua condizione nell'eternità, e che quello che conta nel Giudizio finale è il grado di accettazione dell'amore di Dio per noi; il "sì" o il "no" dell'uomo all'offerta divina della salvezza.

La dottrina degli "stadi finali dell'uomo e dell'universo" viene definita con la parola di origine greca *escatologia*. Nel vangelo di Giovanni un rilievo particolare ha l'"escatologia del presente". Secondo l'evangelista il giudizio ha luogo sulla terra: «In verità, in verità vi dico: chi ascolta la mia parola e crede a colui che mi ha mandato, ha la vita eterna e non va incontro al giudizio, ma è passato dalla morte alla vita» (Giovanni 5, 24).

Perdizione

Nel corso della storia della Chiesa, e anche tra i cristiani d'oggi, vi sono diversi modi di concepire il giudizio, la salvezza e la perdizione. In linea generale se ne possono distinguere tre, tutti basati su passi delle Sacre Scritture.

* Solo alcuni uomini saranno salvati, gli altri saranno destinati alla dannazione eterna (che viene rappresentata come tormento per l'assenza di Dio).

* Solo alcuni uomini saranno salvati, gli altri moriranno dell'"altra morte", e saranno cancellati per sempre.

* Tutti gli uomini saranno salvati. Nel giorno del giudizio tutti i vivi e i morti adoreranno il Signore, e Dio sarà «tutto in tutti».

In questo contesto è naturale introdurre un concetto che ha fomentato non poche discordie e dibattiti: l'inferno. Soprattutto nel Medioevo vennero elaborate dettagliate descrizioni delle punizioni riservate ai dannati, ma l'origine del concetto è da ricercarsi nell'antica cultura ebraica. La parola inferno è la traduzione del termine neo-testamentario *Gehenna*, che indica la valle di Hinnon. Questa valle, a sud di Gerusalemme, era famosa perché vi si praticava l'idolatria. Al tempo di Gesù con il termine Gehenna si indicava l'inferno di fuoco della punizione eterna. Dal Nuovo Testamento non si capisce con chiarezza se questo fuoco comporti tormento o annientamento. Inoltre l'inferno è diverso dal regno dei morti, o Ade, dove le anime dimorano in attesa del giudizio.

Lo spirito santo e la Chiesa cristiana

Ma il Consolatore, lo Spirito Santo che il Padre manderà nel mio nome, egli v'insegnerà ogni cosa e vi ricorderà tutto ciò che io vi ho detto (Giovanni 14,26).

La forza di Dio – Lo Spirito Santo

Un altro concetto fondamentale del Cristianesimo è che Gesù continua a vivere e che il suo operato viene proseguito dallo Spirito Santo.

Ovunque, nel Nuovo Testamento, si parla di Gesù come di una persona distinta dal Padre; più volte, ad esempio, si dice di lui che «pregò Dio». Anche lo Spirito di Dio, o lo Spirito Santo, è presentato a volte come una potenza personificata. E in alcuni punti il Padre, il Figlio e lo Spirito sono riuniti in una sola formula. Paolo conclude la sua seconda lettera ai Corinzi con l'augurio: «La grazia del Signore Gesù Cristo, l'amore di Dio e la comunione dello Spirito Santo siano con tutti voi!»

Questo significa forse che il Cristianesimo non è una religione monoteista? La Bibbia non chiarisce in maniera soddisfacente il rapporto tra Padre, Figlio e Spirito. Ma nel corso del III e IV secolo d.C. si elabora il dogma cristiano della Trinità, il quale afferma che Dio è tre "persone" in una sola entità divina. Il termine "persona" non è da intendersi nel senso di "individuo". Infatti il latino *persona* significa maschera, e si riferisce alla pratica dell'attore del teatro greco di recitare ruoli diversi servendosi di maschere.

Lo Spirito Santo è lo Spirito di Dio che nel primo capitolo della Bibbia viene descritto come forza creatrice e dispensatrice di vita. Ma nel Nuovo Testamento lo Spirito è connesso a Cristo, e quando i primi autori cristiani descrivono la propria vita religiosa, la definiscono indifferentemente o una vita "nello Spirito", o una vita "in Cristo".

Il secondo capitolo degli Atti degli Apostoli racconta come gli apostoli ricevettero lo Spirito Santo. I seguaci di Gesù, dopo la sua morte, si erano riuniti per celebrare la Pentecoste, e Dio inviò su di loro il suo Spirito. Questo avvenimento è considerato il momento fondatore della Chiesa cristiana, le cui attività religiose più importanti sono poi descritte nello stesso capitolo: «Erano assidui nell'ascoltare l'insegnamento degli apostoli e nell'unione fraterna, nella frazione del pane e nelle preghiere». L'annuncio della parola di Dio, l'amministrazione dei sacramenti, la pratica della preghiera e della fraternità cristiana costituiscono ancora oggi le attività "vitali" delle comunità cristiane.

I sacramenti

L'amore e la presenza di Dio non si manifestano soltanto attraverso la sua parola, ma anche attraverso i riti dei sacramenti.

Sacramento deriva da una parola latina che non compare mai nella Bibbia; il termine significa "mezzo per rendere sacro", cioè per rafforzare il legame tra Dio e gli uomini. È un mezzo concreto, visibile, che Dio offre agli uomini perché essi possano entrare in comunione con lui.

I sacramenti sono dunque una serie di cerimonie che rafforzano l'unione con Dio. La Chiesa cristiana ne ha stabiliti sette. Due di questi occupano un ruolo preminente e sono accettati anche dalla Chiesa protestante: il battesimo e l'eucaristia, entrambi istituiti da Gesù.

Battesimo

Secondo Matteo il battesimo è stato istituito da Gesù il giorno dell'Ascensione con queste parole pronunciate di fronte ai discepoli:

> Ogni potere è stato dato a me in cielo e in terra. Andate dunque, ammaestrate tutte le genti, battezzandole nel nome del Padre e del Figlio e dello Spirito Santo (Matteo 28,18-19).

Fin dai tempi più antichi del Cristianesimo l'ingresso nella comunità dei cristiani avveniva con il battesimo. Il battesimo è una cerimonia di iniziazione. Gesù si è fatto battezzare da Giovanni per essere iniziato al proprio compito. Ma per il cristiano il battesimo è qualcosa di più di un biglietto di ingresso nella Chiesa. Con il battesimo Dio dona all'uomo la salvezza e il perdono dei peccati. L'uomo muore e risorge con Cristo e partecipa della comunione con Dio. È abituale nel linguaggio della Chiesa parlare del battesimo come di una "nuova nascita".

Il battesimo non può essere separato dalla parola di Dio; non è una cerimonia magica che agisce di forza propria. «Senza la parola di Dio l'acqua è soltanto acqua, e non vi è alcun battesimo», dice Lutero.

Il battesimo non si può nemmeno separare dalla fede e questo è il punto di partenza per l'annoso dibattito sul battesimo dei neonati e degli adulti. I sostenitori del battesimo conferito in età adulta affermano che la fede presuppone una conversione personale, una scelta di accettazione e obbedienza al messaggio di Cristo.

Chi è a favore del battesimo dei neonati, invece, si basa sul principio che soltanto la grazia e l'amore di Dio donano la salvezza e che gli uomini non ottengono nulla con il proprio sforzo individuale. I bambini possono dunque, al pari degli adulti, essere accolti nel Regno di Dio attraverso il battesimo, anche se in seguito il battezzato potrà votarsi a una fede personale diversa.

La catechesi è condizione preliminare per il battesimo sia degli adulti sia dei bambini, che i genitori devono impegnarsi a educare cristianamente. Questa educazione viene impartita dalla Chiesa anche attraverso la scuola domenicale (o altro tipo di attività catechistica) e l'insegnamento della religione cristiana nella scuola dell'obbligo.

Eucaristia

La sera prima di essere arrestato, Gesù e i suoi discepoli consumarono insieme una cena, "l'Ultima Cena". Gesù si servì del pane e del vino per spiegare il significato della missione affidatogli dal Padre: il dono di sé, in carne e sangue, perché gli uomini potessero ottenere il perdono della loro ribellione a Dio.

Il nostro Signore Gesù Cristo nella notte in cui fu tradito, prese il pane, rese grazie con la preghiera di benedizione, lo spezzò, lo diede ai suoi discepoli e disse: «Prendete e mangiatene tutti. Questo è il mio corpo offerto in sacrificio per voi. Fate questo in memoria di me».

Dopo la cena, allo stesso modo prese il calice, rese grazie, lo diede ai suoi discepoli e disse: «Prendete e bevetene tutti. Questo è il calice del mio sangue, per la nuova ed eterna Alleanza, versato per voi e per tutti in remissione dei peccati. Fate questo in memoria di me».

Ancor più che il battesimo, questo sacramento è stato oggetto di grandi polemiche e dissidi nel corso della storia del Cristianesimo, e di esso e le singole comunità religiose hanno evidenziato aspetti diversi. Indichiamo qui di seguito alcuni dei motivi connessi all'eucaristia.

* *Il motivo della fraternità.* Gesù ha istituito un mezzo per rafforzare la fraternità e l'unione tra coloro che prendono parte al sacro banchetto, e la comunione con Dio. L'eucaristia anticipa la piena realizzazione del Regno di Dio.

* *Il motivo del ricordo.* Il sacramento assume una dimensione storica e serve a ricordare ciò che Dio ha fatto per gli uomini attraverso la vita e le opere di Gesù.

* *Il motivo della conferma della fede.* L'eucaristia è una professione di fede dinanzi a Dio e dinanzi agli uomini.

* *Il motivo della forza.* Attraverso l'eucaristia Gesù dona se

stesso nel pane e nel vino e Dio perdona i peccati e dona nuova forza e nuova vita ai fedeli.

* *Il motivo del ringraziamento.* Poiché l'eucaristia è un dono, essa è fonte di gioia e di gratitudine.

* *Il motivo del sacrificio.* Nella Chiesa cattolica l'eucaristia è anche considerata come una rievocazione del sacrificio di Gesù sul Golgota; perciò la Messa viene anche chiamata «sacrificio vivo e santo».

Preghiera

L'azione che lo Spirito Santo esercita sugli uomini non è legata soltanto alla predicazione e ai sacramenti. Anche attraverso la preghiera il cristiano raggiunge la comunione con Dio.

Secondo i vangeli, Gesù pregava spesso, soprattutto in prossimità di eventi importanti. Egli ha insegnato ai discepoli a pregare e il Nuovo Testamento è ricco di esortazioni alla preghiera, la quale ha sempre svolto un ruolo fondamentale nella storia della Chiesa.

La preghiera è il colloquio dell'uomo con Dio e come tale presuppone una relazione io-tu oppure noi-tu, cioè un rapporto personale. Benché Dio sia il supremo creatore e giudice, l'uomo può chiamarlo "padre".

Pregare serve a qualcosa? Questa è una domanda che prima o poi tutti i cristiani si pongono, soprattutto quando la loro preghiera non ha avuto l'esito sperato.

«Chiedete, e vi sarà dato», ha detto Gesù, così come ha insegnato ai discepoli a dire «sia fatta la tua volontà». Questi insegnamenti di Gesù ci fanno capire che noi possiamo pregare Dio per qualunque cosa, ma egli non è obbligato ad esaudire sempre le nostre richieste. La preghiera non è un esorcismo, né tanto meno una formula magica.

«Lo scopo della preghiera non è la realizzazione dei nostri desideri egoistici, ma l'adempimento della volontà di Dio» (E. Thestrup Pedersen).

Il contenuto della preghiera

La preghiera più comune è l'espressione di un desiderio e di una supplica. Il *Padre nostro* è un buon esempio dell'ampia gamma delle richieste che possono entrare nella nostra preghiera: dal concreto «dacci oggi il nostro pane quotidiano» al più astratto «liberaci dal male».

La preghiera di intercessione è una preghiera a beneficio di altri: va al di là dell'interesse personale e riguarda parenti, conoscenti e amici. Ma Gesù ha invitato a intercedere anche «per coloro che vi perseguitano», e sulla croce ha così pregato: «Perdona a loro, padre, perché non sanno quello che fanno».

La preghiera di ringraziamento esprime la gratitudine a Dio per un desiderio esaudito. Un esempio è contenuto nel racconto dei lebbrosi curati da Gesù, dei quali soltanto uno tornò indietro a ringraziarlo (Luca 17,11-19).

Il ringraziamento può anche non riferirsi a qualcosa che è stato chiesto. Si può pregare anche semplicemente per ringraziare Dio dei doni che il suo amore ci ha elargito: salute, affetti, benessere. Spesso questo genere di preghiera, uno dei più comuni nel Nuovo Testamento, assume la forma dell'*inno di lode*. Paolo introduce molte delle sue lettere con espressioni di ringraziamento e di lode al Signore.

Preghiere ed inni di lode hanno avuto grande importanza fin dalle origini del Cristianesimo e hanno assunto formule fisse che sono entrate a far parte integrante della liturgia della Chiesa. Il fedele, però, può anche pregare esprimendosi con parole e pensieri propri.

Si può pregare da soli oppure in comunità. Nel Nuovo Testamento è detto che gli apostoli si riunivano per la preghiera comune (Atti 2,42). Quando Gesù raccomanda la preghiera in privato, in realtà lo fa per ammonirci a evitare lo sfoggio della nostra devozione: «Quando pregate, non siate simili agli ipocriti che amano pregare stando ritti nelle sinagoghe e negli angoli delle piazze, per essere visti dagli uomini. In verità vi dico: hanno già ricevuto la loro ricompensa. Tu invece, quando preghi, entra nella tua camera e, chiusa la porta, prega il Padre tuo nel segreto; e il Padre tuo, che vede nel segreto, ti ricompenserà» (Matteo 6,5-6).

Il Cristianesimo non ha formulato regole precise per la preghiera, né per quanto attiene il contenuto né per il modo. Si può pregare inginocchiati o in piedi, a capo chino o a testa alta, a mani giunte o sollevate verso il cielo. Nessun gesto o movimento esprime maggior fede di un altro. Chi prega trova da sé la posizione più adatta.

La Chiesa: comunità cristiana

Non molto tempo dopo la morte di Gesù alcune persone cominciarono a riunirsi per ascoltare i racconti della sua vita e dei suoi miracoli. Nacquero così le prime comunità cristiane, e il Nuovo Testamento racconta come fossero eccezionali l'amore e la fraternità tra i membri di questi piccoli gruppi.

È questo l'embrione di quella che oggi si chiama Chiesa, sulla cui struttura, però, il Nuovo Testamento non fornisce indicazioni.

La Chiesa: ciò che appartiene al Signore

Per comprendere il concetto di Chiesa dobbiamo tornare a Gesù e al modo in cui egli considerava se stesso, cioè come il re annunziato, il Messia. E un re ha un popolo. A fondamento della Chiesa sta il semplice invito di Gesù ai suoi discepoli: «Seguimi». La Chiesa è la comunità di tutti coloro che rispondono positivamente alla chiamata di Cristo.

La parola "chiesa" deriva dalla parola greca *ecclesia,* cioè adunanza, e indica la comunità dei fedeli.

Ma la Chiesa non è nata per la volontà organizzatrice dei fedeli. Essa ha cominciato ad esistere quando sui fedeli, i primi discepoli di Gesù, è scesa la potenza spirituale di Dio. Ciò è avvenuto, secondo il Nuovo Testamento, il giorno di Pentecoste quando Gesù mandò il suo Spirito per guidare gli uomini alla verità.

La comunità, o l'assemblea dei fedeli che appartengono a Cristo è una realtà centrale del Nuovo Testamento, dove spesso viene paragonata a una casa, a un vigneto o a un organismo vivente.

La Chiesa è concepita come realtà visibile e invisibile nello stesso tempo: è la comunione spirituale di tutti coloro che credono in Cristo, ma è anche il luogo concreto in cui si annuncia il vangelo e vengono impartiti i sacramenti.

La diffusione del Cristianesimo

I primi cristiani

Secondo Gesù i discepoli rappresentavano il germe del nuovo Regno di Dio che si sarebbe realizzato sulla terra. Pietro ne era la figura eminente; un altro personaggio di rilievo era Giacomo, il fratello di Gesù.

La prima comunità cristiana era formata da devoti ebrei che osservavano la legge di Mosè e partecipavano alle funzioni nel Tempio. Ciò che li contraddistingueva dagli altri ebrei era che riconoscevano in Gesù di Nazareth il Messia promesso. Venivano quindi considerati come una setta ebraica identificata come "partito del Nazareno". All'inizio tra Ebraismo e Cristianesimo non esisteva una profonda spaccatura. Anche i "fedeli di Cristo" erano ebrei.

Di importanza decisiva per lo sviluppo successivo del Cristianesimo fu la conversione del fariseo Saulo (Paolo), intorno al 36 d.C. Non è esagerato affermare che fu proprio lui, con la sua lunga e intensa opera di evangelizzazione, a fare del Cristianesimo una religione mondiale. La sua attività si svolse in due direzioni: verso i non ebrei del mondo greco-romano tra i quali, nel corso di diversi viaggi, diffuse il vangelo di Cristo; e verso le nuove comunità cristiane alle quali indirizzò una serie di lettere che costituiscono il fondamento della teologia cristiana. In questi scritti il Cristianesimo si delinea come una religione autonoma e indipendente e Gesù Cristo è presentato come il Salvatore di tutti gli uomini.

Una questione importante nella Chiesa paleocristiana era il rapporto tra i cristiani ebrei e i cristiani pagani, ossia non-ebrei. Questi ultimi dovevano restare vincolati dalla legge di Mosè? Dovevano, ad esempio, essere circoncisi per poter divenire cristiani? Sì, pensavano molti dei cristiani autorevoli di Gerusalemme nei primi dieci anni successivi alla morte di Cristo. Tra questi anche Giacomo, fratello di Gesù. Paolo era di altro avviso: avendo viaggiato a lungo tra i pagani, egli riteneva che essi potessero accogliere la fede in Cristo anche senza conoscere l'Ebraismo.

Una Chiesa e molte confessioni religiose

La cristianità oggi è divisa in molte confessioni (dal latino *confessio*, professione di fede religiosa), che si distinguono per organizzazione, dottrina, funzioni religiose e atteggiamento nei confronti della questione sociale.

La Chiesa cristiana è stata una e indivisa fino al 1054, quando si scisse in Chiesa cattolica romana e Chiesa ortodossa.

Inoltre, poco dopo il XVI secolo, sorsero diverse confessioni indipendenti, tra cui la Chiesa anglicana, la Riformata e l'Evangelico-luterana – che contestavano alcuni aspetti della dottrina e certe pratiche della Chiesa cattolica – e più tardi i Metodisti, i Battisti, i Pentecostali, i Quaccheri, e gli Avventisti del Settimo Giorno.

La storia della Chiesa è la sintesi di come il messaggio di Gesù Cristo sia stato diffuso e recepito attraverso la vita e la predicazione di alcuni fedeli e perciò possiamo affermare che la storia della Chiesa è la storia di una missione.

Nella Bibbia non vi sono direttive chiare circa l'organizzazione ecclesiastica. Quindi le singole confessioni religiose cristiane hanno adottato sistemi diversi. Alcune chiese danno un'importanza decisiva alle istituzioni stesse, altre ritengono sufficiente che gli individui che si riconoscono in esse siano uniti da esperienze religiose omogenee e dalla stessa opinione sulle questioni morali e religiose. Anche termini quali "chiesa popolare", "chiesa indipendente" e "chiesa statale" fanno riferimento a forme differenti di organizzazione. La molteplicità delle forme è dovuta in parte alla diversa interpretazione di alcuni brani del messaggio evangelico, in parte alle circostanze storiche e temporali in cui le chiese si sono formate. Anche condizioni geografiche e socio-psicologiche hanno giocato un ruolo decisivo nella frantumazione della Chiesa cristiana.

Ma, a dispetto delle differenze, le comunità religiose cristiane riconoscono di avere tutte una base comune nella Bibbia. La maggior parte di esse adotta una o più di quelle professioni di fede che risalgono ai primi secoli del Cristianesimo, come il Credo apostolico, il Credo niceno, e il Simbolo di Atanasio.

Il mondo cristiano

Il Cristianesimo è la religione più diffusa nel mondo grazie anche a un'intensa attività di proselitismo e missionaria. Oggi esistono tre gruppi principali di comunità di credenti, che hanno il proprio centro di gravità in regioni geografiche diverse: innanzitutto la Chiesa cattolica romana, che domina l'Europa meridionale e l'America latina ed è diffusa fra vaste minoranze negli U.S.A. e in Africa; poi la Chiesa ortodossa, concentrata in Grecia e nell'Europa dell'est; e infine le comunità religiose protestanti, diffuse soprattutto nel nord-Europa, U.S.A. e Australia.

Tipologia delle diverse confessioni religiose

Le diverse confessioni cristiane si possono individuare in base al nucleo centrale della loro fede.

* Si possono individuare due "ali": una legata alla tradizione e aderente al modello originario e una che ha rifiutato o perso gran parte della tradizione ecclesiastica paleocristiana e medievale. In inglese si parla di un'ala "alta" (*High Church*) e di una "bassa" (*Low Church*) che corrispondono, grosso modo, alla Chiesa cattolica e alla Chiesa protestante.

Seguendo tale ripartizione, possiamo affermare che la Chiesa cattolica romana occupa la posizione più estrema dell'ala conservatrice, e la Chiesa battista la posizione più estrema dell'altra. Nel mezzo troviamo l'Anglicanesimo, il Luteranesimo e il Metodismo.

* Altre confessioni si distinguono sulla questione del battesimo ai neonati: alcune di esse lo accettano, altre lo rifiutano a favore del battesimo degli adulti.

Una confessione religiosa che basa la sua dottrina sul battesimo dei neonati è per sua natura ospitale e aperta a tutti. Generalmente ha una propria struttura ecclesiastica e una propria liturgia basata sui sacramenti e altre funzioni religiose.

Le confessioni che rifiutano il battesimo dei neonati, invece, sono di natura selettiva e tendono all'esclusione delle masse. Il sentimento di appartenenza a queste chiese, si basa sull'adesione volontaria e cosciente e su un atto di professione di fede personale (appunto il battesimo in età adulta) e sull'impegno alla testimonianza personale.

Una comunità di questo tipo spesso non ha né sacramenti né struttura ecclesiastica.

* Il terzo tipo si fonda su ciò che le singole chiese ritengono più importante per la loro identità. Per esempio il Luteranesimo dà importanza quasi esclusivamente all'aspetto dei contenuti dottrinari; la Chiesa cattolica romana all'organizzazione ecclesiastica; la Chiesa ortodossa alle funzioni e alle cerimonie religiose.

La Chiesa cattolica romana

Diffusione

La Chiesa cattolica romana è la più grande di tutte le chiese. Vi aderisce la metà di tutti i cristiani nel mondo, circa un miliardo.

Organizzazione

La Chiesa cattolica è una delle organizzazioni più saldamente strutturate che esistano, grazie anche a un articolato e ricco sistema di leggi interne e alla grande autorità di cui gode la sua gerarchia costituita da Papa, vescovi e preti.

Il Papa

L'autorità del Papa, inteso come capo supremo di tutti i credenti, è fondata sulla concezione che egli sia il successore dell'apostolo Pietro. Le parole di Gesù: «Su questa pietra edificherò la mia chiesa» rilucono oggi in caratteri d'oro dalla cupola di San Pietro a Roma.

Nel 1870 fu sancito il dogma dell'infallibilità del Papa quando egli si pronuncia su questioni relative alla fede. In simili casi (in pratica è accaduto solo due volte) si dice che il

Papa parla *ex cathedra,* cioè con l'autorità garantitagli dal suo ruolo. Ciò non significa che il Papa sia esente dal peccato e anch'egli deve sottoporsi al rito della confessione. Non è in suo potere introdurre nuovi elementi dottrinali, ma ha tuttavia l'autorità di decidere se un particolare caso sia in linea con il pensiero della Bibbia e della tradizione ecclesiastica. Nel prendere simili decisioni è coadiuvato dai vescovi. Lo stesso Papa, del resto, è un vescovo e Roma è la sua diocesi. Nel passato, il Papa godeva di potere temporale oltre che religioso e nel corso della storia si sono spesso verificate aspre lotte tra Chiesa e Stato. Il Papa è tuttora sovrano di un piccolo stato, il Vaticano, che ha moneta propria, proprie poste, propria polizia, propria emittente radiofonica e propri ambasciatori presso altri paesi.

Vescovi e sacerdoti

Come il Papa è il successore di Pietro, così i vescovi sono i successori degli altri apostoli. Fin dal tempi apostolici, i vescovi vengono consacrati mediante l'imposizione delle mani sul capo.

Uno dei compiti più importanti dei vescovi è di ordinare (consacrare) i sacerdoti all'interno della propria diocesi. Il compito dei sacerdoti è di guidare la comunità, principalmente attraverso le funzioni religiose e la somministrazione dei sacramenti. Sebbene negli ultimi anni nella Chiesa cattolica sia sensibilmente aumentato il coinvolgimento dei laici nella liturgia, il prete continua a svolgere una funzione di eccezionale rilievo, più marcata che in altre comunità religiose. Infatti i sacerdoti, al momento dell'ordinazione, vengono investiti del potere unico di proclamare la parola di Dio e di somministrare i sacramenti (i segni visibili della grazia di Dio).

La rigida organizzazione all'interno della Chiesa cattolica non è casuale. È qualcosa che Gesù stesso ha voluto, ed è un'espressione concreta del Regno di Dio su questa terra. I preti devono consacrare la propria vita a Dio, alla Chiesa e agli uomini, perciò non possono sposarsi e formare una famiglia.

Nella Chiesa cattolica le donne non possono essere ordinate sacerdoti. Questo è un tema oggi molto discusso, soprattutto negli Stati Uniti; sempre più di frequente si tende a sottolineare il fatto che le ragioni contrarie al sacerdozio femminile non trovano riscontro nella Bibbia e che si tratta soltanto di un pregiudizio culturale e tradizionale.

La chiesa una, santa, cattolica e apostolica

I cattolici imparano che la loro Chiesa ha quattro tratti distintivi, che caratterizzavano anche la Chiesa apostolica delle origini.

È una. Fedeli alla parola di Dio sull'unità, gli apostoli si impegnarono affinché a tutti i cristiani venisse impartita la stessa fede e lo stesso modello di vita cristiana. L'espressione "una chiesa" significa inoltre che esiste soltanto una sola vera Chiesa.

È santa. Nel catechismo cattolico è così spiegato: «La Chiesa cattolica è santa, poiché ha ricevuto da Gesù una santa dottrina e i mezzi (sacramenti) per condurre gli uomini alla santità».

È cattolica. Ciò significa che è universale, estesa a tutto il mondo, per tutti gli uomini. I primi cristiani hanno seguito l'incitamento di Cristo a portare il vangelo a tutti i popoli, e la Chiesa cattolica svolge tuttora un'intensa attività missionaria.

È apostolica. È retta cioè da uomini che sono considerati i successori degli apostoli, alla cui dottrina essi quindi si attengono rigorosamente.

Alla base: Bibbia e Tradizione

Naturalmente, la Chiesa cattolica costruisce la propria vita e la propria dottrina principalmente sulla Bibbia; ma la Bibbia non può essere scissa dalla *Tradizione,* cioè dal pensiero e dalle consuetudini che hanno caratterizzato la vita della Chiesa fin dal tempo degli apostoli. Naturalmente la Tradizione non è la meccanica trasmissione di un'eredità "orale" degli apostoli, ma uno sviluppo costante delle possibilità racchiuse nel vangelo. La Chiesa vuole essere in grado – con l'aiuto dello Spirito Santo – di spiegare il messaggio di Dio in modo sempre più chiaro. Il Cattolicesimo afferma che soltanto la

Chiesa, e non il singolo credente, può pronunciarsi sul contenuto della Tradizione. Infatti il catechismo cattolico dice: «Con l'aiuto dello Spirito Santo la Chiesa conserva inalterate le Sacre Scritture e la Tradizione, e a partire da queste diffonde la sua dottrina».

La dottrina della Chiesa

La Chiesa cattolica condivide una serie di importanti elementi con altre confessioni religiose, soprattutto la Bibbia e le tre professioni di fede paleocristiane.

Su due punti, la salvezza e i sacramenti, la Chiesa cattolica si dissocia dalle altre confessioni cristiane.

La salvezza

Punto di partenza è la concezione cattolica dell'uomo: l'uomo è stato creato a immagine e somiglianza di Dio e ha quindi ricevuto un'anima immortale e il libero arbitrio, del quale però ha abusato, disobbedendo a Dio e allontanandosi da lui. La caduta del primo uomo ha avuto conseguenze sull'intera umanità e ogni uomo viene al mondo con il peccato originale.

Il libero arbitrio di conseguenza si è indebolito ma non è venuto meno e l'uomo ha anche conservato la capacità di compiere buone azioni, condizione necessaria per la salvezza. L'uomo non può tuttavia salvarsi con le sole sue forze.

Se l'uomo si salva, è solo per merito di Cristo, della sua morte in croce e della sua risurrezione.

D'altra parte Dio non impone agli uomini la salvezza: essi devono conquistarla mediante la fede nella parola di Dio così com'è annunciata dalla Chiesa. La salvezza nasce dalla "cooperazione" tra Dio e l'uomo. Sia la fede sia le azioni sono il presupposto per ottenere la grazia di Dio. I sacramenti trasmettono la grazia, da cui i cattolici attingono la forza per vivere secondo la volontà di Dio. La vita su questa terra è solo un cammino verso la salvezza finale.

I sette sacramenti

I sacramenti sono i mezzi visibili con cui Dio trasmette agli uomini la propria grazia. Normalmente vengono somministrati da un vescovo o da un sacerdote. Ma perché siano efficaci è necessario che siano ricevuti "degnamente", cioè con fede e consapevolezza, e con la volontà di amare Dio e gli altri uomini. I sacramenti della Chiesa cattolica sono sette.

1. Battesimo. La Chiesa cattolica romana pratica il battesimo dei neonati. Questo sacramento è fondamentale: con esso il bambino riceve la grazia santificante ed entra a far parte della Chiesa.

2. Cresima. Viene impartita intorno all'età di dodici anni dopo un insegnamento approfondito della dottrina cristiana. La cresima vera e propria è somministrata da un vescovo, solitamente in occasione della Pentecoste. È impartita mediante l'unzione con l'olio santo.

3. Eucaristia. È la consacrazione del pane (normalmente sostituito dall'ostia) e del vino nel corso della santa Messa che poi vengono distribuiti ai fedeli. Secondo la Chiesa cattolica il pane e il vino consacrati dal sacerdote con le parole pronunciate da Gesù nell'Ultima Cena si trasformano nel corpo e nel sangue di Cristo. Questa dottrina è definita della transustanziazione (cioè del "cambiamento della sostanza"). I riti dell'eucaristia rendono il fedele partecipe del sacrificio di Gesù sul Golgota. La liturgia eucaristica è una cerimonia sacrificale in cui Cristo offre se stesso per ottenere la riconciliazione degli uomini con Dio. L'eucaristia è chiamata anche "sacrificio vivo e santo" che cancella i peccati del mondo.

L'eucaristia è detta anche *comunione*, a sottolineare la coesione che essa genera tra i membri della comunità che si riuniscono per condividere il "banchetto eucaristico".

Dopo la comunione il pane, o le ostie avanzate, si conservano in un contenitore apposito chiamato tabernacolo, davanti al quale arde una lampada rossa a significare che sotto le specie del pane è presente e vivo il corpo di Cristo. Una volta all'anno, nella festa del Corpus Domini, l'ostia, o particola, consacrata, viene esposta nell'ostensorio e portata in solenne processione.

4. *Confessione.* Il sacramento della confessione comprende, oltre all'atto della confessione dei propri peccati, anche l'assoluzione e la penitenza. I peccati vengono confessati davanti a un sacerdote il quale poi impartisce l'assoluzione, cioè il perdono. Ma non è il sacerdote a perdonare: egli si limita a trasmettere al penitente il perdono di Dio. Il sacramento della confessione presuppone il pentimento e una ferma risoluzione di non ripetere il peccato commesso.

Il sacerdote impone anche una penitenza, che in passato poteva essere assai severa; oggi può trattarsi di una preghiera, di un breve digiuno o di un'elemosina.

5. *Unzione degli infermi.* Il prete unge l'ammalato sulla fronte e sulle mani, mentre dice: «Per questa santa unzione e per la sua piissima misericordia, ti aiuti il Signore con la grazia dello Spirito Santo, e liberandoti dai peccati, ti salvi nella sua bontà e ti sollevi».

L'unzione degli infermi viene impartita solo a chi è gravemente ammalato o debilitato, e serve a dare all'ammalato forza e consolazione spirituale. Un tempo veniva chiamata "estrema unzione", perché la riceveva soltanto chi era in punto di morte.

6. *Ordinazione.* Si tratta della consacrazione sacerdotale. L'ordinazione al sacerdozio, che dà la facoltà di somministrare i sacramenti, viene compiuta da un vescovo con un rito particolare che prevede anche l'imposizione delle mani. Il sacerdozio, secondo la concezione cattolica, è stato istituito da Gesù, insieme con l'eucaristia, nell'Ultima Cena.

7. *Matrimonio.* L'aspetto fondamentale di questo sacramento non è tanto la benedizione del sacerdote, quanto la solenne promessa di fedeltà che si scambiano gli sposi in presenza del sacerdote e dei testimoni. Il matrimonio è, secondo la concezione cattolica, indissolubile, e il divorzio non è riconosciuto. Il matrimonio può essere dichiarato nullo solo nel caso in cui non siano state rispettate le condizioni poste dalla Chiesa per la validità del matrimonio stesso.

Un'enciclica del Papa del 1968 condanna l'uso di mezzi contraccettivi artificiali, ma non tutti i cattolici hanno accettato questo divieto.

Sacramentali. È il nome di altri mezzi utili a invocare e a ottenere la benedizione di Dio. Sono cerimonie e benedizioni di oggetti destinati a tener desta la devozione nei fedeli come, ad esempio, la benedizione di un ammalato o di un bambino, di un rosario, di un crocifisso, di un medaglione, dell'acqua, della cenere (il Mercoledì delle ceneri), delle fronde di ulivo (la Domenica delle palme), delle candele (il 2 febbraio), del fuoco (il Sabato santo).

A differenza dei sacramenti, i sacramentali non sono stati istituiti da Gesù, ma dalla Chiesa; la loro efficacia non dipende dalla forza divina che è in loro, ma dalle preghiere nostre e della Chiesa stessa.

La Messa

Le funzioni religiose svolgono un ruolo assolutamente centrale nella Chiesa cattolica. Secondo il catechismo cattolico, il cristiano deve andare alla messa ogni domenica. Oltre alla messa vi sono anche altre forme di funzione religiosa: a queste appartiene la "Liturgia delle ore", così chiamata perché, fin dai tempi antichi, si svolgeva in momenti precisi del giorno. Tale forma di preghiera è praticata soprattutto nei conventi. Viene eseguita come un dialogo alternato (a volte tra il sacerdote e la comunità, ma di solito all'interno del gruppo dei sacerdoti, o delle suore). Consiste principalmente nella lettura dei salmi di Davide, di brani della Bibbia e nel canto di inni.

La messa solenne si celebra solitamente la domenica mattina e si apre con l'ingresso in processione del sacerdote e dei chierichetti. Alcuni momenti della messa cattolica sono uguali a quelli della funzione luterana, e cioè la confessione dei peccati, il Gloria, la predica, la professione di fede e l'eucaristia.

L'attenzione della comunità si concentra sul celebrante e sulle sue azioni presso l'altare, senza che questo comporti la passività dei presenti. I fedeli prendono parte attivamente all'azione liturgica, con preghiere, canti e gesti (il segno della croce, lo scambio del segno della pace, l'inginocchiarsi ecc.).

La comunione dei santi. Maria e i santi

Per i cattolici la "comunione dei santi", la grande comunità di tutti i credenti, non comprende soltanto i vivi, ma anche i morti, cioè i sofferenti del purgatorio e i beati del paradiso.

La credenza che i morti debbano purificarsi in un purgatorio prima di poter entrare in paradiso ha radici lontane nel tempo.

Da determinati passi della Bibbia si apprende che le anime destinate alla salvezza, ma non del tutto pure al momento di abbandonare la vita sulla terra, devono passare attraverso un fuoco purificatore. Tale fuoco non va inteso in senso letterale ma simbolico, come una purificazione spirituale. I fedeli sulla terra possono abbreviare il tempo di espiazione delle anime dei defunti intercedendo in loro favore con la preghiera. I morti si commemorano ufficialmente in un giorno a loro dedicato, il 2 novembre, che segue la festa di Tutti i Santi.

I cristiani, oltre a Cristo, rivolgono preghiere anche a Maria e ai santi. Ciò spiega in parte il ruolo significativo che questi hanno svolto nella Chiesa cattolica. I credenti hanno rispetto e deferenza per i santi, chiedono la loro intercessione, ma non li venerano come divinità.

Dipinti e statue di Maria con Gesù bambino si ritrovano ovunque nei paesi cattolici, in chiesa, sui muri delle case, lungo i sentieri di campagna. La preghiera più usata dopo il *Padre Nostro* è l'*Ave Maria.*

In tempi più recenti è stato definito in modo sempre più chiaro il ruolo di Maria nella dottrina della Chiesa. Nel corso degli ultimi centocinquant'anni i Papi hanno stabilito che la Madonna è senza peccato originale e che è stata assunta in cielo anche con il corpo. I cattolici fondano questa dottrina su un'antichissima tradizione cristiana.

I santi sono uomini che hanno vissuto la propria vita al servizio di Dio esercitando la fede in modo eroico o morendo per essa (in questo caso si chiamano martiri). Fino al 1172 la proclamazione dei santi era consentita anche ai vescovi, ma da allora in poi fu riservata unicamente al Papa. La proclamazione ha luogo dopo approfondite ricerche che provino la santità della vita di colui che è candidato agli onori degli altari. Ai santi sono dedicate Chiese e cappelle, e molti lavori e professioni hanno, fin dal Medioevo, il loro santo protettore. Infine ogni giorno dell'anno è dedicato al ricordo di uno o più santi, i cui nomi compaiono nel calendario.

La vita monastica e religiosa

Il sistema monastico si è sviluppato fin dai primi tempi del Cristianesimo sull'esempio della vita eremitica. Oggi esistono innumerevoli ordini di monaci e suore caratterizzati da regole diverse. Alcuni prediligono la dimensione interiore e danno molta importanza alla preghiera e meditazione; altri si dedicano particolarmente alla predicazione e al dibattito pubblico; altri all'attività missionaria, o al settore sociale. Tutti sono accomunati dall'osservanza perpetua di tre voti fondamentali: povertà, castità e obbedienza alla regola dell'ordine.

Il rinnovamento cattolico – Il Concilio Vaticano II

A partire dagli anni Sessanta la Chiesa cattolica ha compiuto un grande rinnovamento. Ispiratore e artefice ne è stato papa Giovanni XXIII, che, nel 1962, indisse il Concilio Vaticano II, cioè l'assemblea dei vescovi di tutto il mondo.

Una delle decisioni più rivoluzionarie prese in quell'occasione fu di abolire l'uso del latino nelle celebrazioni liturgiche e di sostituirlo con le diverse lingue nazionali.

Inoltre, si è incoraggioto lo studio e la lettura della Bibbia anche da parte dei laici, fino allora tenuti lontani dalla Sacra Scrittura per evitare l'insorgere di eresie e di movimenti scismatici come all'epoca della Riforma protestante.

Negli ultimi anni è cambiato anche il rapporto tra la Chiesa di Roma e le altre confessioni religiose. La Chiesa cattolica non rifiuta più il contatto con altre chiese e partecipa a molte occasioni di incontro comune. Pur non facendo parte del Consiglio Mondiale delle Chiese, vi manda i suoi osservatori. È inoltre aperta al dialogo con le altre religioni per quanto riguarda questioni umanitarie e sociali soprattutto quelle che concernono i problemi della famiglia, dei paesi poveri e dell'immigrazione.

La Chiesa ortodossa

Diffusione

La Chiesa ortodossa è definita anche Chiesa orientale poiché aveva il suo centro nel Medio Oriente, a differenza della Chiesa occidentale che aveva la sua sede principale a Roma. Da Gerusalemme e Istanbul (Costantinopoli), la Chiesa ortodossa si è poi diffusa in Bulgaria, Romania, Grecia e soprattutto Russia.

Vi sono inoltre circa cinque milioni di ortodossi negli Stati Uniti come risultato dell'emigrazione dall'Europa dell'est. A causa delle circostanze politiche è difficile fare una stima esatta di quanti fedeli conti la Chiesa ortodossa oggi, ma se ne possono calcolare approssimativamente centocinquanta milioni.

Organizzazione

Diversità e divergenze di opinione con la Chiesa occidentale di lingua latina cominciarono a sorgere molto presto nella Chiesa orientale, la quale non era disposta, tra l'altro, a riconoscere la sovranità del Papa. La rottura vera e propria con Roma avvenne nel 1054. Le chiese ortodosse non hanno un'organizzazione accentrata, sono autonome e indipendenti. Ciascuna di esse è retta da un patriarca. I patriarcati più importanti sono quelli di Mosca, di Costantinopoli e di Gerusalemme.

In Grecia, la Chiesa ortodossa è chiesa di stato.

In Russia la Chiesa ortodossa era strettamente legata al regno degli zar, e subì quindi violente persecuzioni dopo la rivoluzione bolscevica del 1917.

La struttura ecclesiastica è organizzata nei seguenti livelli: patriarca, metropolita, arcivescovo, vescovo, prete e diacono. Il celibato è obbligatorio per i vescovi, ma non per i preti (il matrimonio però deve essere stato contratto prima dell'ordinazione). Nella Chiesa ortodossa vi sono monasteri e conventi, ma non ordini diversi e indipendenti come nella Chiesa cattolica. Ogni monastero è soggetto al vescovo locale.

Bibbia e Tradizione

La base della dottrina ortodossa è la Tradizione, così come si trova espressa nella Bibbia, e le deliberazioni dei primi sette Concigli Ecumenici (tra il 325 e il 789). Particolare importanza ha il Credo niceno, la professione di fede degli ortodossi.

È bene chiarire che la Tradizione per gli ortodossi non consiste semplicemente in una serie di dogmi. Essa, per usare le loro stesse parole, è «la corrente viva che scorre attraverso la storia della Chiesa fino ai giorni nostri, sempre pulsante e rinnovatrice».

La dottrina della salvezza

La Chiesa ortodossa è spesso definita "Chiesa della fede nella Risurrezione", per il grande rilievo che essa dà alla risurrezione di Cristo. Secondo questa dottrina Cristo, uomo e Dio, con la sua vittoria sulla morte ha salvato gli uomini. Il suo trionfo ha reso divina la natura dell'uomo. Cristo «si fece uomo perché noi potessimo essere resi divini», ha scritto Atanasio verso il 300.

I sacramenti

Tutto ciò che la Chiesa fa è considerato sacramentale, ma i sacramenti, in senso proprio, sono sette. È diffuso il battesimo dei neonati, il quale è spesso seguito direttamente dalla cresima, ragion per cui anche i bambini possono partecipare alla celebrazione eucaristica. Secondo la concezione ortodossa, il pane e il vino divengono il corpo e il sangue di Cristo grazie alla forza sublimatrice dello Spirito Santo.

Il giudizio

Al momento del Giudizio Universale, gli eletti saranno separati dai dannati. Ma numerosi ortodossi hanno rifiutato la dottrina della dannazione eterna e hanno aderito alla dottrina del padre della chiesa Origene, detta del "ripristino di tutte le cose" o "apocatastasi", secondo la quale tutti gli uomini, perfino lo stesso Satana e i suoi angeli alla fine verranno salvati. Questa dottrina fu condannata da un concilio ecclesiastico nel 553, ma riaffiora in molti teologi del nostro tempo, senza che questi siano dichiarati eretici dalla propria Chiesa.

La funzione religiosa

Per comprendere la funzione religiosa degli ortodossi occorre prima conoscere la struttura architettonica della chiesa, modellata sul Tempio di Salomone a Gerusalemme. Si entra prima in un vestibolo, dove si trova il fonte battesimale, a simboleggiare che è attraverso il rito del battesimo che si entra a far parte della Chiesa.

Oltre il vestibolo c'è la navata della chiesa vera e propria, dove la comunità si raccoglie durante la funzione religiosa. L'altare è separato dalla navata e sottratto alla vista dei fedeli, dall'*iconòstasi* e si trova nel punto più sacro del tempio al quale può accedere solo il sacerdote.

L'iconostasi è una specie di parete ricoperta dai tipici quadri religiosi ortodossi, le *icone*, con le immagini di Cristo, di Maria, degli apostoli e dei santi. Per un credente ortodosso, Dio si rivela attraverso le icone, che si trovano anche nelle case e vengono usate per la meditazione.

La messa ortodossa trasmette un grande senso di armonia e di bellezza: processioni con incenso e torce, candele che vengono accese e spente, l'atto di inginocchiarsi e baciare le icone, i canti eseguiti dal coro senza accompagnamento di strumenti musicali.

L'essenziale comunque non sta nell'esteriorità del rito, ma nel suo contenuto: la messa è un ripercorrere simbolico tutta la storia della salvezza, dalla creazione del mondo alla nascita, morte e risurrezione di Cristo.

La giornata liturgica comincia alle sei del pomeriggio, ma il ciclo delle funzioni religiose attraversa tutto il giorno: vespero, messa del mattino e liturgia (messa solenne). La creazione è simboleggiata, all'inizio della funzione, dall'ingresso del sacerdote nella navata della chiesa interamente illuminata, mentre si cantano brani dei salmi di Davide. Quando il sacerdote si ritira nella zona più sacra e chiude il cancello dell'iconostasi, si spengono le candele per ricordare la cacciata dell'uomo dal paradiso terrestre.

Più tardi il sacerdote e i suoi diaconi, all'inizio della funzione liturgica vera e propria, attraversano nuovamente la chiesa con candele e turiboli a ricordare che Cristo è nato e che la sua luce splende per gli uomini.

Il punto culminante della liturgia è l'eucaristia. Prima ha luogo la consacrazione del pane e del vino nella zona sacra e il prete e il diacono assumono il sacramento presso l'altare. Poi viene aperta la doppia porta al centro dell'iconostasi, chiamata *cancello del re.*

I fedeli avanzano e, in piedi, ricevono il corpo e il sangue di Cristo.

La forte accentuazione data dalla teologia ortodossa alla risurrezione di Cristo, fa della messa pasquale, celebrata la notte del Sabato santo, la funzione più importante dell'anno liturgico.

Per capire il significato della messa ortodossa bisogna rifarsi al concetto fondamentale che sta alla base del vangelo di Giovanni: che la fede cioè non nasce dallo studio o dalla speculazione filosofica, ma dal lasciarsi coinvolgere nel grande mistero del Cristianesimo. E questo che avviene, in primo luogo, nella celebrazione ortodossa.

La Riforma

Nel corso del XVI secolo nell'Europa occidentale si verificò una grande rivoluzione religiosa, che portò a profonde alterazioni nell'area che la Chiesa cattolica aveva dominato fin dal Medioevo. Motivi sia politici sia religiosi costituirono le premesse della rivoluzione. Numerosi sovrani mal sopportavano il grande potere temporale del Papa, mentre molti teologi avanzavano critiche nei confronti della Chiesa sul piano della dottrina, della fede e dell'organizzazione ecclesiastica. Concezioni e motivi contrastanti portarono alla costituzione di diverse confessioni religiose.

* In Inghilterra Enrico VIII ruppe i rapporti con la Chiesa di Roma in seguito al rifiuto del Papa ad acconsentire al suo divorzio. Il re si proclamò capo della Chiesa anglicana. All'origine non ci fu, quindi, un contrasto sul piano dottrinale, ma la Chiesa di Inghilterra assorbì in seguito buona parte delle idee della Riforma. Oggi gli anglicani sono un gruppo composito, al cui interno si trovano gruppi di fedeli con una visione quasi cattolica della messa, e altri che si rifanno al puritanesimo e a movimenti più recenti.

* Fu il monaco tedesco Martin Lutero a farsi per primo portavoce della rivolta teologica, mettendo al centro della dottrina la Fede e la Parola (Bibbia). Molti principi tedeschi avversi al potere del Papa appoggiarono Lutero, e nei loro principati istituirono una chiesa di stato, secondo il concetto del *cuius regio eius et religio*: la religione del principe è anche la religione dei sudditi.

* Una rottura più radicale con il Cattolicesimo fu attuata dai riformatori svizzeri Zwingli e Calvino, per i quali il battesimo e l'eucaristia sembravano avere un ruolo meno importante dell'ordinamento della Chiesa. Essi intendevano seguire quelle che ritenevano le direttive del Nuovo Testamento: la comunità è governata da rappresentanti eletti, i quali, assieme ai sacerdoti, costituiscono il Consiglio degli anziani. Poiché il Consiglio degli anziani si chiama, alla greca, presbiterio, la Chiesa riformata si designa come presbiteriana. La Chiesa riformata divenne la principale confessione protestante nei paesi dell'Europa settentrionale in cui i principi non avevano imposto una religione di stato, vale a dire, tra l'altro, in Olanda, Svizzera e Scozia.

La Chiesa luterana

Diffusione

Il fondatore della Chiesa luterana, Martin Lutero (1483-1546), era tedesco, e oggi in Germania la Chiesa luterana è la più importante accanto a quella cattolica. Tuttavia, solo nei paesi scandinavi la popolazione è quasi interamente luterana (oltre il 90 per cento). Quando emigrarono in America, gli scandinavi e i tedeschi portarono con sé la propria fede, e negli Stati Uniti la comunità luterana d'oggi è la quarta per grandezza, con circa sei milioni di fedeli. L'attività missionaria luterana nel corso di centocinquant'anni ha creato diverse missioni sparse per il mondo, la più grande delle quali è Batak, in Indonesia.

Organizzazione

«La Chiesa è la comunità dei santi in cui si annuncia il Vangelo originario e puro, e in cui i sacramenti vengono correttamente somministrati».

Questa definizione luterana della Chiesa mette in risalto più il suo compito che non la sua organizzazione.

La Chiesa di Cristo è una realtà spirituale e può essere composta da fedeli appartenenti a comunità religiose diverse; ciò che conta è che lo stesso Cristo parli e agisca attraverso la sua parola e i sacramenti che ha istituito. Il vero fulcro della Chiesa, dunque, è la funzione religiosa.

Un pastore luterano non ha, come il prete cattolico, una posizione di rilievo rispetto agli altri cristiani. Lutero distingueva tra *sacerdozio comune* e *ufficio ecclesiastico.*

Il "sacerdozio comune" è quello proprio di ogni cristiano il quale con il battesimo e la fede è divenuto sacerdote di se stesso e come tale non ha bisogno di alcun tramite per rivolgersi a Dio.

Tutt'altra cosa è l'"ufficio ecclesiastico". È quello che riguarda i funzionari ecclesiastici. Esso è stato istituito da Dio e coloro che vi accedono hanno la funzione di annunciare il vangelo e somministrare i sacramenti. Con l'ordinazione il pastore non muta natura; resta un comune cristiano chiamato a svolgere un ruolo particolare all'interno della comunità.

Donne preti

Il sacerdozio nelle chiese protestanti è stato riservato agli uomini fino all'inizio di questo secolo; alcune chiese luterane tedesche hanno avuto vicari donna a partire dagli anni '20. In Svezia l'articolo della costituzione che vietava il sacerdozio femminile è stato abolito nel 1945, in Danimarca nel 1949 e in Norvegia già nel 1938.

Le donne nella vita della comunità

Le donne hanno sempre svolto un ruolo fondamentale nella vita della Chiesa ufficiale e in molte organizzazioni di volontariato, come ad esempio le missioni. Si è però sempre trattato, fino ad oggi, di un ruolo subordinato. Sono gli uomini ad aver occupato le posizioni di vertice in perfetto accordo con la mentalità patriarcale che ha caratterizzato la Chiesa fino ai nostri giorni e che si rifaceva alla teologia di Paolo, il quale, a proposito della subordinazione della donna all'uomo, scrive: «Le mogli siano sottomesse ai mariti come al Signore; il marito infatti è capo della moglie, come anche Cristo è capo della Chiesa, lui che è il salvatore del suo corpo. E come la Chiesa sta sottomessa a Cristo, così anche le mogli siano soggette ai loro mariti in tutto» (Efesini 5,22-24); «Voi, mogli, state sottomesse ai mariti, come si conviene nel Signore» (Colossesi 3,18).

La chiesa di stato

La Chiesa luterana è stata fin dal primo momento chiesa di stato: il principe era il capo della chiesa e nominava i funzionari che dovevano amministrarla. Gli aspetti principali di questo sistema si sono conservati in alcune chiese fino ad oggi, ad esempio in Norvegia, dove il re, cioè il governo, ha potere supremo sulla Chiesa e nomina sacerdoti e vescovi. Negli ultimi anni il Concilio dei Vescovi, le diocesi e il Sinodo hanno ottenuto maggiore autonomia. Il diritto di nomina dei preti, ad esempio, è passato alla Chiesa.

In Germania invece la Chiesa si è separata dallo stato nel 1919, e negli Stati Uniti le chiese luterane, come altre comunità religiose, nate indipendenti, sono rimaste tali.

La sola Bibbia

Mentre la Chiesa cattolica si fonda sulla Bibbia e sulla Tradizione, il luteranismo riconosce autorità *soltanto alla Bibbia.* Lutero si ribellò a certe situazioni e pratiche della Chiesa cattolica per onestà nei confronti della propria coscienza. Ma, per il riformatore, la sua stessa coscienza era guidata dalla parola di Dio, cioè dalla Bibbia.

Lutero sapeva che non era sufficiente riferirsi semplicemente alla Bibbia per risolvere le questioni controverse, poiché il Libro sacro può essere interpretato in vari modi. Egli sosteneva la necessità di uno studio biblico approfondito nella lingua d'origine, ebraico o greco (e questo studio ancora oggi fa parte dell'istruzione dei preti luterani).

Solo così si può arrivare all'essenza e al concetto centrale del Cristianesimo: *la salvezza ottenuta attraverso la fede in Cristo.* E da questo concetto basilare deve partire l'interpretazione di tutta la Bibbia. Non basta quindi, per giustificare un dogma o una dottrina della Chiesa, fare riferimento a un passo o due delle Sacre Scritture; occorre che essi siano in accordo con il principio centrale. Ciò significa anche che non tutte le parti della Bibbia sono ugualmente importanti.

Muovendo da questo principio, i capi della Chiesa luterana definirono i dogmi fondamentali e l'insieme di testi confessionali che ne fissano la dottrina, in primo luogo la Confessione di Augsburg (1530) (*Confessio Augustana*).

La salvezza per la sola fede

L'articolo più importante della *Confessio Augustana* afferma: «L'uomo sarà giustificato gratuitamente grazie alla fede in Cristo». Questo è il principio luterano fondamentale della salvezza per mezzo della sola fede.

L'uomo è peccatore e con le sue sole forze non può liberarsi dal peccato; neppure le buone azioni e l'osservanza delle leggi della Chiesa possono assicurargli la salvezza.

A causa del suo peccato, l'uomo merita una punizione, ma Dio sospende il castigo e lo perdona per il sacrificio redentore di Cristo, il quale si è fatto carico dei peccati di tutti gli uomini e li ha scontati al loro posto. Ecco dunque un'offerta di salvezza da parte di Dio che l'uomo può accogliere con la fede. Avere fede non significa accettare razionalmente una serie di dogmi, ma avere fiducia nella grazia di Dio, cioè nella sua bontà.

I sacramenti

Secondo la concezione luterana un sacramento è «una cerimonia istituita da Cristo, in cui Dio con un segno visibile dona una grazia invisibile». L'associazione "parola e sacramento", che mette in rilievo l'importanza di entrambi gli elementi per la Chiesa e per il singolo, è abituale nella predicazione luterana. La Chiesa luterana contempla due sacramenti: il battesimo e l'eucaristia.

Il battesimo ristabilisce il contatto tra l'uomo e Dio, e rende l'uomo figlio di Dio. A differenza di altri riformatori, per Lutero il battesimo è l'espressione di un dono gratuito di Dio all'uomo, senza che questi abbia fatto nulla per meritarlo («Chi crederà e sarà battezzato sarà salvo», Marco 16,16).

La Chiesa poi si impegna ad educare il battezzato secondo le direttive cristiane (corsi domenicali, insegnamento della religione a scuola, preparazione alla cresima).

Per quanto riguarda l'eucaristia, la Chiesa luterana non condivide con il cattolicesimo la transustanziazione del pane e del vino nel corpo e nel sangue di Cristo, ma non concorda nemmeno con il pensiero di altre confessioni protestanti che considerano l'eucaristia un puro simbolo. Lutero sostiene che il corpo e il sangue di Cristo sono realmente *presenti* nel pane e nel vino consacrati.

L'elemento decisivo per Lutero è che Dio con l'eucaristia concede il perdono dei peccati, come viene ribadito nelle preghiere che accompagnano il sacramento.

La vita: dono e compito

Per Lutero la vita è un dono di Dio. Le gioie del mondo fanno parte di tutto ciò che è stato creato da quello stesso Dio che con la sua azione salvifica ha dimostrato il suo amore per l'uomo. Lutero perciò non condivide la scelta della vita ascetica: gratitudine e gioia di vivere devono contraddistinguere un cristiano. Non meno tipica del Luteranesimo è l'alta considerazione del matrimonio e della vita familiare.

Ma la vita è anche un compito. Su questo punto Lutero

costruisce la dottrina dell'etica della chiamata. Ogni uomo è chiamato a compiere una professione e un lavoro. E quando egli risponde a questa chiamata in piena coscienza e impiega nel suo lavoro tutti i suoi talenti, si guadagna la salvezza. La Chiesa ha proseguito sulle orme di Lutero sostenendo che la "chiamata civica" è una missione.

La messa

La parola di Dio è ed è sempre stata al centro della messa luterana. Il predicatore, che la deve trasmettere alla comunità, svolge quindi un ruolo fondamentale. Importante è sempre stato anche il canto dei salmi nella lingua popolare, molti dei quali furono tradotti o composti dallo stesso Lutero. Per il resto, i luterani hanno conservato, più di altre Chiese protestanti, alcuni elementi tipici della Chiesa cattolica. L'arredo della chiesa è simile, tranne che per l'assenza di immagini di Maria e dei santi; l'anno liturgico è strutturato allo stesso modo, e la messa segue a grandi linee il medesimo svolgimento.

Nuovi movimenti cristiani

Le principali confessioni protestanti nate dalla Riforma erano la Chiesa luterana e la Chiesa riformata. Ma già nel Cinquecento si svilupparono altre correnti più radicali.

Il battesimo da bambini o da adulti

La caratteristica distintiva più importante di queste sette era il non riconoscimento del battesimo ai bambini. Solo quello in età adulta, ricevuto in piena coscienza di fede, poteva essere valido. Poiché l'ingresso nella comunità avveniva appunto attraverso la ripetizione del battesimo in età adulta, i fedeli di questa nuova chiesa furono detti "anabattisti" (cioè, ribattezzati). Il movimento ebbe origine in Svizzera, Germania e Olanda, ma fu in parte soffocato dalle persecuzioni delle autorità cattoliche e luterane. Una piccola rappresentanza sopravvisse in Olanda. Fu qui che gli esiliati riformisti inglesi vennero a contatto con le nuove idee e sotto la guida di John Smith nel 1609, fondarono la prima comunità battista.

Nel corso del XVII secolo fiorì una serie di movimenti che

in seguito si cristallizzarono in nuove confessioni religiose, con molti punti di convergenza. Sia battisti sia avventisti sia pentecostali rifiutano il battesimo dei neonati e praticano quello degli adulti, che avviene per totale immersione nell'acqua. I metodisti praticano il battesimo infantile, ma non considerano i bambini membri effettivi della comunità fino a quando, da adulti, non abbiano confermato la propria promessa battesimale e non si siano dichiarati d'accordo con la dottrina della loro Chiesa.

Risveglio e conversione

Due importanti parole chiave per capire il pensiero delle nuove confessioni religiose sono "risveglio" e "conversione personale". Le funzioni religiose o gli incontri sono caratterizzati da una maggiore libertà (non seguono cioè schemi liturgici fissi come ad esempio avviene nella Chiesa luterana o cattolica). Ma prevedono alcuni elementi fissi come il canto, la lettura dei testi, la preghiera libera, il sermone e la testimonianza personale di fede. Anche l'arredo della chiesa e l'abito del sacerdote sono semplificati, soprattutto presso i pentecostali nella cui chiesa l'unico addobbo è una croce ed una scritta sul muro e i capi della comunità non si distinguono per un abbigliamento particolare. Anche l'organizzazione è, a grandi linee, meno rigida: in molti casi le singole comunità sono del tutto indipendenti e scelgono da sé i propri capi.

Timor di Dio e moderazione

Un altro tratto in comune alla maggior parte di questi movimenti è l'eredità puritana del Calvinismo: si predica una vita nella serietà, nel timor di Dio e nella moderazione, mentre si rifugge dal lusso e dal divertimento. In questo campo, tuttavia, a partire dal dopoguerra la moderna società del benessere ha portato grandi cambiamenti.

In alcune comunità, specialmente nel Metodismo e nell'Esercito della Salvezza, la moderazione si combina con un impegno sociale a favore degli strati più deboli della società.

I movimenti di risveglio e l'importanza data alla conversione personale non sono un fenomeno esclusivo delle nuove confessioni religiose; esistono anche nella Chiesa luterana, dove si manifestano attraverso le organizzazioni laiche e missionarie.

Nella tabella della pagine 210-212 abbiamo evidenziato alcuni aspetti fondamentali delle nuove confessioni religiose.

Metodismo

La verità fondante del Metodismo è che Cristo è morto per tutti gli uomini e che la salvezza offerta da Dio vale per chiunque la voglia accogliere. Un'espressione ricorrente nei sermoni e nei salmi metodisti è *the free grace* (la grazia gratuita).

Il Metodismo accentua in modo particolare la *certezza della salvezza*, che può essere vissuta come un'esperienza spirituale, e questo può accadere con un'improvvisa conversione, un risveglio.

Nel Metodismo anche la *santificazione* riveste una notevole importanza. Battesimo e conversione portano alla rinascita e alla trasformazione della natura dell'uomo.

Fine ultimo dell'uomo è divenire *perfetto*, cioè crescere nell'amore e nella santità per arrivare ad amare Dio e il prossimo come se stesso. Questo non vuol dire che i metodisti credano sia possibile liberarsi completamente dal peccato: l'uomo può, tuttavia, raggiungere un grado di "perfezione" tale da consentirgli almeno di non peccare coscientemente.

Il Metodismo è caratterizzato da connotazioni "puritane" ed esige che si conduca una vita castigata, senza cercare gratificazioni mondane. I metodisti si impegnano anche molto sul piano sociale e operano attivamente a favore dei più bisognosi, creando asili, case di riposo per anziani, e aiutando gli alcolizzati, i drogati e tutti coloro che si trovano in difficoltà.

Chiesa battista

La dottrina e la pratica della Chiesa battista si basa sulla Bibbia e soprattutto sul Nuovo Testamento, da cui i battisti

	ORIGINE	DIFFUSIONE
Metodismo	Si tratta di un movimento di risveglio spirituale avviato dal sacerdote anglicano John Wesley (1703-1791) in seguito ad una esperienza di rivelazione. Non nasce da una vera rivolta dottrinale contro la Chiesa inglese, ma da profondi contrasti con la gestione della Chiesa stessa.	Fortemente rappresentato in Gran Bretagna e nelle ex colonie inglesi, soprattutto in U.S.A., Canada e Australia.
Chiesa battista	Si è formata sulla base della corrente dei riformatori più radicali del Cinquecento che rifiutavano il battesimo infantile. In seguito è stata caratterizzata da nuovi movimenti di risveglio in Inghilterra e U.S.A.	Diffusa soprattutto negli U.S.A. e particolarmente tra la popolazione di colore. Circa il 90 per cento dei battisti nel mondo abitano negli Stati Uniti.
Chiesa evangelica pentecostale	Nata all'inizio del XX secolo negli U.S.A. in forma di movimento di risveglio all'interno di Chiese battiste e metodiste già consolidate.	Il movimento dei pentecostali si è diffuso dall'America all'Europa, e l'intensa attività missionaria ha dato origine ad una cospicua adesione in paesi come il Brasile e il Cile.
Esercito della Salvezza	Fondato da William e Catherine Booth negli slum di Londra nel 1878 per aiutare gli strati inferiori della società con *soup, soap and salvation* (sapone, zuppa e salvezza.	È diffuso in tutto il mondo.

ORGANIZZAZIONE	TESTI DOTTRINALI	
Organizzazione fissa con vescovi e preti, ma costruita sulla democrazia. Consigli (conferenze), eletti dalle comunità, nominano i vescovi, che a loro volta nominano i preti.	Bibbia e "testi dottrinali di guida": 1) Le professioni di fede paleocristiane; 2) I venticinque articoli religiosi di Wesley, una revisione dei trentanove articoli anglicani; 3) I sermoni di Wesley e i suoi commenti al Nuovo Testamento.	Metodismo
Comunità indipendenti i cui capi sono eletti dagli stessi membri. Numerose comunità si sono unite in organizzazioni più ampie, ma senza particolare autorità rispetto ai nuclei minori.	La Bibbia.	Chiesa battista
Organizzata più come un movimento che una vera e propria Chiesa. Le comunità hanno piena autonomia, ma vi sono anche casi di fusione.	La Bibbia, interpretata però in maniera fondamentalista.	Chiesa evangelica pentecostale
È organizzato in maniera militaresca, ma non si pone in antagonismo con altre comunità di credenti. Permette ai membri di rimanere all'interno della propria Chiesa.	La Bibbia, per quello che può suggerire per un Cristianesimo "pratico". Scarsa attenzione agli aspetti teologici. Infine, una sorta di "credo" intitolato "Articoli di guerra".	Esercito della Salvezza

	ORIGINE	DIFFUSIONE
Quaccheri	George Fox (1624-1691) predicava un Cristianesimo spirituale e condannava la superficialità delle chiese organizzate in Inghilterra. All'interno della comunità gli adepti si chiamavano "gli Amici" (*The Friends*), ma furono denominati *Quakers* (dall'inglese *quake*, tremare), in seguito all'ammonimento di Fox ad un giudice inglese: «Trema di fronte alla Parola di Dio!»	La comunità dei Quaccheri fu perseguitata in Inghilterra e trovò il suo ambiente ideale nel Nordamerica, dove William Penn fondò una colonia quacchera indipendente, in seguito divenuta lo stato di Pennsylvania. La maggior parte dei Quaccheri vivono negli Stati Uniti.
Avventisti	William Miller (1782-1849), già prete battista, svolse il ruolo di guida per un movimento di risveglio negli U.S.A. tra il 1830 e il 1840. Il nome "avventisti" (dal latino *advenire*) indica la grande importanza attribuita al prossimo ritorno di Cristo, la cui data precisa fu più volte indicata a partire dal 1840.	Il movimento si è diffuso dagli U.S.A. all'Europa e conta oggi missionari in diversi paesi del mondo.

ORGANIZZAZIONE	TESTI DOTTRINALI	
Anche se presentano una certa organizzazione, non hanno chiese, né preti, né liturgia.	Nessuna formula di professione di fede, ma molti Quaccheri concordano con i fondamentali dogmi cristiani. Fanno parte del Consiglio Ecumenico delle Chiese (CEC)	Quaccheri
Le comunità eleggono i propri rappresentanti alle conferenze distrettuali, in cui si scelgono i delegati per le conferenze regionali, europee e infine mondiali.	La Bibbia. Il libro di Ellen White *Steps to Christ*, utilizzato come guida e conforto spirituale.	Avventisti

traggono esempi per quanto riguarda sia il battesimo sia l'autogestione della comunità. All'interno di questa Chiesa si sono formate un certo numero di comunità religiose, che rispecchiano le situazioni storiche, geografiche e culturali in cui sono inserite, ma che non compromettono l'unità sostanziale della Chiesa battista.

I battisti hanno nella comunità il loro centro di gravità, e dal punto di vista della comunità stessa anche il battesimo assume un ruolo fondamentale. La premessa per essere battezzati è un rapporto personale di fede in Dio come risultato di una conversione: «Chi crederà e sarà battezzato sarà salvo, ma chi non crederà sarà condannato» (Marco 16,16).

Poiché un neonato non può avere alcuna coscienza di fede, il battesimo infantile è, per i battisti, improponibile. I bambini vengono però benedetti così come fece a suo tempo Gesù con i fanciulli.

Il battesimo vero e proprio, che avviene per immersione nell'acqua, ha luogo dopo che il "battezzando" ha fatto una professione di fede cristiana.

La Chiesa battista, come le altre chiese protestanti, ha due sacramenti, mentre la concezione dell'eucaristia si avvicina a quella del calvinismo: Gesù è presente *spiritualmente* nelle specie del pane e del vino.

Chiesa evangelica pentecostale

I pentecostali condividono con altri cristiani evangelici la fede nelle verità cristiane fondamentali così come sono espresse nella professione di fede apostolica. I pentecostali sottolineano come sia possibile, per chiunque cerchi Cristo con fede, sperimentare in modo assolutamente personale la forza spirituale della salvezza. La via per la salvezza sulla quale si basano è quella formulata da Pietro il giorno di Pentecoste: «Convertitevi e fatevi battezzare nel nome di Gesù Cristo per il perdono dei peccati; così riceverete il dono dello Spirito Santo».

La prima fase di questo cammino verso la salvezza è la

conversione. Il passo successivo è il *battesimo nell'acqua*; il battesimo è concepito come nella Chiesa battista, cioè è praticato mediante totale immersione ed è riservato agli adulti. Il terzo stadio – che è quello caratteristico del movimento pentecostale – è il *battesimo dello Spirito*, che trasmette un'esperienza di quella forza dello Spirito Santo sperimentata dai discepoli il giorno di Pentecoste (Atti degli Apostoli, capitolo II). Coloro ai quali è concesso il *battesimo dello Spirito* possiedono di solito uno o più di quei doni dello Spirito che avevano ricevuto i primi cristiani. Per esempio l'abilità di parlare o di interpretare diverse lingue, il dono profetico, la facoltà di alleviare le sofferenze degli ammalati o di risanarli. Il fatto che i pentecostali credano nella guarigione per mezzo della preghiera non significa però che rifiutino le cure mediche.

L'Esercito della Salvezza

L'Esercito della Salvezza è rigorosamente organizzato secondo un modello militare con ufficiali e soldati, e l'obbedienza ai superiori è una regola imprescindibile. Gli ufficiali sono funzionari a tempo pieno. È loro consentito il matrimonio, a condizione che entrambi gli sposi siano ufficiali. I soldati semplici sono persone con una propria professione che lavorano per l'Esercito della Salvezza nel loro tempo libero. Capita a volte che soldati di lunga esperienza siano assunti a tempo pieno con il grado di sergente di campo o capitano di riserva.

Le donne possono rivestire qualunque carica, a pari merito degli uomini. In alcuni paesi l'Esercito della Salvezza non è considerato come comunità religiosa, tuttavia funziona come se lo fosse. L'appartenenza all'Esercito della Salvezza è compatibile con l'appartenenza anche ad altre confessioni religiose.

Il lavoro in campo sociale fa parte dell'opera di evangelizzazione, e l'Esercito della Salvezza dispone di diverse istituzioni umanitarie per bambini orfani e per alcolizzati. I membri visitano le prigioni, portano aiuti e sostegno agli ex-carcerati, distribuiscono cibo e vestiario ai poveri. È soprattutto per questo impegno assistenziale che l'Esercito della Salvezza si è fatto conoscere e apprezzare in tutto il mondo.

Le funzioni di questa comunità sono tipiche dei movimenti di risveglio e non sono rigorosamente codificate. Oltre alla lettura della Bibbia, i "soldati" sono tenuti a dare testimonianza personale del ruolo che Dio ha avuto nella loro fede. Il canto e la musica, con predilezione per le melodie allegre, svolgono un ruolo importante. Nella sede dell'Esercito della Salvezza, "il Tempio", vi è la panca dell'ammenda, a cui ci si accosta per rimettersi nelle mani di Dio e rendere pubblica la propria conversione, oppure per chiedere la grazia e la forza di condurre una vita più santa e più utile al prossimo. Oppure ancora per pregare in favore di qualcuno.

Molti degli incontri si svolgono all'aperto, nelle piazze o agli angoli delle strade; lo scopo dei membri è quello di entrare in contatto con il maggior numero di persone alle quali trasmettere il loro messaggio.

Avventisti

Gli avventisti (il nome completo è Avventisti del Settimo Giorno) santificano il sabato invece della domenica in base al precetto dell'Antico Testamento e al fatto che Gesù e i primi cristiani festeggiavano proprio questo giorno.

Un tratto caratteristico dell'Avventismo è il risalto dato al "dono della profezia": ad alcuni uomini è stato elargito il talento di predire il futuro e si fa riferimento ad esempi della Bibbia. Si ritiene che la persona che più di recente ha ricevuto questo dono dello Spirito sia l'americana Ellen G. White (1827-1915). I suoi scritti – raccolti in cinquantatrè libri – hanno avuto ampia diffusione e godono di grande autorità all'interno del movimento. Il suo *Steps to Christ* è stato tradotto in settantotto lingue e venduto in più di cinque milioni di esemplari. Ma per coloro che, secondo gli avventisti, riescono a comprenderne la giusta chiave di lettura, il testo fondamentale rimane la Bibbia. Per cui, gli avventisti nei loro testi cercano di fornire le "prove" che molte delle profezie della Bibbia si sono avverate, e che nelle Scritture viene descritto anche il nostro tempo. Stiamo ora vivendo gli "ultimi giorni" prima del ritorno di Cristo, il millennio e il Giudizio finale. Il nome stesso della Chiesa avventista rimanda alla fede in una seconda venuta di Gesù (dal latino *ad-venire*). Gli avventisti pur condividendo questa attesa con altri cristiani, sono convinti che il ritorno di Gesù sia imminente e che gli stessi credenti possano contribuire ad affrettare questo straordinario evento.

Anche nella concezione della morale gli avventisti hanno molti punti in comune con altre Chiese cristiane, ma in un campo specifico si distinguono in modo particolare: quello delle prescrizioni per condurre una vita sana. Non solo rifiutano alcool e tabacco, ma sono anche contrari a consumo di caffè, tè e altre bevande che contengono sostanze nocive alla salute. Per quanto riguarda il cibo si basano su diverse disposizioni dell'Antico Testamento. Inoltre seguono una dieta vegetariana.

Quaccheri

I Quaccheri credono che le forme di espressione esteriore della fede o l'accettazione di determinati dogmi non siano condizioni necessarie per realizzare la comunione con Dio. Ciascun uomo che, in tutta sincerità, cerchi di ascoltare la voce di Dio dentro di sé potrà incontrare Dio come realtà viva e dare un significato più profondo alla propria vita. Per questo i Quaccheri parlano di «quella parte di Dio che esiste in ogni uomo» e della "luce interiore".

La loro funzione religiosa consiste in un'ora di raccoglimento silenzioso. Il silenzio può essere rotto da qualche breve intervento spontaneo di chi, fra i presenti, senta l'urgenza di esprimersi brevemente su ciò che prova in quel momento, con una breve preghiera o una citazione biblica.

L'amore, sostengono i Quaccheri, è il principio fondamentale dell'esistenza, e vale in tutte le circostanze della vita: da questo deriva un atteggiamento di responsabilità verso gli altri, in senso sia spirituale sia fisico. Ciò ha trovato espressione in diverse forme di attività umanitarie, nell'impegno per le riforme sociali e la comprensione tra i popoli. I Quaccheri hanno contribuito in maniera determinante all'abolizione della schiavitù dei neri nel XIX secolo e al miglioramento delle condizioni di vita dei carcerati. Nel nostro secolo hanno svolto il loro impegno sociale durante e dopo le due guerre mondiali. Nel 1947 il movimento dei Quaccheri ha ricevuto il Premio Nobel per la Pace.

Il Movimento Ecumenico

Collaborazione e comunione tra i cristiani

Nel corso dell'ultimo secolo, i cristiani si sono posti le seguenti domande: «Le molteplici divisioni all'interno della Chiesa non sono forse in netto contrasto con le parole di Gesù e con ciò che si legge riguardo la comunione dei cristiani nel Nuovo Testamento? Non dovrebbe forse questa comunione con Cristo esprimersi anche nella collaborazione e nell'unità di tutti i cristiani?». Tali interrogativi hanno dato origine ad un movimento *ecumenico.* Il termine deriva dal sostantivo greco *oikoumene* che significa "tutto il mondo abitato". Oggi viene usato essenzialmente per indicare l'attività volta a creare l'unità tra tutte le chiese, ma anche per tutto ciò che attiene le questioni e le iniziative che hanno a che fare con la "santa chiesa universale".

In epoche diverse si è spesso tentato di riunire chiese separate o di stabilire un contatto tra cristiani appartenenti a diverse confessioni. Ma è soprattutto nel XIX e nel XX secolo che si sono poste le condizioni necessarie per una collaborazione più ampia; ciò vale in primo luogo per i rapporti all'interno della chiesa stessa. Una serie di movimenti revivalistici che sintetizzavano gli elementi fondamentali del Cristianesimo sono andati propagandosi, specialmente nel secolo scorso, oltre le linee di confine nazionali e confessionali. La ricerca teologica più recente ha pure contribuito ad attenuare le barriere, in modo particolare tra coloro che si occupano della ricerca biblica e della storia dei dogmi.

Ma anche il moltiplicarsi dei rapporti culturali a livello mondiale, nonché lo sviluppo tecnico ed economico hanno portato a un internazionalismo che si è espresso, tra l'altro, in un numero sempre crescente di convegni finalizzati all'unità dei cristiani.

I cristiani si stanno accorgendo che sono più numerosi gli elementi che li uniscono che quelli che li dividono. Anche se non concordano nella stessa professione di fede, condividono invece caratteristiche comuni che li distinguono dalle altre religioni e da altri modelli di vita: la lettura della Bibbia, la recita del *Padre Nostro*, il riconoscimento del dovere di compiere la volontà di Dio. Il fattore determinante, tuttavia, è che tutti si riconoscono seguaci di Gesù Cristo, l'unico e il solo Signore.

Precursori

I primi germi del moderno movimento ecumenico risalgono al XIX secolo. Esso si è sviluppato secondo le tre modalità qui di seguito sintetizzate.

1. Comunione tra organizzazioni internazionali basate sulla affiliazione personale. Un esempio ne è la Y.M.C.A. (Young Men Christian Association, Associazione Cristiana dei Giovani), fondata come confederazione mondiale nel 1885. Un'altra organizzazione dello stesso tipo è il Movimento Studentesco Internazionale che ha rappresentato una sorta di tirocinio per le persone che attualmente sono a capo del Movimento Ecumenico.

2. Forme ufficiali di cooperazione ecclesiastica che mirano a qualche tipo di unità organizzativa tra le comunità dei fedeli, che può attuarsi su basi confessionali o nazionali.

3. Collaborazione in compiti pratici comuni. I pionieri in questo campo sono stati fin dall'inizio del secolo scorso i gruppi di studio della Bibbia. Importanza ancor maggiore ha assunto l'attività missionaria, che ha dato il via alla cooperazione sia sul luogo stesso della missione sia in patria.

Il Consiglio Ecumenico delle Chiese (CEC)

Il Consiglio Ecumenico delle Chiese (Church World Council) è stato fondato ad Amsterdam nel 1948. Centoquarantasette chiese di quarantaquattro paesi diversi erano presenti alla conferenza, che si è qualificata come l'incontro delle comunità di credenti più rappresentativo da molti secoli a questa parte. Le questioni dibattute nel corso della conferenza hanno costituito la base su cui ancora oggi poggia questa organizzazione mondiale, e che può essere sintetizzata in questa dichiarazione: «Il Consiglio Ecumenico delle Chiese è un'unione di chiese che riconoscono il Signore Gesù Cristo come Dio e Salvatore in accordo con le Scritture, e perciò cercano di adempiere congiuntamente alla chiamata comune, in onore dell'unico Dio, Padre, Figlio e Spirito Santo». Il Consiglio non intende porsi come un'autorità al di sopra delle singole chiese, ma suggerisce «direttive e opportunità per l'impegno comune nelle questioni di mutuo interesse».

Fanno parte del Consiglio le maggiori comunità ortodosse e protestanti del mondo, in tutto circa duecentotrenta. Tra coloro che non vi hanno ancora aderito ci sono quasi tutte le comunità pentecostali e la Chiesa cattolica romana, la quale non ha partecipato neppure alla conferenza del 1948. Ma dopo il Concilio Vaticano II anche la Chiesa di Roma si è dimostrata più possibilista riguardo al rapporto con le altre chiese.

Il centro organizzativo del CEC ha sede a Ginevra.

Comunità particolari

Per concludere, prenderemo in esame alcune comunità che, pur considerandosi cristiane, non hanno rapporti con le altre confessioni.

Testimoni di Geova

I Testimoni di Geova sono una comunità religiosa internazionale che nel 1980 contava più di due milioni di fedeli, organizzati in quarantatremila congregazioni sparse in duecentocinque paesi. La loro caratteristica peculiare è l'impegno comune a diffondere il proprio credo mediante la predicazione di casa in casa e la distribuzione di copie della Bibbia, della rivista «La Torre di Guardia» e di altra letteratura religiosa.

I Testimoni di Geova basano la loro dottrina sulla Bibbia. Geova è il nome di Yahaweh come appare nell'originale ebraico del testo di Isaia 43,10. Essi non credono nel dogma della Trinità, e professano che solo Geova è il Dio onnipotente; il suo unico Figlio, che poi divenne Gesù Cristo, è la prima creazione celeste di Dio e lo Spirito Santo è la sua forza attiva e invisibile. Rifiutano la divinità di Gesù e accentuano l'importanza della diffusione della dottrina per ottenere il "favore di Dio" e vincere la battaglia presso Armageddon. Coloro che muoiono nella grazia possono sperare nella risurrezione, i malvagi invece verranno annientati per l'eternità.

Il tema principale nella predicazione dei Testimoni di Geova è il Regno di Dio composto da Cristo e da centoquarantaquattromila eletti. Tutti gli altri credenti vivranno in eterno sulla terra come sudditi del Regno. I Testimoni di Geova sostengono che le profezie della Bibbia e gli avvenimenti nel mondo indicano che il Regno di Dio è vicino e che la nostra generazione sarà testimone della cacciata di Satana e di tutto il male, mentre la terra verrà trasformata in un paradiso che sarà la dimora eterna dei credenti.

Questa comunità religiosa è caratterizzata da un'etica di tipo puritano. Tengono in gran conto l'onestà, la purezza, la moderazione, lo spirito di sacrificio e l'obbligo di astenersi dal tabacco. Si distinguono però dagli altri puritani per il loro disinteresse per la politica e per le questioni sociali. Ciò è dovuto alla convinzione che nel mondo ci sarà un grande capovolgimento e tutto ciò che appartiene a questa terra avrà fine. I Testimoni di Geova sono obiettori di coscienza, ma non considerano l'attività umanitaria importante ai fini della salvezza. La salvezza può essere raggiunta solo mediante la conoscenza della dottrina, alla diffusione della quale essi consacrano tutte le loro energie. Qualunque opposizione o resistenza alla loro predicazione li riconferma nella loro convinzione di appartenere alla schiera degli eletti.

La Chiesa di Gesù Cristo dei Santi degli Ultimi Giorni (Mormoni)

Fondatore di questa Chiesa fu l'americano Joseph Smith (1805-1844). Secondo le sue stesse parole, nel 1820 Dio Padre e Gesù Cristo, in risposta al suo interrogativo su quale chiesa fosse la vera e a quale avrebbe dovuto aderire, gli risposero che non doveva affiliarsi a nessuna delle chiese allora esistenti. Nel 1823 Smith ricevette la visita di un altro messaggero celeste, un angelo di nome Moroni, il quale gli rivelò che in una collina non lontano da casa sua erano sepolte delle tavole d'oro contenenti la storia sacra di un popolo che si era insediato nel continente americano alcune centinaia di anni prima dell'era cristiana.

Quattro anni più tardi Smith dissotterrò quelle tavole e accanto ad esse trovò due pietre profetiche incastonate in argento. Con l'aiuto di queste pietre riuscì a decifrare il contenuto delle tavole d'oro che restituì poi all'angelo Moroni. Nel 1830 Smith ne pubblicò la traduzione in *The Book of Mormon* (Il Libro di Mormon).

The Book of Mormon si apre con le testimonianze di undici persone che avevano visto le tavole, ed è diviso in sezioni intitolate, per esempio, «Primo libro di Nefi», «Libro di Enos», e così via. Il contenuto racconta dell'antica popolazione americana e della rivelazione di Cristo (dopo la sua risurrezione) ad un popolo americano in seguito sterminato. Una serie di capitoli tratta di rivelazioni e profezie, di dogmi e ammonizioni, ma anche di guerre e di avvenimenti storici.

Nel 1830 Smith e i suoi primi discepoli organizzarono la "nuova" Chiesa di Gesù Cristo, che, nel giro di pochi anni, conobbe una notevole diffusione. Ma in seguito, a causa di opposizioni e persecuzioni, i fedeli si spostarono verso ovest, fino al Grande Lago Salato, nell'attuale Utah. Qui costruirono una città, Salt Lake City, e adottarono una forma di governo teocratico. Si moltiplicarono rapidamente, grazie anche alla loro industriosità e disciplina. Quando l'Utah entrò a far parte degli Stati Uniti d'America, anche la comunità dovette rinunciare ad alcuni ordinamenti speciali, tra cui la poligamia. Vi sono nel mondo quasi cinque milioni di fedeli mormoni; in Italia sono circa diciassettemila.

Le Sacre Scritture dei Mormoni comprendono la Bibbia, *Il Libro di Mormon*, *Dottrina e Alleanze* e *Perla di Gran Prezzo.* Molto particolare è la loro idea di Dio: «Il Padre ha un corpo di carne ed ossa, altrettanto tangibile di quello dell'uomo».

Gesù è il Salvatore che ritornerà sulla terra per fondare un regno di pace, Sion. L'uomo si può salvare per i meriti dal sacrificio espiatorio di Cristo e con l'obbedienza alle leggi e ai precetti del vangelo.

Il battesimo si può impartire per procura: un mormone in vita può farsi ribattezzare in favore di un parente defunto. Questo è il motivo per cui in molti paesi i fedeli si procurano i microfilm dei registri della parrocchia e li utilizzano per le loro ricerche genealogiche.

La comunità ha un'organizzazione strettamente gerarchica. Il presidente e i suoi due consiglieri formano la Prima Presidenza, dopo la quale, in ordine di importanza, vengono il Quorum dei Dodici Apostoli, e il Primo Quorum dei Settanta. A livello locale una congregazione è diretta da un vescovo e da due consiglieri.

La Chiesa non ha un clero retribuito, ma a tutti i membri attivi maschi viene impartito il Sacerdozio di Aronne o di Melchisedec. Nell'ambito del Sacerdozio di Aronne un dodicenne può essere ordinato Diacono, un quattordicenne Insegnante e un sedicenne Sacerdote. All'età di diciannove anni, i giovani vengono spesso ordinati come anziani al Sacerdozio di Melchisedec e come tali inviati in missione. Tali Sacerdoti hanno la facoltà di predicare, battezzare e somministrare l'eucaristia. I mormoni pagano una tassa in base al reddito lordo, che tuttavia non è obbligatoria. I giovani uomini sono invitati a prestare servizio come missionari per due anni. Anche le donne svolgono un ruolo molto attivo nella vita della Chiesa, come missionari, predicatori durante la messa o insegnanti.

Conoscere la Bibbia

Il libro dei libri

È facile cedere alla tentazione di definire la Bibbia un "bestseller". È stato il primo libro ad essere stampato dopo l'invenzione della stampa, è stato tradotto in circa duecentosettanta lingue (alcune parti addirittura in più di milleseicento); ha venduto molti milioni di copie e continua a vendere ancor oggi più di ogni altro libro. Cristiani e non cristiani concordano sul fatto che la Bibbia è anche un'opera di alta qualità letteraria.

La Bibbia è composta di una serie di libri (sessantasei per i protestanti, settantatrè per i cattolici e gli ortodossi) scritti nell'arco di più di mille anni; in essi si trovano storia e leggenda, poesie e racconti, discorsi, leggi, trattati, lettere, i quattro resoconti della vita di Gesù e una eccezionale galleria di personaggi: re potenti e belle donne, politici cinici e poveri custodi di greggi. Vi è tratteggiata anche tutta la gamma dei sentimenti umani: gioia e dolore, amore e odio, fede e cinismo. È proprio questa ricchezza che ha fatto delle scritture bibliche una preziosa fonte di ispirazione per artisti, pensatori e poeti. È inoltre questa valenza culturale che rende la Bibbia uno dei fondamenti su cui posa l'intera civiltà occidentale.

Per molti, tuttavia, ciò che ne fa il libro più importante in assoluto è il racconto della vita e della predicazione di Gesù.

L'Antico e il Nuovo Testamento

La Bibbia cristiana si divide in due grandi parti: l'Antico Testamento e il Nuovo Testamento. *Testamentum* è una parola latina che significa "alleanza, patto". L'Antico Testamento si riferisce all'alleanza che Dio ha stretto con il popolo d'Israele e contiene gli stessi testi della Bibbia ebraica. Il Nuovo Testamento si riferisce all'alleanza che Dio ha stretto con tutti gli uomini attraverso Cristo; contiene la descrizione della vita e della morte di Gesù, la prima storia della nuova Chiesa cristiana, trattati teologici ed esortazioni in forma espistolare relativi al contenuto della fede cristiana.

L'Antico Testamento era la Bibbia di Gesù

Come ebreo, Gesù fu istruito sulla Bibbia ebraica, di cui venivano letti brani nelle sinagoghe e nei templi. Attraverso tali letture e l'interpretazione che di esse ne davano gli scribi, Gesù apprese il contenuto della fede e della morale ebraica. Il Nuovo Testamento racconta come lo stesso Gesù si recasse alla sinagoga e leggesse i testi ebraici. Spesso, però, la sua interpretazione dei brani biblici contrastava con quella degli scribi e dei farisei. Ma Gesù non negò mai il valore della Bibbia. Anzi afferma esplicitamente: «Non crediate che io sia venuto a sopprimere la legge o i profeti! Non sono venuto per sopprimere, ma per adempiere». È alla luce di queste parole che bisogna capire espressioni quali «Voi avete udito... ma io vi dico...».

Gesù rimanda spesso ai testi antichi: ricorre alle citazioni dalla Bibbia nelle discussioni con i suoi oppositori e perfino nella disputa con il demonio quando questi si presenta per tentarlo. Anche le sue ultime parole sulla croce sono tratte dal libro dei Salmi: «Mio Dio! Mio Dio! Perché mi hai abbandonato?»

Questo dovrebbe farci capire quale importanza abbia la conoscenza della Bibbia ebraica per chi voglia comprendere il Cristianesimo e la sua dottrina.

La visione cristiana dell'Antico Testamento

La Chiesa cristiana divide l'Antico Testamento in trentanove (quarantasei per i cattolici) scritti diversi, invece dei ventiquattro contemplati dal Canone ebraico. È una questione puramente pratica, che si origina dal fatto che gli ebrei considerano gli scritti dei dodici "piccoli profeti" come un unico libro. I trentanove scritti sono divisi in quattro gruppi: i Libri di Mosè, i libri storici, i libri poetici e i libri profetici. Per quanto riguarda il contenuto di questi libri, si veda il capitolo sull'Ebraismo.

Tanto per i cristiani quanto per gli ebrei il tema principale di questi testi è il rapporto di Dio con gli uomini nei tempi antichi. In sostanza l'intera Bibbia tratta del "Dio della storia". Ma per i cristiani questa è solo la prima parte della storia, e con l'avvento di Gesù, l'Antico Testamento viene letto alla luce del Nuovo.

Particolarmente evidente risulta questa visione nel caso delle cosiddette "profezie di salvezza". Si tratta di parole di speranza o di consolazione che annunciano la venuta sulla terra di un re o principe di pace ad opera di Dio. Tali profezie si trovano specialmente nei capitoli 7, 9 e 11 di Isaia: «Poiché un bambino è nato per noi, ci è stato dato un figlio. Sulle sue spalle è il segno della sovranità ed è chiamato: Consigliere ammirabile, Dio potente, Padre per sempre, Principe della pace» (Isaia 9,5)

Per gli ebrei questo passo giustifica l'attesa del Messia, mentre, per i cristiani, esso predice la nascita di Gesù.

I vangeli

I resoconti della vita di Gesù sono contenuti nei quattro vangeli del Nuovo Testamento. La parola *evangelium* significa "lieto messaggio" o "buona novella".

Il vangelo secondo Marco

È quello più corto ed antico e prende il nome da Marco (che la tradizione vuole fosse l'interprete di Pietro), secondo la cui testimonianza fu redatto. Contiene pochi dei discorsi di Gesù, ma in compenso molte notizie sul suo operato. È scritto in uno stile semplice, che ricorre a termini e a espressioni popolari. Marco intende prima di tutto dimostrare che Gesù è il Messia promesso e il figlio di Dio, e che la sua figura è anticipata da quella del «servo sofferente» di cui si fa menzione in Isaia (Isaia 53,11). Secondo il vangelo di Marco Gesù compì molte opere meravigliose che testimoniano la potenza della sua divinità, e annunciò la sua dottrina con "potere e autorità". Si tratta di un testo scritto per i pagani e per i cristiani convertiti dal paganesimo. Gli studiosi ritengono che sia stato composto a Roma poco prima della distruzione di Gerusalemme avvenuta nell'anno 70.

Il vangelo secondo Matteo

Il pubblicano Matteo, chiamato anche Levi, era uno degli

apostoli. L'attribuzione a lui come autore è tuttavia incerta, fatto che per altro vale per tutti e quattro i vangeli. Questo testo descrive Gesù come il grande Maestro, che insegna la volontà di Dio, il regno dei cieli e la nuova giustizia che supera quella di scribi e farisei. Viene messo in risalto inoltre come Gesù adempia le profezie dell'Antico Testamento: «perché si adempisse ciò che era stato detto per mezzo del profeta Isaia», scrive Marco. Inoltre il vangelo si apre con una tavola genealogica tesa a dimostrare che Gesù è il Messia promesso della stirpe di Davide. Secondo Matteo Gesù ha istituito un nuovo patto tra Dio e tutti gli uomini che annulla quello precedente tra Dio e il popolo di Israele. Questi ed altri elementi dimostrano che il testo è stato scritto per un "pubblico" che conosceva l'Antico Testamento, cioè per gli ebrei. La stesura si colloca tra l'80 e il 100.

Il vangelo secondo Luca

Luca era medico e uno dei collaboratori di Paolo, nelle cui lettere viene spesso nominato. È autore anche degli Atti degli Apostoli. Questo vangelo ha un respiro più universale rispetto a quello attribuito a Matteo. Qui Gesù è rappresentato come il Salvatore del mondo intero e la sua tavola genealogica risale ad Adamo, il progenitore di tutti gli uomini. È un testo scritto da un non ebreo per i pagani convertiti. Tipico del vangelo, secondo Luca, è poi il risalto dato, in misura ancor maggiore che negli altri, all'amore di Gesù per i peccatori e i pubblicani, per i poveri e gli umili. Questa tematica viene accentuata in molte famose parabole che Luca riporta con accuratezza di dettagli (Il buon samaritano, Il figliol prodigo, L'uomo ricco e Lazzaro). Il testo è stato redatto intorno all'anno 80.

Il vangelo secondo Giovanni

Mentre i tre vangeli esaminati finora sono accomunati da notevoli somiglianze, quello secondo Giovanni occupa una posizione a sé. Una prima differenza emerge nei riferimenti cronologici e geografici relativi all'operato di Gesù. Mentre gli altri si concentrano sui fatti svoltisi in Galilea, questo testo descrive l'attività di Gesù a Gerusalemme, in Giudea e in Samaria. Secondo gli altri vangeli l'attività pubblica di Gesù non ebbe durata superiore ad un anno, mentre secondo Giovanni questa si svolse nell'arco di quasi tre anni.

Anche dal punto di vista stilistico e tematico si notano grosse differenze. Negli altri vangeli Gesù si esprime spesso per semplici immagini e parabole. Qui tiene lunghi discorsi dal contenuto complesso. Troviamo inoltre molte enunciazioni che sottolineano l'origine divina di Gesù e la sua comunione con Dio: «Io e il Padre siamo una cosa sola», «Io sono nel Padre e il Padre è in me». Tipiche del vangelo secondo Giovanni sono inoltre le molte affermazioni in prima persona attribuite a Gesù: «Io sono il pane della vita», «Io sono la via, la verità e la vita».

Nell'intero testo è sottolineata l'opposizione luce e tenebra, verità e menzogna, vita e morte. Un simile dualismo religioso aveva dei paralleli sia all'interno sia al di fuori dell'ambiente ebraico del tempo degli evangelisti.

Questo vangelo, il cui autore secondo la tradizione è l'apostolo Giovanni, fu scritto più tardi degli altri e si colloca verso la fine del primo secolo.

Come sono nati i vangeli?

Nella letteratura mondiale non esiste nulla di simile ai vangeli. Si tratta, a differenza del resto degli scritti neotestamentari, di un genere letterario unico nel suo genere. I vangeli hanno avuto origine nell'arco di un periodo di quaranta-sessantacinque anni dopo la morte di Gesù, e con ogni probabilità sono stati redatti sulla base dei racconti tramandati oralmente da persone che erano state testimoni dell'operato di Gesù.

Nel corso dei primi decenni successivi alla morte di Gesù erano stati scritti diversi racconti sulla sua vita e sulla sua predicazione. Ciascun evangelista ha dunque scelto – sulla scorta delle fonti a disposizione – il materiale da lui ritenuto più importante per i lettori a cui intendeva rivolgersi. Sebbene sia difficile stabilire quali tradizioni gli evangelisti possano aver deciso di tralasciare, non vi è dubbio sull'intenzione che li ha guidati: hanno voluto risvegliare gli uomini alla fede in Gesù Cristo come figlio di Dio e salvatore dell'umanità; in altre parole, hanno voluto "evangelizzare". Oltre a questo *intento missionario*, è lecito supporre che i vangeli siano stati scritti pensando a un loro *uso* nelle *celebrazioni rituali* e *nell'insegnamento* all'interno delle diverse comunità cristiane.

Il problema sinottico

Come già si è detto, i primi tre vangeli (Marco, Matteo e Luca) presentano una serie di elementi in comune non condivisi dal vangelo di Giovanni. Tali tratti sono talmente numerosi che la maggior parte degli studiosi moderni presuppone una qualche forma di contaminazione fra i tre testi.

I tre vangeli sono detti sinottici, perché la parola sinottico significa "visto in contemporanea", "comprensivo" o "breve compendio", e i tre vangeli possono essere letti in parallelo.

Quasi tutti gli studiosi sono concordi nell'affermare che la spiegazione più probabile della somiglianza tra i testi è la seguente: sia Matteo sia Luca devono aver utilizzato il vangelo secondo Marco come base per la propria opera, e devono aver potuto utilizzare un'altra fonte comune, la "fonte dei discorsi", che probabilmente conteneva i discorsi di Gesù. È presumibile si tratti di una fonte scritta, poi andata perduta. Vi è comunque del materiale sia in Matteo sia in Luca che dimostra che i due evangelisti hanno attinto anche ad altre fonti diverse.

Sebbene i quattro vangeli si differenzino per forma e contenuto, emerge in tutti la convinzione che con Gesù Cristo si è verificato un evento decisivo nel "dramma" del mondo. Con Gesù, Dio ha creato nuove condizioni per l'avvento del suo regno; ha stabilito una nuova alleanza (o un nuovo "testamento") con gli uomini. E agli uomini sono state date possibilità radicalmente nuove di salvezza.

Atti degli Apostoli

Questo testo, il cui autore è lo stesso del vangelo secondo Luca, è in un certo senso anche la continuazione di questo (cfr. Atti 1,1).

Il libro inizia con l'assunzione in cielo di Gesù (episodio che conclude il vangelo secondo Luca), la nomina di un nuovo apostolo dopo Giuda e il prodigio della Pentecoste, quando lo Spirito Santo discese sugli apostoli. Racconta anche della diffusione del primo Cristianesimo e dell'operato di Paolo. Contiene molte informazioni interessanti sull'organizzazione della Chiesa delle origini, e riporta numerosi discorsi degli apostoli i quali ci fanno capire il tipo di annuncio che essi diffusero nel corso del loro apostolato.

Letteratura epistolare

Da un punto di vista letterario, le epistole, nel Nuovo Testamento, sono una via di mezzo tra le lettere private indirizzate a un destinatario e brevi trattati di argomento religioso e teologico in forma di lettera.

Per quanto riguarda le epistole di Paolo, si tratta di vere e proprie lettere inviate a determinate persone o comunità, spesso in occasione di particolari circostanze. Dal contenuto, tuttavia, emerge chiaramente che ese non furono loro il semplice risultato di un'ispirazione improvvisa che guidò la penna dello scrittore. Rivelano al contrario un atteggiamento di piena coscienza e di estrema attenzione nelle formulazioni dottrinali per cui sembra poco probabile che siano state scritte a beneficio esclusivo delle persone o della comunità cui erano indirizzate.

Su un totale di ventuno epistole, tredici portano il nome di Paolo. Sono state composte tra il 50 e il 60, cioè solo ventitrenta anni dopo la morte di Gesù, e quindi sono gli scritti più antichi del Nuovo Testamento.

Paolo emerge come la personalità di maggior spicco nella Chiesa delle origini. Mediante le lettere egli mantiene i contatti con le comunità da lui fondate, risponde agli interrogativi che gli sono posti e persevera nell'insegnamento della nuova Chiesa. In questo modo, enuncia i precetti fondamentali del messaggio cristiano, interpreta la vita, la morte e la risurrezione di Gesù, e formula i suoi pensieri nel linguaggio religioso del tempo. Le sue epistole venivano considerate come base dottrinale all'interno della giovane Chiesa e per molti rispetti hanno costituito le fondamenta di tutto il Cristianesimo più tardo.

La prima lettera di Paolo è diretta alla comunità marittima e commerciale di Corinto (nel Peloponneso) e si configura come risposta a una lettera che lo informava delle discordie sorte all'interno della giovane comunità cristiana. Sebbene l'operato di Paolo come guida spirituale si riferisca alle circostanze esistenti in una determinata comunità, egli fornisce anche una giustificazione universalmente valida che travalica le restrizioni di spazio e di tempo. In questa lettera si definisce dunque gran parte dell'etica cristiana. Viene in special modo sottolineato l'amore come principio guida in tutte le circostanze della vita (cfr. il cosiddetto "vangelo dell'amore", nel cap. 13).

Nella lettera ai Romani, Paolo tratta della possibilità di salvezza tramite Cristo, scrivendo a una comunità cristiana non da lui fondata. Ciò dimostra che l'apostolo ha chiaramente intenzione di condurre la sua opera di proselitismo verso ovest, e la lettera doveva servire come punto di partenza per la successiva diffusione del Cristianesimo. Paolo riassume qui la concezione della fede cristiana, sottolineando come soltanto attraverso la grazia di Dio l'uomo possa essere salvato.

L'Apocalisse di Giovanni

A conclusione del Nuovo Testamento sta l'Apocalisse di Giovanni, che al pari del libro di Daniele appartiene a un genere letterario non insolito a quel tempo. Il testo contiene una serie di visioni che evocano immagini della fase finale del "dramma". Su due punti essenziali questo testo si distingue dall'Apocalisse ebraica: in primo luogo perché è un libro cristiano in cui è Cristo ad attaccare e a sconfiggere il male; in secondo luogo, perché Giovanni afferma che il momento della fine è già cominciato. Con l'opera di salvezza di Gesù, la battaglia decisiva tra il bene e il male è già un dato di fatto.

L'Apocalisse di Giovanni è dunque qualcosa di più di uno scritto profetico. È stato composto durante le grandi persecuzioni cristiane all'epoca dell'imperatore Domiziano (81-96) e descrive la situazione dei cristiani di quel tempo, che vivevano nella minaccia costante del martirio. Quindi il testo aveva anche uno scopo consolatorio. L'Impero romano è qui descritto come la "bestia", la "grande prostituta", o il "drago"; e infine l'Agnello, cioè Cristo, trionferà sulle forze malvage. Il libro si conclude con la visione di "un nuovo cielo e una nuova terra".

A causa della visionarietà del testo che presenta immagini difficilmente comprensibili ai lettori d'oggi, l'Apocalisse di Giovanni, nel corso dei secoli, è stata oggetto di interpretazioni diverse e di molti travisamenti. Esprime la fede che sconfiggerà il male ed è anche una conclusione naturale della rappresentazione biblica del dramma del mondo.

Studio della Bibbia e sue concezioni

Per più di duemila anni la Bibbia è stata oggetto di profondi studi e diverse interpretazioni. Gli scribi ebraici avevano, come compito specifico, quello di interpretare e spiegare la Legge e i profeti agli uomini del futuro. La Chiesa cristiana dovette ben presto decidere quali dei molti testi composti dopo la morte di Cristo fossero da considerarsi autorevoli e degni di essere inclusi nel Canone. Furono stabiliti i seguenti tre criteri: il testo doveva essere opera di un apostolo o di uno dei suoi discepoli più stretti; il contenuto doveva essere in armonia con l'annuncio di Gesù quale figlio di Dio; e doveva essere in uso presso la maggior parte delle prime comunità cristiane. Però per poter applicare questi criteri, occorrevano studi approfonditi.

Lo studio e l'interpretazione della Bibbia in traduzione latina rivestirono grande importanza per tutto il Medioevo. Un notevole passo in avanti fu compiuto durante il Rinascimento, quando gli umanisti, in linea con il principio della riscoperta delle fonti, cominciarono a studiare la Bibbia nelle lingue originali, ebraico e greco antico. Ciò fu di capitale importanza per Martin Lutero e per gli altri riformatori, che ritenevano la Bibbia unico fondamento della Chiesa. Gli studi di Lutero, tuttavia, portarono anche alla critica e all'esclusione dal canone di alcuni libri della stessa Bibbia, tra i quali le lettere di Giacomo. Per comprendere tale esclusione occorre tenere presente la visione luterana della Bibbia, cioè la concezione d'insieme che Lutero aveva della Sacra Scrittura. Egli osteggiò la prassi ufficiale della Chiesa cattolica che riconosceva solo al magistero ecclesiastico – e in particolare al Papa – il diritto di interpretare la Bibbia correttamente e in modo vincolante per tutti i credenti. Lutero sosteneva che ciascun fedele doveva poter accostarsi direttamente alle Scritture.

Una nuova fase nello studio della Bibbia si aprì nei secoli XVIII e XIX, quando si cominciò a considerarla come un libro scritto da uomini, allo stesso modo di tutti gli altri libri. Furono messe in evidenza, tra l'altro, tutte le sue contraddizioni interne, tutte le divergenze e le discrepanze, come per esempio i due diversi racconti della creazione. Questo diede il via allo studio biblico di tipo storico-critico che, con l'aiuto dei normali metodi scientifici, cerca di arrivare al massimo della comprensione dei testi. È solo uno studio che implichi la conoscenza del greco e dell'ebraico, la ricerca degli antichi manoscritti, l'esame delle fonti letterarie e dei ritrovamenti archeologici per risalire al *milieu* culturale dell'epoca in cui gli scritti furono composti può essere di valido aiuto per l'esegesi finale dei testi biblici.

Questa metodologia però è rifiutata dai fondamentalisti, i quali considerano che i testi della Bibbia siano stati dettati ai loro autori direttamente dallo Spirito Santo e che quindi siano parola divina che non contiene errori e, che deve essere interpretata alla lettera. Una simile concezione fondamentalista si scontra quindi con la posizione delle scienze naturali su molti punti importanti come, ad esempio, la teoria dell'evoluzione.

Oggi molti cristiani accettano lo studio storico-critico della Bibbia e ritengono che un approccio scientifico ad essa non comprometta il valore sacro e il contenuto di rivelazione divina che da sempre gli è attribuito.

CONCEZIONI DI VITA SU BASI NON RELIGIOSE

Umanesimo e materialismo

Avere una concezione o filosofia della vita non implica necessariamente l'appartenenza a una religione. In questa parte del libro presenteremo tre diverse correnti di pensiero fondate su basi non-religiose.

L'Umanesimo è una corrente di pensiero di grande importanza per la vita spirituale europea degli ultimi secoli. Molti affermano anche oggi di avere una visione umanistica della vita. L'Umanesimo è un esempio di concezione della vita legata alla filosofia.

Il Materialismo è una corrente di pensiero legata alla scienza. Come l'Umanesimo, anche il Materialismo ha radici nella filosofia di epoche precedenti.

Quando si vuole indicare come una concezione della vita possa originarsi da una teoria politica di solito si prende ad esempio il Marxismo. Ma il Marxismo occupa anche una posizione a sé tra le ideologie politiche: mentre il conservatorismo e il liberismo costruiscono fondamentalmente la propria morale su elementi dell'Umanesimo o del Cristianesimo, il Marxismo presenta una concezione spiccatamente propria dell'etica e della morale; al contrario di altre ideologie politiche, esso è caratterizzato da una visione complessiva dell'esistenza. Anche questa concezione della vita è largamente diffusa tra la popolazione mondiale.

Le correnti di pensiero che ci accingiamo a presentare sono estremamente diverse tra loro, già fin dalle premesse; può essere difficile quindi accostarle l'una all'altra. A grandi linee, il punto di partenza dell'Umanesimo è *l'uomo singolo*, quello del Materialismo è la visione *scientifico-naturale* del mondo, e quello del Marxismo è la *società* nel suo insieme. Ciò non implica necessariamente che le tre concezioni si escludano a vicenda: molti, anzi, ricavano elementi per la propria filosofia della vita da più di una di queste correnti di pensiero.

Concezione della realtà, dell'uomo e dei valori

Come abbiamo visto, la base di qualunque concezione della vita è una serie di domande esistenziali: Come è nato il mondo? Quali forze ne governano il progresso? Esiste un dio? Le risposte a questi interrogativi costituiscono la nostra concezione della realtà.

Noi stessi siamo parte di questa realtà. Ma come vi siamo giunti? L'uomo è qualcosa di più di un animale a due zampe? L'uomo è buono o cattivo? Che cosa dà senso alla vita umana? Che cosa accade quando muoriamo? Tentando di rispondere a questi interrogativi, poco a poco ci formiamo una nostra concezione dell'uomo.

Non abbiamo scelto noi di vivere. Ma entro certi limiti siamo noi che decidiamo *come* vivere. Qual è la cosa più preziosa al mondo? Denaro, amicizia, godimento della natura, libertà? Che cosa vogliamo proteggere, e perché combattiamo? Che cos'è giusto e che cos'è sbagliato? Tutti gli uomini hanno una visione dei valori o un'etica.

Dopo una breve presentazione storica, esporremo la concezione della realtà, dell'uomo e dei valori che caratterizza le tre filosofie di vita prescelte.

UMANESIMO

L'Umanesimo designa un insieme di idee e principi filosofici diversi.

La parola "umanesimo" viene dal latino *humanus*. Possiamo dire che umanista è colui che mette l'uomo e la dignità della vita umana al centro dei propri valori. L'Umanesimo pone in risalto la libertà, la ragione, i diritti e le possibilità dell'individuo.

Al pari di altre concezioni di vita, l'Umanesimo affonda le sue radici nella storia: alcune epoche sono state più intensamente caratterizzate dalla filosofia umanista di altre. Ciò vale soprattutto per l'antichità, il Rinascimento e l'Illuminismo.

Premesse storiche

L'Umanesimo nell'antichità

Molti degli ideali umanistici furono formulati per la prima volta nel mondo greco-romano quando i filosofi cominciarono a formulare concezioni del mondo e dell'uomo non basate sulla religione.

Socrate

Nell'anno 399 a.C. un uomo è sul banco degli imputati di fronte al tribunale di Atene: è accusato di non credere negli dèi e di aver traviato i giovani convincendoli di questa aberrazione. Un'esigua maggioranza della giuria di cinquecento membri lo dichiara colpevole; e poiché non implora la grazia, ma assicura i giurati di aver agito per il bene dello stato e in accordo con la propria coscienza, viene condannato a morte. Dı a poco, in presenza dei suoi amici più stretti beve una pozione velenosa e muore.

Quell'uomo era Socrate, l'individuo che forse ha significato di più per lo sviluppo di una filosofia umanistica.

Socrate voltò le spalle a quella che considerava astratta e inutile speculazione filosofica, per affrontare, invece, i veri problemi umani. «Fece scendere la filosofia dal cielo sulla terra – come è stato detto – perché prendesse dimora nelle città, e la condusse all'interno delle case e obbligò gli uomini a pensare alla vita e all'etica, al bene e al male». Il suo intento era quello di studiare l'uomo per poter giungere a formulare i principi e le regole di una giusta condotta di vita.

Socrate era un *razionalista,* cioè aveva una profonda fede nella ragione umana; da lui proviene l'idea che la retta conoscenza porta a un agire retto. Chi sa che cosa è bene, lo metterà in pratica; e soltanto chi fa del bene è un uomo felice. Quando facciamo qualcosa di sbagliato, è perché non possediamo un sufficiente grado di conoscenza; è quindi importante espandere il nostro sapere.

Socrate diceva di ospitare un dio dentro di sé che gli indicava ciò che era giusto o sbagliato. Il criterio decisivo per stabilire la giustezza o meno di qualcosa consiste nella nostra intima convinzione, e non in regole e precetti tramandati acriticamente. Con la sua indomabile forza di volontà che lo portò a morire per ciò che riteneva giusto, Socrate dimostrò anche di considerare la verità al di sopra della vita stessa. «Obbedisco al dio più che a voi», avrebbe detto ai giudici che lo condannavano.

Ponendo l'accento sulla ragione come guida, Socrate sottolinea allo stesso tempo che vi sono dei limiti alla conoscenza umana; la vera sapienza è sapere di non sapere.

Gli stoici

Un altro grande contributo alla storia dell'Umanesimo è rappresentato dagli stoici.

Lo Stoicismo è una scuola filosofica sorta ad Atene intorno al 300 a.C., ma importante soprattutto per la cultura romana tra il 150 a.C. e il 200 d.C. circa.

Secondo gli stoici, il principio per distinguere tra ciò che è giusto e ciò che è sbagliato risiede nella natura. Tutti gli uomini partecipano della *ragione del mondo*; deve dunque esistere un diritto universalmente valido, il cosiddetto diritto naturale o *diritto di natura*. Poiché il diritto di natura si basa sulla ragione atemporale dell'uomo, non è soggetto ad alterazioni di tempo e di luogo, ed è valido per tutti gli uomini, perfino per gli schiavi.

Gli stoici erano cosmopoliti; esortavano alla comunità fra gli uomini, si curavano della vita della società, e molti di loro erano anche attivi uomini di stato. Contribuirono a promuovere la cultura e la filosofia greca a Roma, e formularono il concetto stesso di *humanitas*, un termine che possiamo tradurre con "umanesimo". Anche la parola "coscienza" fu frequentemente utilizzata dagli stoici. E dagli stoici sono stati ripresi molti degli ideali e delle parole-chiave dell'Umanesimo come, per esempio, «L'uomo dev'essere per l'uomo un qualcosa di sacro».

Gli umanisti dell'antichità

* concentravano la propria attenzione sull'uomo piuttosto che sulla speculazione filosofica intorno all'origine del mondo e alla materia di cui è costituito
* indicavano la ragione umana come base di tutta la conoscenza
* affermavano l'esistenza di un diritto di natura valido per tutti gli uomini

L'Umanesimo del Rinascimento

L'Umanesimo dei nostri giorni deriva in primo luogo da quello del Rinascimento. Dalla metà del XIV secolo l'arte, la cultura, la scienza e la filosofia intrapresero, in Europa, una nuova direzione. Questo sviluppo ebbe inizio nelle città dell'Italia centrale e si diffuse poi verso nord nel corso dei secoli successivi.

Leonardo da Vinci

Nel 1469, dal piccolo paese di Vinci, il diciassettenne Leonardo giunse a Firenze, culla del Rinascimento. Con irrefrenabile zelo si immerse nello studio e nella pratica dell'arte, della scienza e della cultura in generale. Era appassionatamente interessato allo studio della natura e di tutti i suoi processi: dai movimenti dell'acqua alla circolazione del sangue umano, dallo sviluppo del feto nel grembo della madre a quello delle piante, delle foglie e dei fiori.

Non si accontentò di osservare i processi della natura, ma condusse anche una serie di esperimenti scientifici, e realizzò molte scoperte ed invenzioni alcune delle quali furono di importanza durevole nei secoli. Egli riteneva che tutto doveva essere sottoposto all'analisi dei sensi, tutto doveva essere messo alla prova dell'esperienza, e ogni idea tradotta in un disegno esplicativo. Per lui era come se il mondo fosse appena stato creato.

Ma più di tutto, Leonardo si occupò dello studio dell'uomo: il più grande mistero della natura. I suoi numerosi studi, disegni e dipinti esprimono la sua profonda ammirazione per la bellezza del corpo umano. Proprio al tempo di Leonardo, dopo mille anni di pudore, si era ricominciato a rappresentare l'uomo nudo. Ciò esprimeva la nuova concezione dell'essere umano, che veniva ora considerato per se stesso, come un'entità indipendente. L'uomo ardiva essere se stesso, e non aveva nulla di cui vergognarsi.

Non era soltanto il genere umano ad affascinare Leonardo, ma anche l'uomo come individuo; i soggetti dei suoi dipinti e disegni si distinguono per personalità e carattere, come nel suo ritratto di donna più famoso, *Monna Lisa*, il cui sorriso enigmatico è da sempre oggetto di discussione. Il che la dice lunga sull'intuito psicologico del maestro.

L'universalità e l'eclettismo di Leonardo, i suoi intensi studi naturalistici, il suo impegno profondo nella scienza e nella tecnica, e non da ultimo la sua vivissima attenzione per l'individuo, tutto questo era tipico dell'uomo del Rinascimento. Si può dire, addirittura, che l'intero Rinascimento è riassunto nella personalità di Leonardo da Vinci.

Il contenuto ideologico dell'Umanesimo rinascimentale

Rinascimento significa "rinascita"; ciò che appunto doveva rinascere era l'Umanesimo dell'antichità. Il Medioevo era stato dominato dalla filosofia e dalla morale cristiana; ora gli umanisti del Rinascimento si riappropriarono della cultura greca e romana fiorita prima di Cristo, e il Medioevo finì con essere considerato come un periodo oscuro e barbarico in mezzo a due epoche d'oro.

«Risalire alle fonti» era il motto degli umanisti, e per fonti intendevano l'arte e la cultura antiche. Ciò aveva anche un intento pedagogico: lo studio delle materie umanistiche dell'antichità (*humaniora*) procurava un'"educazione classica" e sviluppava "il lato umano" (*humanitas*). «I cavalli vengono partoriti», recita un detto del tempo, «ma gli uomini no, gli uomini vengono formati».

Gli umanisti del Rinascimento non vedevano alcun contrasto tra la cultura classica e il Cristianesimo; anche il Nuovo Testamento, infatti, era scritto in greco. Sebbene fosse caratterizzato da cospicui tratti cristiani, l'Umanesimo del Rinascimento, tuttavia, ha segnato l'inizio di quel processo di secolarizzazione che ha mutato l'Europa negli ultimi secoli.

Il Rinascimento significò la riscoperta del valore dell'uomo, che finalmente veniva guardato come un'entità nobile e preziosa. «Riconosci te stesso, o divino in sembianze d'uomo!», esclama una delle figure più in vista dell'epoca.

Gli umanisti del Rinascimento si sentivano a proprio agio nell'esistenza terrena, e godevano della vita *hic et nunc*. Caratteristica tipica della nuova atmosfera era l'ottimismo: c'era la coscienza che se l'uomo fosse stato lasciato libero di agire e di esprimersi, avrebbe avuto infinite possibilità di realizzazione.

Anche la natura veniva considerata positivamente e questo fornì le basi per uno studio rinnovato del mondo. Gli umanisti si sbarazzarono del principio d'autorità che condizionava ogni tipo di ricerca e cominciarono a osservare il mondo con i propri occhi, creando le premesse dello sviluppo della scienza. Nacque il metodo scientifico: ogni ricerca deve basarsi sull'osservazione, sull'esperienza e sulla sperimentazione.

Con l'Umanesimo rinascimentale si ebbero
* una nuova concezione dell'uomo
* un nuovo modo di considerare la vita
* una nuova visione della natura
* un nuovo metodo scientifico
* una nuova immagine del mondo.

L'Illuminismo

Nel Settecento fu scritto un nuovo capitolo della storia dell'Umanesimo: nacque l'Illuminismo, un movimento umanistico che ebbe origine in Inghilterra, ma che si estese ben presto alla Francia, dove manifestò il suo pieno vigore. L'Illuminismo significò una rottura con molte delle idee rinascimentali, ma portò anche nuovi contributi al contenuto ideologico dell'Umanesimo.

Voltaire

L'Illuminismo francese è legato in maniera particolare alla figura di Voltaire (1694-1778). Voltaire era stato costretto a intraprendere gli studi giuridici, ma egli sentiva che la sua natura più vera e il compito che doveva svolgere erano quelli dello scrittore.

La produzione letteraria condizionò la vita di Voltaire. Già all'età di ventitré anni fu rinchiuso in prigione perché aveva scritto alcuni versi satirici contro le autorità. Dopo un ulteriore soggiorno in carcere gli fu intimato di abbandonare il suo paese. Voltaire allora si recò in Inghilterra, una nazione che lo aveva molto impressionato perché assicurava ampia libertà di espressione e di religione, e perché favoriva una filosofia e una scienza fondate sulla ragione e sull'esperienza.

La vita di Voltaire fu caratterizzata da una fuga continua dalla censura; lo scrittore ingaggiò una lotta costante contro il fanatismo, l'intolleranza e l'abuso di potere. Particolarmente animosa fu la sua battaglia contro il potere della Chiesa e la cieca credenza nei dogmi.

Ciò che Voltaire contestava era la fede dogmatica e la sopraffazione religiosa. Egli stesso non era ateo; sosteneva anzi che dietro le leggi che regolano l'ordine e la struttura del mondo – secondo la descrizione di Newton – deve esserci un creatore raziocinante. Ma a noi uomini non è dato conoscere nulla di questo creatore, il quale non si è rivelato al mondo in maniera sovrannaturale e diretta come professano cristiani, ebrei e musulmani, ma più semplicemente attraverso la natura e le sue leggi. Una visione siffatta, che raccolse ampie adesioni durante l'Illuminismo, si chiama *deismo*. Esiste un dio, sosteneva Voltaire, ma i dogmi religiosi e le raffigurazioni della sua immagine sono invenzioni umane. Se gli uomini si perseguitano e si uccidono a vicenda in nome della religione, questo succede per la loro ignoranza e stupidità. Altrettanto insensato è credere che possiamo influenzare Dio e il corso del mondo mediante la preghiera, poiché il mondo è governato da leggi immutabili.

Voltaire aveva una fiducia incrollabile nel trionfo dell'Illuminismo e della ragione; era necessario però diffondere queste nuove idee e la nuova visione del mondo alle masse. Voltaire stesso se ne fece il portavoce più autorevole, divulgando il sapere del tempo con uno stile vivace, facile e piacevole.

Contenuto ideologico dell'Umanesimo illuminista

A somiglianza degli umanisti dell'antichità, i filosofi dell'Illuminismo avevano una fede assoluta nella ragione umana. L'epoca dell'Illuminismo è detta perciò anche del razionalismo (dal latino *ratio*, "ragione"). L'obiettivo degli illuministi era quello di porre alla base della morale e della politica la ragione umana atemporale.

Il presupposto fondamentale per il rinnovamento della società era che le masse dovevano essere illuminate; doveva essere loro spiegato che la povertà e la sopraffazione erano dovute all'ignoranza e alla superstizione. La pedagogia assunse quindi, per gli illuministi, una dimensione importante: all'educazione sia dei bambini che degli adulti fu dedicata un'attenzione enorme. Se ragione e conoscenza fossero diventate patrimonio comune, l'umanità avrebbe fatto un grande passo avanti. E che l'ignoranza e la superstizione si arrendessero di fronte a un uomo illuminato, sarebbe stato solo questione di tempo.

La più tipica e importante opera di contenuto e di valore educativo illuministici è la grande enciclopedia francese che fu pubblicata in ventotto volumi tra il 1751 e il 1772 con il contributo di tutti i grandi filosofi del tempo. Essa conteneva tutto lo scibile, ogni conoscenza grande e piccola: «Da come si fabbrica un ago a come si fonde un cannone», si disse.

Infine, i filosofi illuministi erano anche degli agitatori politici, che si battevano per l'inviolabilità dei diritti dell'individuo e per il riconoscimento dei "diritti naturali" del cittadino. Il primo obiettivo di questa lotta era la libertà di pensiero e di stampa. A tutti doveva essere garantito il diritto di poter esprimere liberamente le proprie opinioni, sia in fatto di religione che di morale. Centrali nel pensiero illuminista erano il principio di tolleranza e filantropia.

Il principio dell'inviolabilità dell'individuo fu sancito nella *Dichiarazione dei diritti dell'uomo e del cittadino*, approvata dall'Assemblea Nazionale francese nel 1789 e costituisce la premessa e il fondamento della successiva dichiarazione dei diritti umani proclamata dalle Nazioni Unite nel 1948.

Gli umanisti dell'Illuminismo

* si ribellavano alla vecchia autorità rappresentata dalla classe nobiliare e dagli ecclesiastici
* auspicavano il trionfo della ragione in tutti i campi
* si impegnavano per "illuminare" il popolo
* credevano nel progresso culturale e tecnico
* intendevano purificare la religione dal fanatismo e dalla credenza nei dogmi
* combattevano per l'inviolabilità e la libertà d'espressione dell'individuo, per la giustizia, la filantropia e la tolleranza

Umanesimo cristiano

La maggior parte degli umanisti del Rinascimento erano convinti cristiani, così come cristiani si consideravano anche molti degli umanisti dell'Illuminismo: l'Umanesimo, secondo la loro visione, non era altro che il Cristianesimo correttamente interpretato. Una simile accezione umanistica del Cristianesimo – o *umanesimo cristiano* – si ritrova ancora oggi sia all'interno sia all'esterno delle diverse comunità di fedeli.

Punto di partenza per l'umanesimo cristiano è che l'uomo è creato a immagine di Dio; l'uomo è la parte della creazione più simile al divino. Ciò spiega il valore attribuito all'uomo e la sua inviolabilità, e comporta inoltre che l'uomo, anche dopo la cacciata dal paradiso, abbia conservato la capacità di compiere il bene.

Molti degli ideali umanistici si ritrovano anche nella Bibbia; non da ultimo l'idea che tutti gli uomini abbiano uguale valore e dignità. «Qui non vi sono ebrei o greci, liberi o schiavi, uomini o donne», dice Paolo, «Siete tutti una cosa sola in Cristo Gesù». Il Nuovo Testamento sottolinea sia la comunione di tutta l'umanità sia l'unicità dell'uomo come creatura uscita dalle mani di Dio. Anche la carità e l'amore per il prossimo sono ideali umanistici che occupano un posto centrale nel Cristianesimo.

Gli umanisti cristiani hanno criticato, attraverso i secoli, la gestione del potere e l'intolleranza della Chiesa, sottolineando però allo stesso tempo il bisogno religioso dell'uomo: a renderlo qualcosa di più di un animale sono sia la facoltà dell'intelletto sia la sua capacità di percepire e riconoscere l'esistenza di Dio.

È soprattutto in virtù di quest'ultimo punto che l'umanesimo cristiano si distingue da quello che chiamiamo *umanesimo profano.* Profano significa "al di fuori del sacro", e con questo aggettivo si indica un umanesimo privo di una base religiosa. Già nel Rinascimento erano sorte alcune tendenze verso un umanesimo profano. Ma questa corrente di pensiero si è scissa dalla tradizione cristiano-umanistica soltanto nel secolo scorso. Le cause sono da ricercare, non da ultimo, nelle nuove scoperte scientifiche, e in primo luogo nella teoria del biologo Charles Darwin sull'origine dell'uomo (teoria dell'evoluzione).

Da quel momento in poi, l'Umanesimo designa generalmente una concezione di vita refrattaria a tutte le forme di religione. A partire dal Rinascimento la facoltà dell'uomo di formulare liberamente il proprio pensiero era stata una delle pietre miliari dell'Umanesimo. Molti umanisti erano divenuti liberi pensatori, cioè autonomi rispetto alle direttive della Chiesa e ai dogmi del Cristianesimo. Alle verità della fede cristiana furono opposte quelle della ragione e della scienza. Ateismo e agnosticismo divennero tratti importanti dell'Umanesimo.

Accingiamoci ora a esaminare più da vicino le caratteristiche della concezione della vita secondo l'"umanesimo profano".

Umanesimo profano

Concezione della realtà

L'Umanesimo è contraddistinto da una profonda fiducia nella *ragione* umana. Ma la ragione non è l'unico strumento con cui ci rapportiamo al mondo: dobbiamo anche usare la nostra facoltà dell'esperienza. La conoscenza non può prescindere dalle *esperienze*. Tutto ciò che noi sappiamo del mondo si fonda sulla conoscenza teorica unita all'esperienza pratica.

Né la ragione né l'esperienza sono in grado di provarci l'esistenza di un dio; tuttavia esse non sono neppure in grado di escluderne in maniera assoluta l'esistenza. Un umanista quindi, di regola, si definisce "agnostico".

Gli umanisti riconoscono che le facoltà dell'uomo sono limitate: vi sono domande a cui non sappiamo rispondere, vi sono enigmi che non riusciamo a risolvere. È purtuttavia umano provare a immaginare ciò che non si conosce; occorre soltanto fare attenzione a non trasformare queste rappresentazioni in "dogmi" assoluti. Questo è, secondo gli umanisti, ciò che fa la religione, e per questo, in sostanza, fanno propria la posizione atea: vivono senza riconoscere l'esistenza di alcun dio. Non accettano l'idea di una realtà soprannaturale, perché non vi sono le premesse per credere in una simile realtà: esiste una sola dimensione significativa per la vita dell'uomo, dicono gli umanisti.

Poiché l'Umanesimo non concepisce alcun destino o volere divino che regola la vita umana, esso pone l'accento sul fatto che l'uomo deve riporre la sua fiducia solo in se stesso: l'*uomo è il padrone di se stesso* e deve fare affidamento di sé e sulle proprie possibilità.

Concezione dell'uomo

La visione che l'Umanesimo ha dell'uomo è *positiva* e ottimistica. L'uomo ha in sé un grande valore e molte potenzialità. Ed è *buono per natura.*

Gli umanisti si riferiscono spesso all'uomo come a un'"entità spirituale", dotata di facoltà e possibilità che superano quelle di ogni altra creatura; rispetto agli altri esseri viventi, l'uomo gode di tutt'altra libertà, e non da ultimo possiede la *facoltà di creare* qualcosa mediante il lavoro e l'attività artistica.

Allo stesso tempo, l'uomo è pienamente *parte della natura* e legato al suo ordine immanente. L'"anima" umana è interamente collegata alle funzioni dell'intelletto. L'Umanesimo rifiuta quindi l'idea di un'anima immortale: l'uomo non conserva alcuna coscienza personale dopo la morte.

Per l'Umanesimo ciascun uomo è una creatura unica e straordinaria. Ma seppur diversi, *tutti gli uomini hanno pari dignità.* La *tolleranza* per i caratteri distintivi di ciascuno è un'idea centrale nell'Umanesimo.

Inoltre nessun uomo deve essere usato come mezzo per il raggiungimento di un qualche fine: che si tratti di una "necessità storica", di un superiore obiettivo politico o di altre istanze. Un uomo può ritenere che abbia per lui senso, e sia necessario offrire se stesso per una causa; ma nessuno, mai, deve essere costretto a essere la vittima sacrificale per i fini di altri uomini. Ciascun uomo è uno scopo in se stesso; mai dovrà essere considerato una goccia d'acqua nell'oceano.

Compito di tutti gli uomini è quello di realizzare se stessi. L'Umanesimo considera importanti la felicità del singolo e la sua possibilità di godere delle proprie facoltà.

Con la sua attenzione per il singolo, l'Umanesimo ha una concezione dell'uomo individualista. Tuttavia l'uomo non vive solo per se stesso: spesso gli umanisti si identificano con l'umanità come in un unico organismo vivente, del cui sviluppo hanno una visione ottimistica. Nel corso di qualche migliaio d'anni siamo passati dall'età della pietra a quella dell'atomo, e di continuo l'uomo si evolve sia nel campo del progresso tecnico sia in quello dell'*humanitas*, cioè del riconoscimento e del rispetto di ogni membro dell'umanità.

Etica

Gli umanisti ritengono che, sulla scorta dell'intelletto, l'uomo possa distinguere tra giusto e ingiusto, senza bisogno di ordini o regole dall'esterno. Su una base razionale puramente umana l'uomo è in grado di individuare scale di valori e norme fondamentali di comportamento. È questo ciò che si intende con il termine *etica umana*.

Il principio etico basilare dell'umanista è la regola d'oro «agisci nei confronti degli altri come vorresti che gli altri agissero nei tuoi confronti». Questa norma comportamentale è conosciuta soprattutto grazie al Nuovo Testamento; ma molti umanisti fanno notare che principi simili sono stati formulati anche in altre culture, e preferiscono quindi parlare di "principio di reciprocità". È un principio che, secondo l'Umanesimo, può essere formulato su basi umane.

Importanti principi umanistici sono anche il rispetto per la dignità umana e l'inviolabilità dell'individuo. I diritti dell'uomo, così come sono formulati nella Dichiarazione del '48, ricoprono perciò un ruolo centrale nell'etica umanistica. Come membro della razza umana è mio dovere combattere per la libertà, l'uguaglianza e la giustizia tra gli uomini sia nel mio paese sia nel resto del mondo.

Con il risalto dato all'aspetto concreto, alla vita *hic et nunc*, gli umanisti aspirano anche a un *maggior benessere materiale*, obiettivo che va comunque orientato in direzione dei valori e della qualità della vita in senso lato. L'intento non è quello di realizzare un'efficienza cieca o di indulgere nella ricerca dei piaceri. L'Umanesimo infatti si schiera contro lo sviluppo materiale e tecnologico a senso unico, che abbia caratteristiche socialiste o capitalistiche.

MATERIALISMO

Scienza e concezione della vita

Oggi la scienza può dare una risposta a una serie di domande che in precedenza erano rimesse alla fantasia dell'uomo. Le moderne scienze naturali hanno fornito una spiegazione sempre più esauriente sul modo in cui sono nati l'universo e la vita sulla terra; di conseguenza, molte persone oggi dicono di avere una concezione scientifica della vita, e si definiscono materialisti o naturalisti.

Ma la scienza è davvero in grado di rispondere a tutte le domande? Sì, afferma il materialista. Anche i molti interrogativi, ancora insoluti, verranno spiegati quando la scienza avrà sviluppato nuovi metodi e strumenti di indagine appropriati.

Cos'è il Materialismo?

Immaginiamo che l'intera realtà consista soltanto di materia: tutto ciò che esiste sono atomi e particelle elementari. Il mondo è una "cosa", o la somma di una quantità immensa di minuscoli componenti. Tutte le trasformazioni nell'universo e sulla terra sono la conseguenza del modo in cui si dispongono questi componenti. Non c'è alcun dio; non c'è alcun potere o forza spirituale; l'immaginazione dell'uomo è esclusivamente un prodotto del cervello, il quale non è altro che una macchina tremendamente complessa. Questa è la visione del mondo di un materialista.

Quando parliamo di Materialismo come filosofia di vita, intendiamo in realtà due cose diverse: occorre distinguere tra materialismo filosofico ed etico.

* Con *materialismo filosofico* si intende la convinzione che tutti i fenomeni nel mondo possano essere ricondotti a cause fisiche. Non esistono forze spirituali che agiscono indipendentemente dalle leggi fisiche di natura. La realtà è solo materia o, per usare un altro termine, solo natura.

* Con *materialismo etico* si intende una concezione o atteggiamento di vita che si concentra sui beni materiali e il godimento fisico.

Il termine materialismo deriva dalla parola latina *materia*, a sua volta derivata da *mater* (madre).

Premesse storiche

L'atomismo degli antichi

I primi filosofi greci (a partire dal 580 a.C. circa) vengono spesso anche chiamati *filosofi della natura* poiché la natura (in greco *physis*) era l'oggetto principale dei loro studi. Il loro obiettivo era carpire alla *physis* i suoi segreti senza dover ricorrere a spiegazioni mitiche o religiose; con ciò si proponevano di fornire una *spiegazione naturale* anche dell'enigma del mondo. Questi filosofi gettarono, in un certo senso, le fondamenta di tutta la scienza naturale successiva.

L'idea era che dietro a tutti i fenomeni ci dovesse essere una materia primordiale da cui tutto aveva inizio e a cui tutto ritornava. Come l'acqua poteva divenire ghiaccio o vapore – per poi ritornare al suo stato originario – così doveva esistere una materia primordiale alla base di tutte le metamorfosi.

Uno dei filosofi della natura fu Democrito (circa 460-370 a.C.), che formulò una spiegazione del mondo coerentemente materialista: esistono solo gli atomi e lo spazio vuoto. Gli atomi sono indivisibili (la parola greca *atomos* significa "che non si può separare"). Se gli atomi non fossero stati indivisibili, non avrebbero potuto funzionare da costituenti di tutto ciò che vediamo intorno a noi, che sarebbe allora stato fluttuante e disordinato. Gli atomi inoltre devono essere eterni e non-creati, poiché niente può originarsi dal nulla, e nulla di ciò che è può diventare nulla.

Secondo la teoria di Democrito, gli atomi possono combinarsi a vicenda per formare corpi complessi. Tutto ha inizio e fine in virtù dell'unione degli atomi e della loro successiva separazione. Gli atomi infatti sono in costante movimento; collidendo gli uni con gli altri cambiano direzione e velocità. Nient'altro ha effetto sul loro movimento: tutto avviene di per sé, in modo autonomo o *meccanicamente* (dal greco *mechane*, "macchina"). Dietro ai cambiamenti non vi è alcuna intenzione o forza regolatrice: il mondo funziona come una grande macchina.

La teoria degli atomi spiega anche le nostre percezioni sensoriali. Quando percepiamo qualcosa, ciò è dovuto al movimento degli atomi attraverso lo spazio vuoto. Se vedo la luna, per esempio, è perché "gli atomi della luna" incontrano il mio sguardo.

Si potrebbe obiettare che l'immaginazione di certo non è formata da atomi, cioè da particelle materiali. Tuttavia, secondo gli atomisti l'anima consiste di "atomi dell'anima" particolarmente lisci e arrotondati. Ciò comporta l'impossibilità per l'uomo di avere un'anima immortale: pensiero questo d'altro canto estremamente diffuso nell'antichità. Quando l'uomo muore, gli atomi si disperdono in tutte le direzioni, per potersi poi riunire come componenti nel momento in cui si forma una nuova anima.

Il materialismo etico di Epicuro

Il filosofo Epicuro abbracciò l'atomismo di Democrito ponendo, allo stesso tempo, le basi per un materialismo etico. Epicuro e i suoi discepoli si riunivano a dialogare in un giardino, da cui il nome "filosofi del giardino". All'ingresso vi sarebbe stato un cartello con la scritta: «O straniero, qui starai bene. Qui il desiderio è la ricchezza più preziosa».

L'etica e l'arte della vita degli epicurei si fondavano sulla ricerca del maggior piacere possibile e sull'evitare ogni forma di dispiacere. Epicuro tuttavia sosteneva che a volte piccole dosi di fastidio permettono di sperimentare poi un piacere maggiore e più duraturo. L'uomo infatti, al contrario degli animali, ha la possibilità di pianificare la propria vita. Il filosofo inoltre faceva notare come il "piacere" non si identificasse necessariamente con il godimento sensuale, ma comprendesse anche valori quali l'arte e la conoscenza. Presupposto per il godimento della vita erano inoltre gli ideali greci di padronanza di sé, moderazione e serenità d'animo.

Per vivere bene occorre anche vincere il timore della morte, sosteneva Epicuro, rifacendosi alla teoria degli "atomi dell'anima" di Democrito. «La morte non ci riguarda», affermava il filosofo in una sua famosa massima, «poiché fintantoché esistiamo, non c'è la morte; e quando c'è la morte, allora non esistiamo più».

Il materialismo meccanico del Sei-Settecento

Nell'epoca moderna il Materialismo trapela nella nuova visione del mondo, per la quale la terra è divenuta uno dei tanti pianeti che ruotano nella loro orbita attorno al sole. Isaac Newton (1643-1727) fece notare che le stesse leggi del movimento valevano per l'universo intero: tutte le trasformazioni nella natura – sulla terra così come nello spazio celeste – erano dovute alla legge di gravità e alle leggi del movimento dei corpi. Tutto è governato dalla stessa immutabile regolarità, dalla stessa "meccanica", per cui, in teoria, è possibile prevedere con precisione matematica ciascuna singola trasformazione che avvenga in natura. La fisica di Newton costituisce il contributo finale a quello che possiamo chiamare materialismo meccanico o visione meccanicistica del mondo.

Il materialismo meccanico ebbe conseguenze anche sul piano della concezione dell'uomo. Nel diciottesimo secolo in Francia fu pubblicato un libro dal titolo eloquente: *L'homme machine* (La macchina uomo). Come le gambe hanno i muscoli per camminare, vi si legge, così il cervello ha dei muscoli con cui pensare. I materialisti tedeschi formularono principi simili: il processo del pensiero sta al cervello come l'urina sta ai reni e la bile al fegato.

Il naturalismo dell'Ottocento

Nel corso dell'Ottocento il materialismo meccanico passò in qualche modo in secondo piano a favore di una visione più organica dei processi naturali: divennero allora attuali termini quali *natura, sviluppo* e *crescita.* Ma anche questo “naturalismo” ha contribuito a caratterizzare il Materialismo come filosofia della vita odierna.

Nel campo della biologia Charles Darwin produsse una compiuta spiegazione naturalistica dello sviluppo della vita sulla terra. La sua idea era che le piante e gli animali si fossero evoluti gradualmente nel corso dell'eterna lotta per la sopravvivenza, in cui il vincitore era sempre l'individuo e la specie più forti e più adatti. Darwin chiamò questo processo “selezione naturale”.

Il cosiddetto “darwinismo sociale” si proponeva di trasferire il principio della selezione naturale alla società, sostenendo che anche nelle relazioni umane doveva valere la legge naturale del più forte. Un pensiero affine è quello di Friedrich Nietzsche (1844-1900), per il quale il Cristianesimo è la «religione dei deboli». L'uomo «assetato di vita» deve realizzarsi pienamente: il superuomo non deve lasciarsi soggiogare dalla mentalità da schiavi dei deboli. «Dio è morto», afferma Nietzsche, e quando Dio è morto tutto è permesso. Nessuna norma etica dovrà intralciare il cammino dell'autosviluppo del singolo. Una siffatta concezione morale si chiama *nichilismo* (dal latino *nihil,* “nulla”).

A partire dalla prima parte del nostro secolo, il punto di vista naturalistico è divenuto dominante anche nel campo della psicologia. Sigmund Freud intese dimostrare che la psicologia umana è dominata dal principio del desiderio sessuale. Se l'uomo non può soddisfare i propri istinti, o “bisogni naturali”, può essere soggetto a conseguenze negative e a disturbi psichici.

Elementi essenziali del Materialismo

Concezione della realtà

Oggi i materialisti ritengono di avere una concezione della realtà del tutto scientifica: il mondo deve essere interamente spiegato a partire da se stesso, e non dalle rappresentazioni dell'uomo. Viene rifiutata la fede sia in Dio che nelle idee umane.

Il mondo è esattamente così come lo percepiamo. Se l'uomo ne ha una percezione più strutturata di quella degli animali, ciò è dovuto al semplice fatto che l'uomo ha un sistema nervoso e un apparato sensoriale più sviluppato. L'uomo si forma una propria conoscenza del mondo esclusivamente attraverso l'esperienza e la percezione sensoriale; il Materialismo è dunque totalmente *empirico*, e rifiuta la fede razionalistica che l'intelletto umano di per sé possa essere la fonte della percezione. Il compito dell'intelletto è soltanto quello di riordinare le esperienze.

È tipico dell'uomo formarsi delle idee anche su ciò che non si conosce per esperienza, per esempio su Dio. Ma poiché esse non hanno alcun fondamento empirico, vanno rifiutate. Non c'è alcun dio; il mondo sta in piedi da solo. Il materialismo ha dunque una concezione *ateistica* della realtà.

In linea con la moderna astronomia i materialisti ritengono che l'universo si sia originato circa quindici miliardi di anni fa. A quel tempo tutta la materia era ammassata in un unico gigantesco grumo, in seguito esploso a causa della sua enorme densità. Le galassie, le stelle e i pianeti sono il risultato di quella esplosione.

Il nostro pianeta è nato 4,6 miliardi di anni fa. Le prime forme di vita apparvero nel mare, quando gli atomi diedero origine a molecole complesse in grado di autoriprodursi. La vita sulla terra si è poi sviluppata in direzione di forme sempre più complesse.

I materialisti considerano abbastanza improbabile la possibilità che il nostro mondo occupi una posizione rilevante nell'immensità dell'universo. Forse l'universo pullula di vita; forse si trovano creature intelligenti anche su altri pianeti, e non è impossibile che un giorno l'uomo possa entrare in contatto con esse. Oggi, comunque, l'unico esempio conosciuto del fatto che la materia cosmica abbia ricevuto vita e coscienza è il nostro pianeta.

Molti cristiani e molti umanisti condividono questa visione scientifica del mondo. Ciò che contraddistingue un materialista è la certezza che la moderna visione del mondo esclude qualsivoglia spiegazione religiosa. Il materialista non solo aderisce alla descrizione che la scienza dà del mondo e dell'universo, ma ritiene che al di là di questa non vi sia altro da dire.

Anche gli scienziati cristiani pongono un cosiddetto *ateismo metodico* alla base delle proprie indagini sul mondo; ciò significa che prendono in esame il mondo *come se* non vi fosse alcun dio. Un materialista filosofico si spinge più oltre, rifiutando già in partenza l'esistenza di un dio; e per questo può essere definito un *ateista teorico.*

Concezione dell'uomo

Il Materialismo non accetta per principio alcuna differenza tra l'uomo e gli altri organismi viventi: alla base di tutte le forme di vita ci sono le stesse leggi chimiche che valgono per la materia inerte.

Molti materialisti non credono perciò nella libertà umana: non esiste alcuna libertà in natura; tutto segue leggi inviolabili. Questo vale anche per la coscienza che l'uomo ha di sé.

Nel Settecento il cervello umano veniva spesso paragonato a una complessa macchina. Oggi può essere calzante il paragone con il computer: il cervello – che consiste in dieci miliardi di cellule – funziona come un computer eccezionalmente complicato, e costituisce la forma di materia più complessa che esiste sul nostro pianeta; ma tutti i processi che hanno luogo nel cervello seguono esattamente le stesse leggi biochimiche che regolano la natura. La coscienza di sé è governata in tutto e per tutto dalla fisica molecolare. Ne consegue che la coscienza dell'uomo si dissolve con la morte.

Etica

Una concezione materialistica della realtà è spesso seguita da una concezione materialistica dei valori; il rapporto non è, tuttavia, obbligato. È possibile combinare una concezione materialistica della realtà con uno stile di vita semplice. Un filosofo materialista non è necessariamente un gaudente; il suo interesse principale può essere ad esempio la conoscenza scientifica.

Non vi è necessariamente un contrasto tra una concezione materialistica della realtà e l'amore per il prossimo o il rispetto per la dignità umana; il rispetto per la sacralità e l'inviolabilità della vita, però, può avere minore rilevanza per un materialista coerente. Il materialista di rado solleva obiezioni contro l'aborto, l'eutanasia, il trapianto di organi o la moderna ricerca medica. Da un punto di vista materialistico, ad esempio, si è cominciato a parlare di intervenire sul materiale genetico umano nella lotta contro le malattie ereditarie.

Il Materialismo respinge la fede nel diritto di natura. Non esistono norme e valori eterni o comuni a tutti. Valori e norme sono un prodotto della società, e come tali variano da società a società e da cultura a cultura. Perciò non possiamo arrivare a identificare il "bene" o ciò che è moralmente giusto mediante lo studio della natura o dell'intelletto umani. Tale atteggiamento si chiama relativismo morale.

In linea con i principi enunciati sopra, la coscienza umana viene concepita come un riflesso di ciò che la società e l'ambiente esigono dal singolo; la coscienza non ci rivela nulla di ciò che è giusto o sbagliato, ma soltanto quello che la società reputa tale.

MARXISMO

Il Marxismo è costruito sul pensiero del filosofo e politico tedesco Karl Marx; ha avuto grande influenza su tutta la filosofia sociale successiva e costituisce oggi la base di diversi partiti politici e ideologie di stato. In virtù del disaccordo sulle modalità di applicazione delle idee marxiste alla realtà si sono sviluppate numerose e diverse correnti marxiste.

Premesse storiche

Il socialismo prima di Marx

La base del pensiero socialista fu la crescita del capitalismo in Europa, che comportò il passaggio da una società di contadini e artigiani a una comunità industriale con pochi ricchi proprietari di fabbriche e molti operai poveri.

In queste circostanze i socialisti iniziarono a sollevare le questioni del diritto alla proprietà e della ripartizione dei beni del mondo. La rivoluzione francese del 1789 aveva enunciato il principio dell'uguaglianza politica; i socialisti formularono l'idea dell'uguaglianza economica.

I socialisti si battevano per la proprietà comune di terreni e fabbriche. Il nucleo del loro pensiero era la comunità: soltanto unendosi tra loro gli sfruttati potevano sviluppare le proprie doti e liberarsi dall'oppressione del capitalismo. Fu in questo contesto, nel 1832, che la parola *socialismo* fu usata per la prima volta. Socialismo deriva da *socius* che in latino significa compagno o alleato.

I primi socialisti ritenevano che si dovesse far ritorno a forme di società locali e semplici, in cui l'uomo potesse vivere in pace, giustizia e armonia. In diverse aree si cominciò a sperimentare la proprietà comune di luoghi di lavoro, negozi e abitazioni; ciò segnò l'inizio del moderno movimento di cooperazione, ma fallì come tentativo di modificare la società in una direzione socialista.

Karl Marx chiamò questi primi socialisti *utopistici*, in quanto troppo romantici e ottimisti nella loro idea dell'attuazione del Socialismo. Essi erano convinti che il Socialismo avrebbe trionfato solo in virtù del suo evidente contenuto razionale. Non avevano alcuna teoria politica relativa alla conquista del potere e allo sviluppo economico della società. È proprio formulando una teoria di questo tipo che Marx intese costruire il proprio pensiero, partendo da una base scientifica.

Karl Marx

Karl Marx (1818-1883) proveniva da una famiglia di ebrei tedeschi, ma suo padre si era convertito al Protestantesimo. Studiò presso diverse università in Germania, e svolse un dottorato di ricerca con una tesi sui materialisti greci Democrito ed Epicuro.

Lavorò dapprima come giornalista e, nel 1843, si recò a Parigi dove entrò in contatto con i gruppi socialisti. Nello stesso anno si sposò con Jenny von Westfalen, da cui ebbe sei figli.

A Parigi Marx incontrò il compatriota Friedrich Engels, figlio di un fabbricante di tessuti e dirigente di una fabbrica a Manchester. Marx ed Engels pubblicarono nel 1848 il *Manifesto comunista*, uno degli scritti politici più controversi e più famosi al mondo. Marx partecipò anche al lavoro della Prima Internazionale del 1864. Dal 1848 fino alla sua morte abitò a Londra, dove si occupò di problemi politici ed economici e, malandato in salute, visse grazie al sostegno del suo amico Engels.

Il pensiero di Marx sullo sviluppo della società

Marx era d'accordo con i socialisti utopistici che il capitalismo era un sistema economico teso allo sfruttamento dei lavoratori. Occorreva dunque creare un sistema in cui «ciascuno produce secondo la sua capacità e riceve secondo il suo bisogno». Ma, allo stesso tempo, Marx considerava il Socialismo solo come uno stadio, certo importantissimo e necessario, nell'ottica dello sviluppo storico. Per comprendere questo principio dobbiamo partire da un enunciato centrale del filosofo, l'affermazione che apre il *Manifesto comunista*: «La storia di ogni società esistita fino a questo momento è storia di lotte di classi».

Quando Marx analizza la storia, lo fa dal punto di vista delle modalità con cui gli uomini producono le merci e le ripartiscono all'interno della società.

Nel Medioevo il sistema economico era di tipo feudale, cioè i nobili possedevano vaste proprietà terriere su cui la stragrande maggioranza dei servi della gleba doveva svolgere lavoro di corvè. Ma i proprietari terrieri avevano bisogno anche di altri prodotti che non si producevano nel loro feudo, e che pertanto acquistavano da commercianti e artigiani. Questi "cittadini minuti", o classe media, vennero ad assumere importanza sempre maggiore; molti, arricchitisi, impiantarono banche e fabbriche. Con ciò si originò un contrasto e una lotta per il potere tra proprietari feudali e cittadini, che si concluse con la vittoria della classe media (rivoluzione borghese).

Il capitalismo sostituì il feudalesimo come sistema economico. Ma con il suo successivo sviluppo crebbe anche il numero dei lavoratori salariati. Il contrasto tra la borghesia e la classe lavoratrice sfocia in una nuova lotta di classe, e questa secondo la visione di Marx si concluderà con la presa del potere da parte dei lavoratori in una rivoluzione socialista. La proprietà di terreni e di fabbriche sarà trasferita dai privati alla società; una volta che tutta la proprietà sia in comune, viene a cadere il motivo delle divisioni e della lotta di classe, e si forma quella società priva di classi che è l'obiettivo finale del Marxismo. Nella fase di passaggio è necessario che la classe operaia assuma pieno potere sull'apparato statale (dittatura del proletariato), ma in una società priva di classi un potere centrale non è più necessario: allora, sempre secondo Marx, il singolo potrà godere di una situazione di pace, libertà e felicità.

Il Marxismo dopo Marx

Dopo la morte di Marx i socialisti cominciarono a sviluppare il pensiero marxista. Il risultato fu la nascita di due correnti principali all'interno del movimento socialista: socialdemocrazia e leninismo.

I socialdemocratici hanno conservato la fede nell'importanza dei rapporti economici per lo sviluppo della società, e nel bisogno di una almeno parziale proprietà comune delle industrie fondamentali. Ritengono che il capitalismo non debba essere abbattuto mediante una rivoluzione, ma in modo pacifico; sostengono che l'esperienza ha dimostrato come i lavoratori abbiano ottenuto il potere attraverso riforme economiche e partecipazione al sistema politico. Questa concezione è dominante nei grandi partiti socialdemocratici dell'Europa occidentale.

Il leninismo è stato di importanza ancora maggiore, e in forme diverse domina sia nell'ex Unione Sovietica che nell'Europa dell'Est, in Cina, in Asia sud-orientale, a Cuba e in numerosi paesi africani.

Marx aveva previsto che il Socialismo avrebbe trionfato soltanto dopo il pieno e definitivo sviluppo del capitalismo; vale a dire nell'Europa occidentale, e non in Russia, dove l'80% della popolazione viveva in villaggi disseminati nella campagna. Quando lo Zar fu deposto con la Rivoluzione di febbraio del 1917, molti marxisti russi erano dell'avviso che, prima di impadronirsi del potere, si dovesse attendere che la borghesia avesse attuato una consistente industrializzazione, così che il paese potesse contare su una forte classe lavoratrice. Ma Lenin volle il potere tutto e subito, e lo ottenne coinvolgendo il suo partito nella Rivoluzione d'ottobre del 1917.

Lo sviluppo successivo dello Stato sovietico fu dominato in primo luogo dalla figura di Stalin, che detenne il potere assoluto tra il 1930 e il 1953. Egli condusse una politica di collettivizzazione della terra e dei grossi complessi industriali. In teoria si sarebbe dovuta instaurare la proprietà comune di terreni e fabbriche, ma in realtà si originò un sistema in cui un piccolo gruppo alla guida del partito socialista esercitava il monopolio del potere. L'apparato statale, che avrebbe dovuto dissolversi nella società priva di classi, era solido come e più di prima.

Sono stati molti i pensatori politici che negli ultimi cento anni hanno analizzato e sviluppato la teoria di Marx. Alcuni di essi hanno criticato la socialdemocrazia perché non si è distaccata radicalmente dal capitalismo, e il Socialismo nella forma assunta in Unione Sovietica perché si è reso responsabile della violazione dei diritti umani. Altri hanno cercato di riformulare la teoria marxista per adattarla alla moderna società capitalista in cui gli operai delle fabbriche non sono più la classe dominante.

Elementi essenziali del Marxismo

Concezione della realtà

«Ci batteremo sempre per una visione scientifica del mondo. Il nostro programma si basa in tutto e per tutto su una concezione del mondo scientifica e materialistica», scrivono Marx ed Engels, i quali ritengono anche che il loro pensiero differisca in maniera radicale da ogni altra concezione di vita dal momento che, sostengono, si tratta di un modo scientifico di descrivere i rapporti di fatto. Essi sottolineano inoltre che «le proposizioni teoriche dei comunisti non poggiano affatto su idee, su principi inventati o scoperti da questo o quel riformatore del mondo».

Marx ed Engels paragonarono i loro studi dei rapporti sociali alle ricerche di Darwin sui rapporti naturali. Sulla lapide del suo amico, Engels fece scrivere: «Proprio come Darwin scoprì le leggi dello sviluppo organico della natura, così Marx scoprì le leggi dello sviluppo storico dell'umanità».

La visione marxista della storia è materialistica; ciò significa che la storia non è governata da alcun potere divino o spirituale e che, in ultima istanza, neppure le idee o i pensieri dell'uomo ne decidono lo sviluppo. Idee e pensieri, morale e religione, arte e filosofia sono condizionate dai rapporti economici e sociali propri della società nella quale nascono: sono strutture che si sovrappongono (sovrastrutture) alla realtà o struttura economica.

La struttura economica, secondo Marx, è costituita in primo luogo dalla forza lavoratrice e dagli strumenti di produzione; in secondo luogo, dai proprietari delle fabbriche e delle officine che godono del profitto.

La produzione nella società capitalistica è caratterizzata da grandi fabbriche con molte macchine e molti operai. Il piccolo numero di capitalisti che possiede i mezzi di produzione si appropria del guadagno derivante dalle merci prodotte dai lavoratori. La lotta di cui parla Marx è quella tra la classe che possiede (classe capitalista, borghesia) e quella che non possiede (classe lavoratrice, proletariato).

Marx sostiene che la storia procede inevitabilmente verso una società libera da classi dove la proprietà è in comune. Questa evoluzione non può avvenire in maniera pacifica, ma attraverso grandi contrasti, *dialetticamente*. Una determinata situazione (tesi) provoca la situazione opposta (antitesi), e si evolve infine in una situazione del tutto nuova (sintesi) costituita da elementi di entrambe le precedenti.

Il processo della lotta di classe è un esempio dello sviluppo dialettico: nel capitalismo, la borghesia detiene il potere (tesi), la classe lavoratrice se ne impadronisce con una rivoluzione (antitesi), e il risultato è una società priva di classi (sintesi). In questa società sarà abolito lo sfruttamento dei lavoratori a opera del capitalismo ma, concede Marx, saranno salvati i valori positivi del capitalismo come, ad esempio, l'alta tecnologia e i diritti politici.

Concezione dell'uomo

Marx era un ammiratore di Darwin, ma non era disposto ad applicare agli uomini le stesse leggi valide per la natura; che gli uomini abbiano la stessa origine delle altre specie animali non significa che possano essere considerati tali.

Gli uomini stanno in un rapporto di antagonismo con la natura. A differenza degli animali, l'uomo produce la sua propria esistenza: non è come entità *pensante* che si distingue dagli animali, ma come entità *creatrice*. L'uomo plasma la natura con gli strumenti del lavoro che egli stesso ha creato, e si figura da solo ciò che è necessario per vivere.

Il lavoro, la produzione materiale, costituisce l'elemento base per ogni aspetto della vita umana. Anche la cultura, la politica, la morale e la religione poggiano sulla produzione materiale, cioè sulla base economica. Marx tuttavia riconosce che c'è sempre un'interazione reciproca, così che il pensiero tra il mondo delle idee e quello della produzione può tornare a influenzare il mondo della produzione e del lavoro dal quale si era originato.

Oltre a essere un'entità creatrice l'uomo è un'entità sociale, cioè fatto per vivere in società. La società è necessaria, in quanto rende possibile all'uomo lo sviluppo delle proprie capacità creatrici e il soddisfacimento dei propri bisogni.

Etica

Poiché, secondo la concezione marxista, i rapporti economici costituiscono i fondamenti di tutte le attività umane, anche l'etica, cioè i principi-guida che regolano i comportamenti morali in una società, è soggetta ai rapporti economici esistenti. Le trasformazioni del sistema economico producono cambiamenti anche in campo etico. Le norme morali e le concezioni di giusto e sbagliato si sono modificate passando dall'epoca della schiavitù a quella feudale e dall'età feudale alla società capitalistica.

Durante il feudalesimo, quando la nobiltà era la classe dominante, una delle esigenze morali primarie era la fedeltà, poiché la fortuna e la vita dei signori feudali dipendevano dalla lealtà dei loro sudditi. Con il capitalismo è la libertà a divenire un ideale, e specialmente la libertà dei liberi cittadini (borghesi) di svolgere un'attività capitalistica senza essere ostacolati dalle autorità statali.

Marx ribadisce come l'etica non sia il semplice riflesso di determinati rapporti all'interno della società, ma un mezzo per promuovere gli interessi di una certa classe.

L'etica obbedisce alla classe che in quel momento storico detiene il potere; in altre parole, è la classe dominante che decide ciò che è moralmente corretto. È in base a questa concezione che Lenin può affermare: «Le azioni morali, buone e giuste sono quelle che assecondano gli interessi della classe lavoratrice».

Il Marxismo, in altre parole, rifiuta il diritto di natura. Non esiste alcuna norma etica "naturale" per tutti gli uomini; ciò vuol dire che non esistono principi etici che si possano ritenere universalmente validi. Tuttavia i marxisti sottolineano che la loro visione non è la stessa del relativismo morale, secondo cui una morale è buona quanto un'altra; ritengono invece che in ogni situazione storica si trovino norme morali "giuste", poiché queste asservono lo sviluppo storico in direzione della società libera da classi.

Anche se la teoria marxista spesso concede poca importanza all'etica e alla morale, molti marxisti hanno dimostrato un forte impegno morale nella prassi politica.

NUOVE RELIGIONI E CONCEZIONI DI VITA

Secolarizzazione e nuova religiosità

Negli ultimi cento anni con l'industrializzazione e lo sviluppo delle scienze naturali sono sorte spiegazioni nuove, non religiose, del progresso del mondo. Anche se le religioni continuano a essere praticate, parti sempre crescenti della vita sociale e culturale si sono sottratte all'influenza religiosa. I gruppi religiosi inoltre non influenzano più la vita sociale perché i loro principi etici sono ormai distanti dai reali problemi della società. Questo processo viene definito *secolarizzazione.*

Le conseguenze dello sviluppo scientifico e tecnologico sono diverse: alcuni conservano la propria fede religiosa, tracciando però un confine netto tra fede e scienza; altri rifiutano la religione e divengono *atei* o *agnostici*; altri ancora inglobano le conoscenze scientifiche nella propria fede religiosa.

Siamo meno religiosi oggi di quanto lo fossimo cinquanta anni fa? Non lo si può affermare con sicurezza. Nella nostra parte di mondo, a lungo è sembrato che il ruolo della religione nell'orientamento di vita stesse progressivamente perdendo importanza; e in alcuni paesi europei il Cristianesimo ha effettivamente perso terreno. Ma sulla scia dell'indebolimento della religione occidentale più rappresentativa sono sorti molti nuovi movimenti religiosi.

Il Cristianesimo deve fronteggiare ora non più solo la decristianizzazione, ma anche tutta una serie di diverse correnti religiose e il cosiddetto *occultismo* (dal latino *occultus*, "nascosto" o "misterioso").

È divenuto usuale parlare di "nuova religiosità". Ad esempio in Danimarca vi sono più leader spirituali che operano a tempo pieno all'interno di diversi raggruppamenti neoreligiosi che non preti nella Chiesa danese.

Il concetto di "nuova religiosità" si estende a un campo molto ampio, e include:

* nuovi impulsi missionari da antiche religioni come l'Induismo e il Buddhismo
* nuove sette cristiane
* nuove sette religiose che ricavano le proprie concezioni da una o più delle grandi religioni mondiali
* antiche concezioni occultiste
* nuova "conoscenza" che spesso costituisce una mescolanza di scienza moderna e antiche concezioni religiose.

In aggiunta a queste correnti spirituali più o meno saldamente organizzate, troviamo, nell'odierno orientamento di vita delle persone, anche una serie di nuovi elementi che non si inseriscono necessariamente in una nuova religiosità.

In questa varietà di nuove correnti di pensiero può essere utile distinguere tra:

* nuove correnti religiose
* correnti dell'occulto
* diversi movimenti alternativi.

Lo sfondo storico dal quale sono emersi i nuovi movimenti è costituito soprattutto dalla "rivoluzione giovanile" degli anni Sessanta: in quell'occasione si sono gettate gran parte delle basi sia per i nuovi raggruppamenti religiosi, sia per il rinnovato interesse nei confronti dell'occultismo e dei cosiddetti movimenti alternativi.

Nuove correnti religiose

Il sincretismo

Hare Krishna, La Famiglia Unita, Children of God sono esempi di nuovi movimenti religiosi o sette originatisi nel corso degli ultimi dieci anni e ora diffusi in tutto il mondo.

Da un punto di vista storico, la nascita di nuove religioni non è un fenomeno sconosciuto: le religioni mondiali ben consolidate che abbiamo presentato in questo libro hanno assistito a numerose divisioni interne nel corso dei secoli. A volte ciò ha portato alla formazione di religioni completamente nuove, a volte alla nascita di nuove comunità di credenti, sette o correnti che hanno mantenuto un contatto con la base di partenza e con la tradizione.

Una caratteristica tipica di molte delle nuove correnti religiose attuali è ciò che chiamiamo *sincretismo,* cioè la presenza di elementi di religioni diverse all'interno di una setta o di comunità di credenti. Neppure questa è una novità. Troviamo un efficace esempio di mescolanza di religioni già al tempo dei romani, quando nella vastità dell'Impero romano il contatto tra diverse concezioni e forme di pensiero provenienti da Africa, Asia ed Europa diedero origine a una serie di nuovi movimenti religiosi, che potevano ricavare le proprie concezioni tanto dalla religione egizia quanto dalla persiana, dalla babilonese, ebraica, greca e romana.

In India, nell'ultimo secolo, numerosi leader religiosi hanno sostenuto che tutte le grandi religioni mondiali sono tra loro compatibili e, considerate nel loro nucleo essenziale, esprimono lo stesso concetto. Anche questo è un aspetto del sincretismo religioso.

Tratti comuni ai nuovi movimenti religiosi

Tutte le religioni presentano determinati tratti in comune per quanto riguarda concezioni, esperienze, culto e organizzazione. I nuovi movimenti religiosi hanno anche molti punti di somiglianza con le grandi religioni mondiali. Ma c'è qualcosa in più che caratterizza i nuovi movimenti, qualcosa che li contraddistingue come gruppo a sé stante? Indichiamo qui di seguito alcuni elementi di spicco comuni a molti di essi.

* Sono spesso fondati da *personalità carismatiche* che dicono di aver ricevuto una rivelazione da Dio o che si sentono chiamate a guidare la propria comunità: un "messia" a cui ci si

rivolge in una situazione di crisi spirituale, culturale o politica; ma anche – come in vari movimenti di ispirazione induista – un "guru" (maestro religioso) che esige assoluta obbedienza e devozione dai suoi discepoli. Il guru non è divino in se stesso, ma *rappresenta* il divino e può quindi essere oggetto di atti di omaggio e di offerte da parte dei suoi adepti.

* Le nuove religioni sostengono di essere assolute, universalmente valide e considerano se stesse come "religione delle religioni". Spesso affermano di rappresentare una sintesi di tutte le grandi religioni mondiali, di cui Mosè, Gesù, Maometto, Krishna e Buddha sono stati i precursori. L'idea è spesso quella che le antiche religioni abbiano esaurito il proprio compito, in quanto ciascuna di esse contiene solo una parte della verità. La nuova religione è la rivelazione finale, la risposta definitiva, la piena e totale verità. Solitamente le religioni precedenti non vengono respinte del tutto, ma sono piuttosto considerate come una lunga e importante tradizione di cui la nuova religione è la conclusione e la piena realizzazione.

* L'*esperienza interiore* viene considerata più importante dei dogmi, dei culti e delle cerimonie. I movimenti contengono spesso un elemento di ribellione nei confronti della comunità e della leadership religiosa esistente, di cui infrangono le norme vigenti e la consolidata prassi religiosa; in casi estremi arrivano anche a violare le leggi della società. Considerano l'esperienza interiore come liberazione assoluta che procura pace, armonia e felicità. L'uomo ritrova se stesso. Questo è proprio ciò di cui il mondo ha bisogno oggi, è la soluzione a tutti i problemi personali e sociali. Alcuni gruppi sostengono spesso che non si tratta di religione, ma di una forma di conoscenza per trovare la via della corretta esperienza interiore.

* I membri del movimento mostrano spesso un tale *ardore religioso* e un tale *coinvolgimento spirituale* da dedicarsi nel modo più completo alla setta. Spesso la conversione comporta la rottura con la famiglia, il cambio di domicilio (per esempio la convivenza in alloggi collettivi), un nuovo nome, l'abbandono degli impieghi o degli studi, e così via.

Convinzione o lavaggio del cervello?

Di tanto in tanto certi movimenti neoreligiosi sono attaccati da campagne di stampa che li accusano di operare una sorta di "lavaggio del cervello" nei confronti dei loro nuovi membri. Le sette infatti reclutano i loro adepti specialmente tra giovani alla ricerca della propria identità.

Un tratto importante delle sette neoreligiose è proprio quello di esigere che la persona vi si dedichi nella sua totalità, rompendo drasticamente con la sua vita precedente: morire alla "vecchia" esistenza per rinascere a una "nuova vita" nella setta. Non è perciò sufficiente simpatizzare con le sette: per farne parte, spesso occorre abbandonare tutto ciò che si possiede, compresi denaro e proprietà.

L'adesione a una setta prende generalmente avvio dalla necessità di rispondere a molte domande esistenziali che l'uomo si pone specialmente all'inizio della vita adulta, e dalla constatazione che spesso essa formula diagnosi appropriate dell'esistenza: mostra che nella società odierna molte cose sono "sbagliate", che non viviamo in modo "pieno" e "vero", che avvertiamo un senso di vuoto, una mancanza di significato. Non è un caso che tra i membri di una setta siano molti gli ex dipendenti da droghe o da alcool. La setta infatti è in grado di rinnovare tutta la realtà in cui vive l'adepto in modo che egli "compia il salto", divenga parte della comunità, e non tenti di ritornare alla propria vita precedente.

Per questa ragione, soprattutto negli Stati Uniti, molti genitori si sono associati in specifiche organizzazioni per tentare di strappare i propri figli alle sette, arrivando perfino a rapirli per "deprogrammarli" – una sorta di lavaggio del cervello alla rovescia – con l'aiuto di fuoriusciti della setta stessa (una simile prassi naturalmente solleva molte questioni etiche e giuridiche, considerando che sono molte le "vittime" dei gruppi neoreligiosi che hanno espresso la propria riconoscenza per essere state sottratte alla situazione di disagio in cui vivevano precedentemente). Tale "viaggio di ritorno", però, viene descritto come un processo difficile e spossante, che richiede spesso l'intervento di psicologi o di psichiatri.

Correnti dell'occulto

L'occultismo è un fenomeno quasi altrettanto ampio e complesso che la religione; include "scienze" come astrologia, spiritismo, ufologia, parapsicologia, forme diverse di magia e di predizione del futuro, teosofia e antroposofia.

Negli ultimi dieci anni l'interesse per l'occultismo ha registrato un enorme aumento in quasi tutto il mondo; il che si deve considerare, almeno in un certo grado, alla luce della generale secolarizzazione. Benché le correnti dell'occulto non abbiano sempre portato alla formazione di nuove comunità religiose, le diverse concezioni occultistiche giocano un ruolo così importante nell'esistenza di molte persone da costituire un elemento essenziale nella loro stessa filosofia di vita.

L'occultismo non è in alcun modo un fenomeno nuovo: a partire dall'antichità, attraverso il corso del Medioevo e fino ai giorni nostri, vi è un'ininterrotta tradizione dell'occulto.

Astrologia

La tradizione occultistica più importante nella storia europea, e quella che riscuote il maggior successo al giorno d'oggi, è senza dubbio l'astrologia. Soltanto negli Stati Uniti, nel 1969 le persone che si occupavano di astrologia erano 10.000 a tempo pieno e 175.000 part-time. La maggior parte dei giornali americani hanno intere colonne dedicate all'astrologia; molti elementi indicano che l'interesse in questo campo non ha fatto che aumentare negli ultimi dieci anni.

L'astrologia affonda le sue radici in Mesopotamia attorno all'anno 2000 a.C.; fu poi ulteriormente sviluppata nel contesto della cultura babilonese, greca e romana e conobbe la sua età d'oro in epoca moderna tra il XIV e il XVI secolo.

Succintamente, l'astrologia si fonda sulla convinzione che vi sia una corrispondenza tra la disposizione delle stelle nel cielo e la vita di ogni singolo uomo sulla terra. Oggi come nel Medioevo e nei tempi antichi sono in molti a credere che la propria vita e la propria personalità – addirittura l'intero evolversi del mondo – siano influenzate dalla posizione di stelle e pianeti in cielo. Determinante soprattutto è la loro posizione al momento della nascita.

Non sempre chi legge le rubriche astrologiche dei giornali o si fa fare l'oroscopo (che alla lettera significa "spingere lo sguardo nel tempo") vi crede veramente; ma alcuni hanno una fede così grande in ciò che "dicono le stelle", che ne fanno il fondamento stesso della propria filosofia di vita.

Gli astrologi chiamano in causa la sapienza antica, ma non esiste alcuna prova scientifica che queste concezioni abbiano un qualche reale fondamento. Qui come in altri contesti occorre distinguere tra fede e scienza.

Spiritismo

Con spiritismo si designa la credenza nell'esistenza di un mondo degli spiriti e nella possibilità per l'uomo di entrare in contatto con le anime dei defunti. Ciò avviene durante le cosiddette "sedute" in cui si ritiene che i medium trasmettano i messaggi inviati ai presenti da uno spirito. Il contatto può anche avvenire mediante la "scrittura automatica", in cui il messaggio dello spirito è scritto dalla penna impugnata dal medium e mossa dallo spirito stesso.

L'idea che i morti continuino a vivere in un'altra dimensione e che sia possibile entrare in contatto con loro è una concezione antichissima e caratterizza in maniera particolare le religioni naturali.

Significativamente tali concezioni hanno ripreso vigore in seguito a guerre in cui molti hanno perso i propri cari.

Il risveglio spiritistico moderno ha avuto origine in America nella metà del secolo scorso. Oggi si calcola che esistano circa settanta milioni di spiritisti più o meno organizzati.

Non esiste alcuna prova scientifica della realtà delle manifestazioni dello spiritismo, e tentativi di controllo scientifico delle sedute spiritiche hanno svelato anche molti casi di inganno. A questo proposito, un'ipotesi attendibile è quella secondo cui il messaggio non proverrebbe dallo "spirito" ma dal subconscio dello stesso medium. In questa prospettiva la seduta spiritica potrebbe essere avvicinata alla pratica dell'ipnosi o alla manifestazione della scissione della personalità.

Sulla base dello spiritismo, la russa Helena Blavatsky istituì, nel 1875 a New York, una Società Teosofica. La sua teosofia consisteva di elementi occultistici mescolati alla dottrina indiana del karma e della reincarnazione delle anime.

In tempi più recenti le concezioni spiritistiche hanno conosciuto un incremento con lo studio delle cosiddette esperienze extra corporee, fondato sulle numerose testimonianze di coloro che, essendosi ritrovati in punto di morte, hanno sostenuto che la loro anima era uscita dal corpo (hanno per esempio visto se stessi giacere sul tavolo operatorio), e si sono sentiti attirare verso un'esistenza in forma di spirito prima di essere rinviati al proprio corpo.

Ufologia

Un orientamento più moderno all'interno dell'occultismo è la fede nell'esistenza di creature intelligenti in altri sistemi solari, le quali "visiterebbero" di continuo la Terra con i cosiddetti "dischi volanti" o U.F.O. (Unidentified Flying Objects, un'espressione che deriva dal linguaggio dei piloti americani). Molte persone sostengono di aver visto gli U.F.O., alcuni anche di aver visto gli alieni stessi, nel corso di *incontri ravvicinati del terzo tipo.* Altri affermano di essere entrati in contatto con gli alieni tramite sedute spiritiche. Soprattutto negli Stati Uniti tali concezioni hanno assunto una tale importanza da doversi definire un movimento neoreligioso con proprie figure autorevoli e carismatiche.

Un profeta di spicco dell'ufologia è George Adamski, che sostiene di conversare con gli abitanti di Venere. Egli ritiene inoltre che la Terra sia sulla soglia di una guerra atomica, e che alcuni uomini verranno trasportati e salvati su un'altra stella nell'universo (una versione moderna dell'Arca di Noè). Nei suoi numerosi libri, Erich von Däniken rivolge invece il suo interesse al passato, e sostiene che un certo numero di enigmi della storia si possono spiegare solo supponendo che la Terra sia stata visitata da una civiltà più avanzata proveniente dallo spazio.

Mentre molti astronomi e fisici ammettono la probabilità che vi possa essere vita sugli altri pianeti dell'universo, tuttavia, come per altre concezioni religiose, non vi è alcuna prova scientifica delle affermazioni degli ufologi.

Movimenti alternativi

Come reazione alle Chiese, alla scienza e alle società consolidate, nel corso degli ultimi dieci anni si sono sviluppati diversi "movimenti alternativi" o "controculture" così fortemente caratterizzati da un nuovo orientamento esistenziale che si inseriscono a pieno titolo nel panorama delle nuove correnti delle filosofie della vita.

I molti, diversi movimenti alternativi includono concezioni così varie che è difficile raggrupparli tutti nello stesso insieme; alcuni tratti in comune, tuttavia, risultano evidenti.

* Si nota innanzitutto una profonda *sfiducia nel Materialismo,* tanto come orientamento di vita quanto come quel sapere tecnologico che ha portato alla scissione dell'atomo e a minacciare la stessa vita sulla Terra. Il Materialismo è dannoso per il corpo come per lo spirito, per il nostro ambiente fisico e per la cultura nella sua totalità.

* L'attenzione viene concentrata su valori più spirituali. Abbracciando la filosofia orientale, un numero sempre maggiore di persone esprimono la propria fede nel karma e nella reincarnazione, o nell'equilibrio tra yin e yang, senza però le premesse religiose di tali concezioni. Anche l'interesse per lo yoga e per le diverse forme di meditazione è aumentato notevolmente negli ultimi dieci anni, pur conservandosi più o meno distinto da una fede religiosa. Gli astrologi sostengono che ci muoviamo in una nuova era (Era dell'Acquario), caratterizzata da un orientamento più spirituale. Tali concezioni che, almeno in origine, muovono da una base religiosa, ci permettono di parlare di una nuova "religiosità universale".

* Un numero altrettanto rilevante di persone si rivolge alle nuove scienze. In questo secolo, molte delle "vecchie" scienze sono state investite da crisi profonde, mentre è nata una nuova fisica atomica, che per molti aspetti rompe con la fisica classica

(meccanico-materialistica). Spesso, tuttavia, da una "nuova" conoscenza vengono tratte conclusioni che si spingono ben al di là di ciò che è accettabile per gli esperti in materia. Secondo la visione propria del cosiddetto movimento "New Age", originatosi negli U.S.A. (California), ci troviamo di fronte a una trasformazione radicale dello stesso metodo di pensiero scientifico. I tentativi di approdare a una nuova modalità di pensiero sono emersi non da ultimo anche nel campo della salute e della medicina. La medicina tradizionale dovrebbe, almeno in parte, venir sostituita dall'"omeopatia" o "medicina naturale". E infine continua a crescere l'interesse per l'agopuntura, la pranoterapia, l'analisi dell'*aura* e così via.

* Comune a un certo numero di movimenti alternativi è l'interesse per la parapsicologia, cioè per l'insieme dei fenomeni "soprannaturali" o "extrasensoriali" come ad esempio la telepatia, la chiaroveggenza e la levitazione o telecinesi (cioè il sollevamento di oggetti fisici con la sola forza dell'energia psichica). In molte parti del mondo, la parapsicologia è una disciplina oggetto di ricerche serie, ma sappiamo anche che c'è molta mistificazione in questo campo. Molti tuttavia hanno sviluppato un interesse così assorbente per la parapsicologia che ne hanno fatto un elemento decisivo della propria filosofia di vita.

* Diversi movimenti alternativi ritengono che la nuova modalità di pensiero scientifico sia contraddistinta dal *pensiero della totalità* ("olismo", dal greco *holos*, "intero"). Si sottolinea come la totalità condizioni in modo decisivo le singole parti: ogni singolo organo all'interno del corpo umano è in relazione, e ne è influenzato, con l'individuo nella sua interezza; il singolo individuo a sua volta è parte e funzione di un sistema ecologico terrestre, e il nostro pianeta, infine, è in un rapporto organico con tutto il resto dell'universo.

* I movimenti alternativi non si preoccupano solo di modificare la nostra modalità di pensiero; essi si sforzano anche di introdurre un *nuovo stile di vita*, dal momento che ritengono vi sia qualcosa di fondamentalmente sbagliato in tutta la civiltà occidentale.

ETICA

Vita e dottrina

In questo libro abbiamo preso in esame una serie di concezioni della vita che rappresentano la risposta di molti uomini alle domande esistenziali. Ciò vale per le grandi religioni, ma anche per le filosofie della vita prive di un substrato religioso, come l'Umanesimo, il Marxismo e il Materialismo. In questo contesto abbiamo esaminato anche la concezione dei valori, o etica, delle singole filosofie.

Ci soffermeremo ora su alcuni fondamentali concetti etici.

Benché le basi culturali o religiose possano essere radicalmente diverse, accade spesso che vi sia accordo sulle conseguenze pratiche di una determinata condotta di vita del singolo o della società.

Spesso sono proprio gli uomini con un'ardente fede religiosa o con una consolidata filosofia della vita a battersi per importanti trasformazioni sociali, ad esempio per il disarmo, l'ecologia e per un rapporto più equo tra paesi sviluppati e paesi in via di sviluppo.

Non è importante solo *quale* concezione della vita scegliamo; è già molto importante sceglierne almeno una. L'atteggiamento ostile a una filosofia della vita ha come conseguenza una pericolosa indifferenza. Anche un budget statale o il programma di un partito politico esprimono una presa di posizione rispetto alle questioni esistenziali che presuppone una concezione della vita non mentale.

Salvare il pianeta su cui viviamo da una possibile catastrofe totale non è solamente un obiettivo razionale, ma una questione che rientra tra i problemi esistenziali. Quando la commissione O.N.U. per la tutela dell'ambiente consegnò il suo rapporto nell'aprile 1987, persone con concezioni di vita profondamente diverse tra loro sono riuscite a formulare una risposta comune a molte delle questioni relative al futuro del nostro pianeta. Le somiglianze tra le concezioni etiche di diverse filosofie di vita sono spesso più notevoli delle differenze.

Può esserci una grande distanza tra le dichiarazioni teoriche e le loro realizzazioni pratiche. La storia racconta di orrori e sopraffazioni compiuti in nome, ad esempio, del Cristianesimo o del Marxismo; basti pensare alla Santa Inquisizione in Europa e alle persecuzioni staliniste in Unione Sovietica. Risulta difficile trovare una corrispondenza tra queste pratiche e le idee di amore per il prossimo e di giustizia proclamate rispettivamente da Cristianesimo e Marxismo.

La dialettica tra teoria e pratica è di interesse sempre attuale anche da un altro punto di vista: non è sufficiente avere buoni principi, occorre anche applicare i principi alla vita reale. Il poeta norvegese Nordahl Grieg ha più volte attaccato umanisti che in buona fede deploravano l'ingiustizia ma che allo stesso tempo non si battevano per la giustizia.

Etica e morale

«È immorale!» sentiamo spesso dire; forse lo diciamo anche noi stessi. Espressioni come "morale fiscale", "morale del business", "morale sessuale" e "doppia morale" compaiono spesso nella conversazione o nei titoli di giornali. Anche la parola "etica" è continuamente ripetuta: «È giustificabile da un punto di vista etico?» diciamo. E si parla spesso di "etica del lavoro" e di "etica del matrimonio", o di "etica della convivenza", e perfino di "etica del giornalismo".

I termini "etica" e "morale" vengono spesso usati indifferentemente. Tuttavia di solito alle due parole attribuiamo una lieve differenza di significato: la mia morale riguarda le mie proprie azioni, cioè la mia condotta di vita effettiva. La mia etica è la concezione dei valori che sta alla base delle mie azioni.

Possiamo dire che la differenza tra etica e morale corrisponda a quella tra teoria e prassi: l'etica è teoria o filosofia morale.

Tutti gli uomini hanno una morale, in quanto tutti compiono azioni che possono essere giudicate da un punto di vista etico. Ma non tutti hanno un'etica di cui sono pienamente consapevoli. L'aver riflettuto sulle questioni etiche costituisce di solito un sostegno alla morale.

Etica descrittiva ed etica normativa

L'etica descrittiva descrive i principi etici vigenti in diverse comunità e popolazioni, la prassi comune e l'argomentazione che ne sta alla base. Con metodi scientifici – e con l'esigenza scientifica dell'obiettività – questa etica intende descrivere senza prendere posizione sui risultati dell'indagine; l'etica descrittiva dunque non giudica un insieme di valori o di norme, ma tenta di tracciarne la mappa nella società.

Esempi di etica descrittiva sono le ricerche sull'opinione di determinati gruppi sociali circa questioni come la corsa agli armamenti, la differenza tra verità e menzogna, la morale sessuale, l'aborto o l'atteggiamento nei confronti dell'evasione fiscale, di piccoli furti e così via. Quasi ogni giorno ci imbattiamo in episodi di etica descrittiva che assume la forma delle statistiche o dei sondaggi d'opinione.

Un'ovvia pericolosa conseguenza di tali indagini è che si può facilmente sviluppare una sorta di "morale della statistica", cioè una concezione del "giusto" basata su ciò che la maggioranza fa o dice. In mancanza di altre norme, dobbiamo attenerci alle statistiche! Ma la risposta in merito a ciò che è giusto o sbagliato non può mai coincidere con quella relativa a ciò che è abituale. L'etica descrittiva non deve avere valore normativo. Se da un'indagine i pregiudizi razziali risultano estremamente diffusi, non per questo motivo divengono eticamente accettabili. Anche se altri evadono le tasse, non è moralmente giustificabile fare lo stesso.

L'etica normativa cerca di indicare quali azioni sono giuste e quali sono eticamente inaccettabili; propugna determinati valori o norme, perciò ha valore normativo. Non intende mostrare qual è la morale degli uomini, ma quale dovrebbe essere. Dobbiamo ad esempio attenerci alle regole predominanti nella nostra società, o rifiutarle? Quali valori vogliamo mettere alla base della nostra scala di priorità?

Esempi di etica normativa sono i Dieci comandamenti e il "principio di reciprocità".

Alcuni concetti-chiave dell'etica

Valori

È normale chiedersi qual è lo scopo a cui tendono le nostre azioni. A quali valori assegniamo il posto più in alto? Che cosa è più prezioso per noi? Il denaro? La macchina? Le vacanze? La salute? La libertà? L'amicizia? L'amore?

Alcuni valori sono innanzitutto un mezzo per ottenerne altri; il denaro è l'esempio più evidente. Non ha alcun valore in sé, ma può essere usato per procurarsi qualcos'altro. Una bella macchina, per esempio. Ma la bella macchina è poi davvero un valore in se stesso? Non è soltanto un mezzo per spostarsi rapidamente e piacevolmente da un posto all'altro, o magari per ricavare piacere dall'alta velocità o dall'ammirazione di amici e conoscenti?

Del leggendario re greco Mida si racconta che fosse stato ricompensato dal dio Dioniso con la possibilità di vedere esaudito il suo più grande desiderio. Mida desiderò di poter tramutare in oro tutto ciò che avesse toccato. Il suo desiderio fu esaudito alla lettera per cui al suo tocco tutto diventava oro. Anche il cibo. Allora il re fu costretto a pregare il dio di riprendersi il suo dono: non poteva vivere mangiando oro.

Ogni persona dovrebbe essere in grado di stilare un elenco dei valori ai quali improntare le proprie azioni:

* vita, salute
* pace, libertà, verità, giustizia
* conoscenza, esperienza, sviluppo della personalità
* amicizia, comunione, vita sentimentale, vita in famiglia
* piacere dei sensi, piacere estetico (musica, arte, letteratura).

Una simile lista può andare avanti all'infinito. Per cui sarà inevitabile porsi la questione di quali siano i valori da porre ai primi posti; dovremo soppesarli confrontandoli fra loro e poi scegliere.

Ogni giorno, forse senza rendercene pienamente conto, compiamo numerose *scelte di priorità* dei valori. Una scelta con la quale dobbiamo confrontarci spesso riguarda l'impiego del denaro. Qual è il modo più giusto per spendere i nostri soldi?

Nell'acquisto di vestiti e accessori che ci mettono di buon umore e ci rendono felici? In libri che allargano la nostra cultura? In viaggi che ci regalano esperienze preziose? Oppure sarebbe meglio usarli per gli altri, ad esempio per comprare un regalo a una vecchia zia? E non sarebbe più giusto donare parte del nostro denaro per gli aiuti al Terzo mondo?

"Conflitto di interessi" è un'espressione che ben descrive le difficoltà della scelta. Interessi diversi spingono spesso in direzioni opposte, e uno di questi deve cedere. Il conflitto di interessi più difficile è quello tra noi stessi e gli altri: dobbiamo costantemente mettere in relazione noi stessi e il nostro proprio bene con il bene altrui. La mia felicità può essere l'infelicità altrui. Perseguire esclusivamente il proprio interesse si chiama *egoismo etico.*

Coscienza

Per "coscienza" si intende la nostra facoltà di reagire a situazioni ritenute "giuste" o "sbagliate". Possiamo dire che la coscienza è il cane da guardia delle nostre norme: se ne infrangiamo una, la coscienza comincia a ringhiare. In casi gravi può attaccarci con tutta la sua forza, oppure può costringerci alla ritirata, ad agire in altro modo o a chiedere il perdono di qualcuno.

Molti sperimentano la coscienza come un giudice incapace di compromessi: mercanteggiare non serve a nulla. Possiamo ingannare un altro uomo, ma non possiamo ingannare la nostra coscienza. Forse riusciamo a eludere il controllo della polizia e del sistema giudiziario, forse possiamo sfuggire alla condanna morale degli uomini, ma non possiamo nasconderci alla nostra coscienza, né fuggire da lei perché essa è una parte di noi stessi. Molto tempo dopo un'azione sbagliata, la coscienza ci fa ancora sentire responsabili di ciò che abbiamo, o non abbiamo, fatto.

Molti percepiscono la coscienza come un'autorità assoluta. Ma da dove viene? Abbiamo tutti la stessa coscienza? Possiamo a grandi linee distinguere tra due diverse concezioni.

La coscienza è un'istanza innata nell'uomo

Questa è una visione che a partire da Socrate possiamo rintracciare nell'intero corso della storia, e che ha svolto un ruolo centrale nella teologia cristiana. «Quanto la legge esige è scritto nei loro cuori», dice Paolo (Romani 2,15). È stato detto che la coscienza è «l'orecchio che ode la voce di Dio». Anche su basi non-religiose si è affermato che la coscienza è "naturale", cioè un'istanza innata e universale nell'uomo.

La coscienza è condizionata dall'ambiente

Questa visione ha assunto rilevanza soprattutto nella psicologia e nelle scienze sociali degli ultimi tempi. Fin da bambini dobbiamo obbedire a determinate esigenze: ci regoliamo secondo tali valori e norme, ci "rimorde la coscienza" quando ci comportiamo in modo diverso da quello prescritto dalle regole. In un certo senso le esigenze del mondo dell'infanzia confluiscono nella coscienza dell'adulto; la coscienza quindi non è un'istanza eterna e immutabile che risiede nella natura umana, ma si forma in relazione a circostanze esterne. La coscienza è un'"eco" dei valori e delle norme vigenti nella società e nell'ambiente sociale in cui siamo cresciuti.

C'è del giusto in entrambe le concezioni. Nasciamo con la facoltà di parlare, ma non con la conoscenza di una determinata lingua; questa la dobbiamo imparare. Lo stesso vale anche per la coscienza: nasciamo con la facoltà di vivere da persone responsabili, ma ciò che questo concetto comporta può variare da cultura a cultura, e lo dobbiamo apprendere.

Come la lingua è il nostro strumento per comunicare con gli altri uomini, così la coscienza è qualcosa dentro di noi che ci comunica quando ci allontaniamo dal giusto. Se non utilizziamo la nostra lingua nativa, possiamo dimenticarla. E se ci comportiamo sempre in modo contrario alla nostra coscienza, a lungo andare questa può appiattirsi o perfino scomparire; per questo di alcune persone diciamo che sono "senza coscienza".

Secondo l'ottica cristiana la coscienza dell'uomo è un dono di Dio, ma deve continuamente essere modificata in relazione alla predicazione di Gesù e ai precetti morali della Bibbia. Non è quindi la coscienza a comunicare all'uomo ciò che è giusto e ciò che è sbagliato; essa è lo strumento di cui l'uomo dispone, come segnale di ammonimento, allorché egli infrange le norme etiche. La coscienza è come un tribunale: distingue tra giusto e sbagliato, ma deve ricevere informazioni dall'esterno su che cosa sia giusto e che cosa sia sbagliato; giudica l'uomo quando questo infrange una norma, ma non formula le norme di per sé.

Diritto positivo e senso del giusto

Ciascuna comunità si basa su una determinata etica, che si manifesta attraverso un insieme di leggi, regole e convenzioni. Ogni singolo contratto o accordo contiene in sé qualcosa della "regola d'oro". Infrangere una legge, una convenzione o un contratto significa quindi di norma venire meno a regole morali universalmente accettate. Onestà e reciprocità sono la base non soltanto di una condotta giusta, ma anche dell'intera vita della comunità.

Non è sempre detto, tuttavia, che a ciò che per il singolo è giusto o sbagliato corrisponda anche ciò che è permesso o proibito dalle leggi del suo paese; dobbiamo distinguere tra il *senso del giusto* del singolo e il *diritto positivo.* Con diritto positivo si intende un sistema di leggi comunitarie valide in un determinato momento storico.

Siamo continuamente testimoni di conflitti tra il senso del giusto di un individuo o di un gruppo e gli obblighi derivati dal diritto positivo o dalle leggi. In alcuni casi questo contrasto può portare alla *disobbedienza civile,* cioè a ignorare con piena coscienza il diritto positivo.

Un esempio di simili conflitti è costituito dal caso degli obiettori di coscienza, dell'eutanasia, di certe infrazioni del segreto professionale (ad esempio militare), di scioperi e dimostrazioni illegali e di diverse azioni di sabotaggio (come quelle contro gli esperimenti nucleari). In molte situazioni l'uomo riconosce alla propria coscienza e alle proprie norme etiche un valore superiore a quello delle leggi dello stato. Ciò avviene soprattutto negli stati totalitari dove si verificano numerosi casi in cui la concezione del giusto della popolazione contrasta con il diritto positivo per quanto riguarda, per esempio, il divieto di professione religiosa, la censura politica e le leggi repressive eccezionali.

Vi sono anche casi di persone cui la propria coscienza impedisce di compiere azioni assolutamente legali; ad esempio, nei paesi in cui la legge permette l'aborto al fine di interrompere una gravidanza indesiderata, non sempre il personale medico è disposto a effettuare l'operazione: l'aborto è in conflitto con il loro senso del giusto.

Un parlamento può approvare o abrogare una legge nell'arco di una giornata; nel diritto positivo possono dunque verificarsi alterazioni improvvise. Ma tutt'altra cosa è il senso del giusto insito nell'uomo: le concezioni di giusto e sbagliato si alterano solo con un processo graduale nel tempo.

Responsabilità e solidarietà

La base di tutta l'etica è il senso di responsabilità. Per chi ci sentiamo responsabili, e chi è responsabile per noi?

Parliamo di *responsabilità individuale*, cioè di responsabilità del singolo nei confronti di se stesso e della cerchia di persone più vicine, e di *responsabilità collettiva*, cioè quella dell'intera comunità per compiti che il singolo non può portare a termine da solo. Esempi di responsabilità collettiva sono la questione della conservazione dell'ambiente naturale, la battaglia contro l'inquinamento, l'impegno per la pace e il disarmo e per una giusta ripartizione delle risorse.

Ma anche la responsabilità collettiva è responsabilità del singolo: se le istituzioni e le organizzazioni internazionali non si interessano della popolazione del Terzo mondo, è *mia* responsabilità impegnarmi perché comincino a farlo. Allo stesso modo sono io – in qualità di singolo – a essere responsabile, qualora la comunità trascuri i propri compiti: non posso cioè nascondermi dietro alla responsabilità collettiva della comunità, poiché io ne sono parte.

Si parla comunemente anche di *polverizzazione delle responsabilità*; è il caso in cui nessuno si assume la responsabilità di ciò che accade, o di ciò che non accade. Sia a livello nazionale che internazionale oggi i rapporti sociali e comunitari sono così complicati che in molte situazioni può essere difficile tracciare una chiara suddivisione delle responsabilità.

C'è il rischio che sia lasciato ai computer il compito di prendere importanti decisioni perché gli uomini non sono in grado di estrapolare, da una grande quantità di dati e in tempi sufficientemente rapidi, una visione d'insieme. Chi sarà allora responsabile delle conseguenze di simili decisioni?

Nelle antiche comunità contadine e artigianali i rapporti di responsabilità erano molto più definiti e chiaramente visibili: se il pane aveva un cattivo sapore, era colpa del fornaio. E se il cavallo era ferrato male e si feriva, doveva risponderne il fabbro.

Basta un esempio per far capire quanto diversa sia la situazione al giorno d'oggi. Un trust internazionale negli ultimi anni ha investito consistenti capitali nella vendita di latte in polvere ai paesi del Terzo mondo, sostenendo l'investimento con imponenti campagne pubblicitarie che presentavano la pratica di non allattare il neonato al seno come "moderna" ed "europea". Il risultato è stato che nei paesi del Terzo mondo è cresciuto in maniera considerevole il numero di neonati che muoiono a causa di infezioni e di avvelenamento. Nei paesi caldi, con cattive condizioni igieniche, nulla infatti è più salutare per un neonato del latte della madre. Chi è responsabile di questa situazione? I dirigenti del trust? Sono responsabili gli azionisti? Tutti coloro che lavorano nel settore? Sono responsabile anch'io che compro i prodotti di questo trust?

La solidarietà è un concetto che implica responsabilità reciproca. Essere solidali con qualcuno significa riconoscere responsabilità, interdipendenza e lealtà nei confronti di chi si è venuto a trovare in una situazione difficile. Le conseguenze pratiche di tale atteggiamento si concretizzano nel cosiddetto "lavoro umanitario".

All'interno di una famiglia la solidarietà è basilare. Ma se non sentiamo la necessità di essere solidali anche con le persone che sono al di fuori dell'ambito familiare, significa che il nostro orizzonte etico è troppo ristretto.

L'uomo gode di libero arbitrio?

Abbiamo parlato più volte di scelta, partendo dal presupposto che l'uomo si trovi davanti ad alternative tra cui può scegliere liberamente. Ma l'uomo è veramente dotato di libero arbitrio?

Nella storia della filosofia vi sono, a questo proposito, due concezioni principali definite *determinismo* e *indeterminismo*.

Secondo la concezione deterministica, tutto ciò che accade nel mondo ha cause ben precise. Tanto le nostre opinioni quanto le nostre azioni, le nostre scelte e la nostra volontà sono determinate da circostanze esterne quali il retaggio etico-culturale dei genitori e l'ambiente in cui siamo cresciuti. Non ci è concesso, quindi, alcun libero arbitrio: la sensazione di poter scegliere liberamente è pura illusione.

Gli indeterministi invece sostengono che ogni uomo ha una sua propria volontà indipendente. Gli uomini sono qualcosa di più di robot programmati. Siamo in grado di scegliere tra bene e male, tra giusto e sbagliato. Se non avessimo la libertà di scelta, non ci potrebbe essere imputata alcuna responsabilità. Per gli indeterministi è invece chiaro che siamo responsabili di ciò che facciamo.

Chi ha ragione?

Non c'è dubbio che il determinismo sia stato rafforzato dalle scoperte scientifiche degli ultimi centocinquant'anni. Il darwinismo mette in rilievo l'importanza e il condizionamento dei caratteri ereditari e dell'ambiente; lo psichiatra Sigmund Freud ha mostrato come la psicologia umana può essere determinata da bisogni, desideri ed esperienze che abbiamo relegato nel subconscio; molte delle nostre scelte non sono così libere come crediamo, ma sono il frutto di pulsioni inconsce.

L'esistenzialista francese Jean-Paul Sartre capovolse del tutto il determinismo: le nostre scelte non sono determinate da chi siamo, o da come siamo; *diveniamo* ciò che scegliamo di essere. Una persona che agisce in modo malvagio e grossolano, non lo fa perché *è* di natura malvagia e grossolana; sono le sue azioni che lo rendono tale. Secondo Sartre l'uomo è totalmente responsabile di tutto ciò che fa, e che non fa. Dimmi cosa scegli, e ti dirò chi sei!

Entrambi i punti di vista contengono del giusto: quando compiamo delle azioni, abbiamo la sensazione di compierle liberamente; ma quando le consideriamo a posteriori, spesso siamo in grado di indicare le ragioni che ci hanno spinto ad agire in quel determinato modo. Possiamo forse riconoscere le circostanze attenuanti nel caso in cui un uomo abbia commesso un'azione sbagliata; ma non possiamo appellarci a simili circostanze quando ci troviamo di fronte a una scelta di tipo etico.

CHE COSA È GIUSTO, E CHE COSA È SBAGLIATO?

Regole per una condotta etica

Abbiamo visto che scegliamo il nostro modo di agire sulla base di determinati valori. Ma l'etica non consiste solamente nel domandarsi che cosa vale o che cosa è bene; dobbiamo chiederci che cosa è bene per chi. Dobbiamo chiederci che cosa è giusto.

Ma è possibile formulare regole per ciò che è giusto o sbagliato? Esistono regole di questo tipo, accettate universalmente da tutti? Il Nuovo Testamento indica due regole per un agire retto:

* *Ama il tuo prossimo come te stesso.*

Questa è la regola del "comandamento dell'amore per il prossimo". Anche se non riusciamo sempre a metterla in pratica, siamo quasi tutti d'accordo che andrebbe osservata.

* *Comportati con gli altri come vorresti che gli altri si comportassero con te.*

Questa è la "regola d'oro" o "principio di reciprocità".

Nel corso della storia, i filosofi della morale hanno cercato di formulare altre regole per un corretto modo di agire; alcune di queste si sono in seguito ampiamente affermate come regole di condotta etiche.

Secondo la cosiddetta *etica della felicità*, un corretto modo di agire è quello che conduce alla maggiore felicità possibile;

con felicità non si intende solamente il piacere e il godimento della vita, ma anche la conoscenza, l'amicizia, il pieno sviluppo di sé, e così via. Tutti gli uomini si sforzano di raggiungere una simile felicità; compito dell'etica deve quindi essere quello di trovare, con l'aiuto della ragione, la via per il raggiungimento della felicità del maggior numero possibile di persone: *Devi agire in modo che le tue azioni producano la maggiore felicità possibile nel maggior numero possibile di persone.*

L'etica della felicità si pone in primo luogo il quesito di che cosa è "bene" e che cosa è "male". La cosiddetta etica del dovere si chiede invece che cosa è "giusto" e che cosa è "sbagliato". Il punto di partenza in questo caso è che si debba agire in obbedienza a un'autorità o a un'istanza normativa; questa può essere rappresentata da Dio o dalla comunità, ma può anche trovarsi all'interno dell'uomo stesso. Il filosofo tedesco Emmanuel Kant (1724-1804) ritiene che l'uomo debba agire in conformità alla legge morale interiore presente in ciascun essere dotato di intelletto, e ha formulato la seguente norma per una retta condotta d'azione: *Dovrai sempre agire in modo che la regola su cui basi le tue azioni debba poter essere una legge comune.*

Prima di agire devo quindi assicurarmi che ciò che desidero fare corrisponda a ciò che tutti gli uomini farebbero in una situazione simile. Per Kant questa non era soltanto una norma razionale di vita, ma un "imperativo categorico". Si trattava dunque in primo luogo di un imperativo, cioè di qualcosa di perentorio a cui non è possibile sottrarsi, che non è possibile mettere in dubbio e che ha validità assoluta in ogni situazione. Secondo questo principio, non è ammissibile neppure la più piccola bugia detta a fin di bene, dal momento che, io per primo, non desidero che le persone intorno a me abbiano l'abitudine di mentire.

A differenza dell'etica della felicità, l'"imperativo categorico" di Kant impone di agire in un certo modo senza prenderne in considerazione lo scopo, come ad esempio se l'azione sia ordinata o no al raggiungimento della felicità; secondo questa filosofia, le leggi morali hanno la stessa validità assoluta delle leggi di natura.

Kant ha formulato l'imperativo categorico anche in un altro modo: *Dovrai considerare un uomo come un fine in se stesso, e non come un mezzo per raggiungere qualcos'altro.*

Abbiamo indicato alcune norme o linee di condotta assolutamente generali. Ma da ciascuna di esse si può ricavare tutta una serie di altre norme applicabili nella vita quotidiana: l'applicazione della "regola d'oro" comporta, per esempio, che non si rubi, o che non si passi avanti a qualcuno quando si sta in coda; quella dell'imperativo categorico di Kant esige anche che non si evadano le tasse, e che non si passi con il rosso.

Argomentazioni etiche

Una situazione di scelta etica esige due o più alternative d'azione tra cui scegliere. L'alternativa giusta sarà poi individuata in base alla considerazione di un insieme di *norme* e *valori*.

Di fronte a una scelta, cioè, si deve soppesare il pro e contro di ciascuna delle alternative a partire da determinate norme e valori. In questo modo risulta più facile vedere che cosa sia più giusto fare, cioè quale delle alternative risponda in misura maggiore ai valori e alle norme da noi condivisi.

Anche se l'etica non potrà mai essere una scienza esatta come la matematica o la fisica, può tuttavia aiutarci a compiere le scelte che la vita ci impone. Non possiamo trovare la prova sperimentale di ciò che è giusto o sbagliato, ma possiamo divenire pienamente consapevoli dei valori e dei precetti morali che regolano le nostre azioni e possiamo analizzarli ed esaminare se siano tra loro incompatibili o contradditori, e in questo modo giustificare le nostre scelte etiche in modo logico e razionale.

L'essere pienamente consapevoli dei valori e delle norme su cui si basa il nostro agire può rappresentare un grande vantaggio anche per un'altra ragione: perché spesso dobbiamo compiere la nostra scelta nel giro di pochi secondi. Non sempre abbiamo il tempo di sederci al tavolo per esaminare le alternative con carta e penna. E se ci viene fatta una domanda, dobbiamo decidere immediatamente se rispondere secondo verità o con una menzogna.

Inoltre accade spesso che ci troviamo in una situazione in cui siamo costretti a giustificare ciò che abbiamo già compiuto, o che abbiamo deciso di fare. Infine, nella vita politica e nella vita sociale, per difendere le proprie scelte è necessario fare riferimento ai principi etici più importanti.

Intenzione, scopo e mezzo

Sappiamo che in linea di principio la sincerità è sempre da preferirsi alla menzogna, ma vi sono casi in cui non sempre sembra giusto dire la verità, per rispetto o per il bene di altre persone. Un medico, ad esempio, è sempre tenuto a dire la verità al paziente? E di un regalo che non ci piace, dobbiamo o no dire ciò che pensiamo? Si parla di una "bugia a fin di bene", quando si ricorre a essa in considerazione di altri valori a scapito della verità.

Si dice anche che «il fine giustifica i mezzi»; e naturalmente vi sono casi in cui il bene di una singola persona deve essere sacrificato al bene della maggioranza. Un treno, ad esempio, o un aereo, devono aspettare un ritardatario se ciò danneggia centinaia di altri passeggeri?

Esempi drammatici di questo tipo di scelta di priorità dei valori si verificano spesso in situazioni di guerra e di oppressione. Può essere giusto uccidere un uomo per ottenere la libertà del proprio popolo? La maggior parte delle persone risponderebbero di sì, ma qualcuno sarebbe contrario: indipendentemente dalle circostanze, non si può privare un uomo della sua vita.

La difesa militare di uno stato si basa sull'idea che possano verificarsi situazioni in cui il fine giustifica i mezzi. Ma anche l'oppressione politica e militare si basa sullo stesso principio; dietro i campi di concentramento nazisti e le bombe atomiche di Hiroshima e Nagasaki c'era lo stesso modello etico.

Il caso estremo del principio che il fine giustifica i mezzi è costituito dal terrorismo politico. Il fine per cui il terrorismo combatt può essere giusto, ma i mezzi sono spesso discutibili.

C'e un limite che incombe sui mezzi che si possono impiegare al servizio della buona causa. È chiaro che il principio che il fine giustifica i mezzi deve essere applicato con la massima cautela.

Secondo un altro modo di dire: «ciò che conta è il pensiero». Se compriamo un regalo di compleanno che non incontra i gusti del festeggiato, la nostra buona intenzione deve comunque essere ascritta a nostro favore. Ma può anche essere un rischio farsi assorbire a tal punto dalla propria disposizione d'animo da non considerarne con sufficiente attenzione le conseguenze.

Un ricco uomo d'affari, di buon cuore e animato da un sentimento di amore per il prossimo, devolve tutto il suo capitale a scopi caritatevoli, senza però controllare se il denaro arrivi poi effettivamente a chi ne ha bisogno. La sua attività va in fallimento e molti dipendenti perdono il loro posto di lavoro.

Un altro uomo d'affari elargisce grandi somme di denaro a organizzazioni umanitarie che si incaricano di farle arrivare esattamente dove servono. Ma il suo scopo è quello di offrire di sé un'immagine positiva e di rafforzare il consenso sociale attorno alla sua figura e alle sue imprese, cosa che a sua volta va tutta a vantaggio dei suoi affari e dei suoi dipendenti.

Come dobbiamo giudicare il modo di agire di questi due imprenditori?

Che cosa fa di un'azione una "buona" azione?

Non è sempre facile decidere che cosa è giusto. Dobbiamo dare importanza all'*intenzione* che sta a monte dell'azione, all'*azione* in sé o al suo *risultato*?

Quando diamo importanza all'intenzione o alla disposizione d'animo che motiva un'azione, si parla di *etica dell'intenzione.* Perché un'azione possa definirsi una buona azione, non deve essere motivata da alcun tornaconto personale.

Quando l'attenzione si concentra sull'azione stessa, si parla di *etica della regola*. È il caso di molti quando dicono tra sé: «Questo non lo posso fare», «A questo non posso prendere parte», anche se il fine dell'azione è giusto e se l'azione può contribuire in modo positivo al raggiungimento dello scopo.

A volte ciò che viene considerato non è l'azione stessa, né chi la compie, ma i risultati di fatto dell'azione. È questa l'*etica della conseguenza*. Vi sono situazioni in cui è giusto mentire. È possibile anche pensare a circostanze in cui sia giusto rubare? E, in determinate situazioni, uccidere?

Nella maggior parte dei casi è possibile tener conto sia dell'intenzione, sia dell'azione in sé, sia del suo risultato o delle sue conseguenze. Ma a volte percepiamo l'intenzione come decisiva ai fini della nostra scelta, e alcune azioni non desideriamo compierle mai, indipendentemente dalle conseguenze positive che esse possono avere. E, infine, capita che siano proprio le conseguenze dell'azione a essere considerate decisive perché si possa sentire di aver agito nel giusto.

I quattro elementi dell'etica

Abbiamo visto che alla base dell'etica vi è il *senso di responsabilità*, la *coscienza* e un insieme di *valori* e *norme*. Alla fine le nostre riflessioni etiche devono confluire nelle azioni di fatto. Possiamo riformulare questo concetto in un altro modo parlando dei quattro elementi dell'etica.

ORIZZONTE Il nostro orizzonte etico si apre verso l'esterno, ed è collegato alla *responsabilità*. Il nostro senso di responsabilità si estende anche al di fuori della famiglia e degli amici? Quanto è ampio il nostro orizzonte etico? Si allarga a coprire chi veramente ha bisogno della nostra solidarietà? Oppure è troppo ristretto?

CUORE Al cuore associamo la coscienza, che è rivolta verso l'interno, in noi stessi. Quanto in profondità arriva la nostra coscienza? Non c'è etica senza un cuore sensibile.

Come possiamo e dobbiamo proteggerci dal freddo, così possiamo e dobbiamo proteggere anche la nostra coscienza.

TESTA Non è sufficiente avvertire il senso di responsabilità o il rimorso di coscienza; non è sufficiente "essere buoni". Dobbiamo usare la nostra testa o la nostra ragione per riflettere su quali valori e norme vogliamo porre alla base del nostro comportamento. E dobbiamo analizzare la situazione per capire quale sia il modo migliore per impiegare le nostre forze. Non dobbiamo essere "troppo buoni", con il rischio che le nostre azioni conducano al risultato opposto di quello desiderato. Non dobbiamo agire alla cieca, senza pensare; essere una persona eticamente responsabile richiede una certa capacità di giudizio.

AZIONE Non è sufficiente avere un orizzonte etico, un cuore sensibile e una testa pensante. Non possiamo fornirci di una buona morale teorica. Dobbiamo agire. Dobbiamo avere una *prassi* etica. Le riflessioni etiche non dovrebbero mai cessare, ma non possiamo rimanere fermi tutta la vita a soppesare il pro e il contro delle cose; dobbiamo continuamente scegliere tra diverse alternative d'azione. Ci troviamo sempre a un crocevia.

Tutti questi quattro elementi sono necessari e tutti devono interagire tra loro. Quando nella nostra vita e nel nostro comportamento qualcosa non funziona, è perché è venuta meno una di queste componenti.

Opere di
JOSTEIN GAARDER

in edizione Longanesi

Il mondo di Sofia
L'enigma del solitario
Il viaggio di Elisabet
Vita brevis
In uno specchio, in un enigma
Maya
Il venditore di storie
Il libro delle religioni
La ragazza delle arance
Scacco matto
Il castello dei Pirenei

in edizione Salani

Il castello delle rane
C'è nessuno?
Cosa c'è dietro le stelle?
Lilli de Libris e la biblioteca magica
Il mondo di Sofia (audiolibro)

Finito di stampare nel mese di aprile 2011
per conto della TEA S.p.A.
dal Nuovo Istituto Italiano d'Arti Grafiche
Bergamo
Printed in Italy